人生脚本

[美]艾瑞克·伯恩 ◎ 著
朱嫣然 ◎ 译

浙江人民出版社

图书在版编目（CIP）数据

人生脚本 /（美）艾瑞克·伯恩著；朱嫣然译.—杭州：浙江人民出版社，2024.5
ISBN 978-7-213-10486-2

Ⅰ.①人… Ⅱ.①艾… ②朱… Ⅲ.①人际关系—社会心理学 Ⅳ.①C912.11

中国版本图书馆CIP数据核字（2022）第030310号

人生脚本
RENSHENG JIAOBEN

［美］ 艾瑞克·伯恩 著 朱嫣然 译

出版发行	浙江人民出版社（杭州市体育场路347号 邮编 310006）
责任编辑	卓挺亚
责任校对	何培玉
封面设计	刘红刚
印　　刷	北京盛通印刷股份有限公司
开　　本	700毫米×990毫米　1/16
印　　张	27
字　　数	318千字
版　　次	2024年5月第1版
印　　次	2024年5月第1次印刷
书　　号	ISBN 978-7-213-10486-2
定　　价	78.00元

如发现印装质量问题，影响阅读，请与市场部联系调换。
质量投诉电话：010-82069336

目录

前 言 / 1

第一篇 总论

第1章 绪论 / 003
第2章 人际沟通分析的基本原理 / 011

第二篇 父母编制的程序

第3章 人类命运 / 029
第4章 胎儿期影响 / 061
第5章 早期发展 / 081
第6章 可塑时期 / 095
第7章 脚本装置 / 108
第8章 童年晚期 / 134
第9章 青春期 / 162
第10章 成熟与寿命 / 178

第三篇　运行中的脚本

　　第 11 章　脚本的类型 / 197
　　第 12 章　几个典型的脚本 / 206
　　第 13 章　灰姑娘 / 224
　　第 14 章　脚本如何实现 / 237
　　第 15 章　脚本的传递 / 269

第四篇　临床实践中的脚本

　　第 16 章　初步阶段 / 289
　　第 17 章　脚本迹象 / 302
　　第 18 章　治疗中的脚本 / 333
　　第 19 章　果断的干预 / 347
　　第 20 章　三个病例记录 / 361

第五篇　脚本理论的科学方法

　　第 21 章　脚本理论的异议 / 377
　　第 22 章　方法论问题 / 388
　　第 23 章　脚本检查表 / 398

前　言

本书是我之前关于人际沟通分析方法研究的续篇，概述了过去五年间与之相关的思考与实践所取得的新进展，尤其是脚本分析的快速进展。在此期间，训练有素的人际沟通分析师队伍不断壮大。他们在工业、监狱、教育和政治等不同领域以及各种临床实践中验证了已有的理论。如正文与脚注所述，其中许多人更是在研究领域持续探索，力求有所突破。

此书主要作为心理治疗的高级教程，不同背景的专业人士可以毫不费力将人际沟通分析这本精简的书翻译成自己的方言。毫无疑问，一些非专业人士也会阅读本书。为便于理解，我尽量将内容写得通俗易懂。在阅读本书过程中，读者可能需要进行一定的思考，但愿这些简化后的内容能够在他们可理解的范畴之内。

传统的心理治疗通常使用三种不同的语言：治疗师与治疗师之间的语言、治疗师与患者之间的语言以及患者与患者之间的语言。这三种语言就像普通话和广东话、古希腊语和现代希腊语一样截然不同。经验表明，尽可能地减少这些语言的不同而使用"通用语"，有助于加强"沟通"，这正是许多治疗师所孜孜以求（正如俗语所言，他们在名为沟通交流的祭坛旁翘首以盼）的目标。我一直尝试避免社会科学、行为科学以及精神病科学领域的一种通病，即用赘述与冗长的语言来掩盖这些领域知识的不确定性与模糊性。这种现象起源于14世纪巴黎大学的医学院。

这招致了学界对我做出"通俗化"与"过于简单化"的声讨，让人不禁想起中央委员会旧案中的"资产阶级的世界主义"和"对资本主义的曲解"。在保密与公开、过度复杂与过度简单之间，我选择站在"下里巴人"这一边，时而朝学界大放厥词，吸引学界同人的注意，因而我得以避开他们的迎头指责，溜入地下室中与学术同好们说一声"你好"。

我在人际沟通分析理论的发展道路上得到了无数人的帮助，在此难以一一致谢。我最熟知的是国际人际沟通分析协会的教员，以及我每周定期参加的旧金山人际沟通分析研讨会的成员。对脚本分析最为关注的人包括卡尔·邦纳、梅尔文·博伊斯、迈克尔·布林、维奥拉·卡拉汉、赫奇斯·卡珀、伦纳德·坎波斯、威廉·柯林斯、约瑟夫·康坎农、帕特里夏·克罗斯曼、约翰·杜史迪、玛丽·爱德华兹、富兰克林·恩斯特、肯尼斯·埃弗茨、罗伯特·古尔丁、马丁·格罗德、戈登·海伯格、托马斯·哈里斯、詹姆斯·霍洛维茨、穆里尔·詹姆斯、帕特·贾维斯、斯蒂芬·卡曼、大卫·库普夫、帕梅拉·莱文、杰克·林德海德、保罗·麦考密克、杰伊·尼克尔斯、马格利特·诺思科特、爱德华·奥利维尔、W. 雷·波因德克斯特、梭伦·塞缪尔森、迈拉·夏普斯、雅基·希夫、齐利格·塞兰热、克劳德·M. 斯坦纳、詹姆斯·耶茨、罗伯特·茨希尼。

此外，我还要感谢我在旧金山的秘书帕梅拉·布卢姆，她推动了研讨会的顺利进行，并提出不少自己的想法；同时要感谢她的继任者伊莱恩·

沃克和雅顿·罗斯，尤其感谢我在卡梅尔的秘书玛丽·N.威廉姆斯女士，多亏她的认真负责和机敏能干，所有草拟和修改的稿件均成型为实物书稿。我15岁的儿子特伦斯是我的得力助手，帮我整理了参考书目、图纸和手稿的其他细节；我的女儿埃伦·卡尔卡特尔在读完这本书后提出了许多宝贵的建议。最后，我要感谢我的患者，他们大方地向我敞开心扉，愿意让我离开他们去度假，使我能够深入思考；也感谢15种语言译本的数百万读者，他们对我的相关书籍的阅读兴趣鼓舞了我。

语义解释

正如我的其他书一样，"他"可能指的是任何性别的人，如果我认为某种表述更适用于女性而非男性，可能会使用"她"。有时，出于语法简约性，"他"也可能被用以区分（男性）治疗师和患者。我希望这些便于使用的句法手段不会被女性解放主义者误解。"是"（Is）表示基于我自己和他人的临床经验，我对某事相当确定。"似乎是"（Seems to be）或"好像是"（Appears to be）意味着在没有更具说服力的证据前，我不会轻下判言。书中的案例都是根据我自己的经验、研讨会和指导交流会上的经验而得。有些案例是材料综合而成，所有个人信息都已隐去，但重要的事件或对话都被如实地记录下来。

——艾瑞克·伯恩

第一篇

总论

人 生 脚 本

第1章 绪论

A. 说完"你好"后,你会说什么

这个看似幼稚的问题,好像缺乏艺术性和科学探索的深刻性,实质上却涵盖了人类生活和社会科学的所有基本问题。这是一个婴儿会"问"自己的问题,是儿童想去寻求答案却不得而知的问题,是青少年会彼此探讨或向老师求教的问题,是成年人宁可接受长辈的错误答案也要回避的问题,是年迈睿智的哲学家著书立作却永远无法给出答案的问题。它既包括社会心理学的首要问题"人们为何互相交谈",又包括社会精神病学的首要问题"人们为何喜欢被喜欢"。其答案可以用来解决天启四骑士[①]提出的问题,即战争还是和平、饥荒还是温饱、瘟疫还是健康、死亡还是生存。难怪多数

---

① 天启四骑士:这个词来源于《圣经新约》中的《启示录》,又译作"启示录四骑士"。《启示录》描绘了末日审判,在世界终结之时,将有羔羊解开书卷的七个封印,唤来分别骑着白、红、黑、灰四匹马的骑士,将瘟疫、战争、饥荒和死亡带给接受最终审判的人类,届时天地万象失调,日月为之变色,随后便是世界的毁灭。——译者注

人终其一生也没有找到这个问题的答案,盖因他们未曾思考过另一个更为根本性的问题——你如何向别人说"你好"?

B. 你如何向别人说"你好"

这是佛教、基督教、犹太教、柏拉图主义、无神论尤其是人本主义的奥秘。禅宗著名的"单手击掌声"①便是一个人向另一个人说"你好",它也可以被理解为任何一版《圣经》中所指的黄金律。恰当地说"你好"意味着你看见了其他人,意识到他的存在,向他问好,并准备回应他的问好。也许能够将问候做到恰到好处的人是斐济岛民,因为他们发自内心的微笑堪称世间珍宝之一。他们通常慢慢绽放笑颜,满面春风,保持微笑,以便能够看清彼此脸上的笑容,然后自然缓慢地收起笑意。能与之相提并论的,只有满怀爱意的母亲与婴儿相互问候时所流露的笑靥,以及某些性格开朗者的笑容。②

本书探讨四个问题:你如何向别人说"你好"?你如何回应别人的"你好"?说完"你好"后,你会说什么?还有一个关键的也是比较难办的问题——如果不问好,人们又能做什么?本书将简要地回答这些问题,并在下面的章节中对此做出详细阐释。本书为精神病学教科书,读者群首先是治疗专家,然后是正在接受治疗的病人,还有其他对精神病学感兴趣的人。

1. 为了说"你好",你首先要清除脑海中堆积起来的所有垃圾,就像你回到家就要丢掉工作一天所积聚在头脑中的垃圾一样。接着,你得认识到,

---

① 又叫"只手之声",为日本临济宗白隐慧鹤禅师所创之公案。两手相拍,自然发声,为凡夫所耳闻,然仅扬只手,无声无响,若非心耳,不可得闻。——译者注

② 说来也怪,据我的经验,这种笑容最常见于留有黑色长发、20岁左右的姑娘脸上。

这句特定的"你好"将再也无法重现。这可能需要你花费数年来学习如何做到这一点。

2. 为了回应别人的"你好",你要清除脑海中所有的垃圾,还要注意到有人正站在那儿或从你身边走过,等着你去回应他的问候。学会做到这一点也需要数年时间。

3. 当说完"你好"之后,你还得清除正要回到你头脑中的所有垃圾,不去想那些曾经的难堪,也不去想那些可能的尴尬,接着你就默不作声。经过多年练习,你或许能想出一些值得说的话。

4. 本书主要探讨垃圾,即那些妨碍人们相互问好的垃圾,旨在希望那些训练有素、天赋异禀的人可以帮助自己和他人认识到我所说的(哲学意义上)"垃圾"为何物,因为无法分辨垃圾就无法回答其他三个问题。本书将人们学说"你好"时所用的语言称为"火星语",以区别于日常所说的地球语。从埃及和巴比伦的最早记载到当今的历史表明,地球语导致了战争、饥荒、瘟疫和死亡,而幸存者亦遭受了一定程度的精神混乱。长远来看,如果人们学好火星语,这些祸患将有望被消除。比方说,火星语揭示事物真实面貌,而梦便是火星语的其中一种。

C. 例证

为了说明研究这种说话方式的价值,我们不妨想象一下:有一位得了不治之症的垂死患者,时日无多。他叫莫特(Mort),是一名30岁的男性,患有慢性癌症,以当前的医疗水平无法治愈,在最坏的情况下只能活两年,最好则还能活五年。他的精神病症状是抽搐,包括由于不明原因而引起的点头或晃脚。在治疗团队的帮助下,莫特很快找到了症结所在:他的脑海中回响着一连串音乐，它们犹如一道墙将他的恐惧阻隔在外，而抽搐则是他跟着音乐打节拍的表现。

这一结论源自细致的观察，即身体的抽搐是跟着脑海中的音乐打节拍，而并非音乐随着他的抽搐打节拍。关于这一点，包括莫特在内的每个小组成员都认为，如果心理疗法将莫特脑海中的音乐去除，他的内心深处就会产生巨大的恐惧感。如果这种恐惧不能被其他积极的情感所替代，后果将不堪设想。该怎么办呢？

小组的所有成员很快便发现，他们其实知道自己迟早会死。对此，他们百感交集，但无不以各种方式对其加以控制。他们同莫特一样，需要花费时间和精力去掩盖死亡所带来的威胁，这令他们无法充分享受生活。即便如此，他们仍有 20 年~50 年的寿命，而莫特却仅剩 2~5 年可活。因此可以确定的是，生活质量的好坏比生命的长短更加重要：这一发现既不惊人也不新奇，但由于垂死之人的存在，便给人以相较往常更加深刻的体会。

其他成员（那些理解火星语的人，他们乐于把它教给莫特，而莫特也乐意学）一致认同，生活意味着诸如看看树木、听听鸟鸣、向人问好这类简单的事。这是一种充满自我意识和自发性的体验，需要人沉心静气、礼貌得体，全无浮夸或虚伪之意。他们也认同一个说法，即为了享受生活，包括莫特在内的所有人必须处理头脑中的垃圾。只有意识到莫特的处境并不比自己的处境悲惨，他们才不会因其存在而感到悲伤怯懦。恰恰相反，他们能与莫特愉快而平等地相处和交流，还能帮助他清理脑海中的垃圾，因为莫特此时已然明白了清理垃圾的价值以及他们因何这么做；莫特同样也有权质疑他们。尽管所有的人都十分清楚莫特病情的严重程度，就连他本人也充分认识到了这一点，但他依旧希冀治愈癌症，以便让自己重新回归正常的生活。①

上述案例充分说明了怜悯之情对问候的影响以及问候背后的深刻问题。在该案例中,小组成员向莫特问好经历了三个阶段。当他初入小组时,其他成员并不知道他已被医生判了"死刑",所以他们一开始在组内以惯常的方式同他相处。成员们待人接物的方式基本取决于其自身成长的环境——他们从父母那里学会如何问候他人,接着通过生活中的学习来调整自己的说话方式,从而在心理治疗中恰到好处地表达对患者的尊重和坦诚。莫特作为一名新来者,亦以惯常的方式回应他人,正如其父母期望的那样,将自己伪装成雄心勃勃、满腔热血的美国男孩。但当他在第三次会面中说到自己命数已定时,其他小组成员都感到很困惑。他们担心自己是否说错了话,使自己在小组成员、莫特、尤其是治疗师的眼里看来很糟糕。事实上,他们为莫特和治疗师没有尽早告知实情而愠怒,这让他们觉得自己被戏弄了。此前,他们只是用标准化的方式向莫特问好,对自己正在跟什么人说话一无所知。现在知道对方是特殊的病人以后,他们希望回到过去重新开始,这样就能用不同的方式对待他了。

他们的确重新开始了。不同于先前直来直往的说话方式,他们改用轻柔的声音小心翼翼地与莫特交谈,像在说:"看,我对你多么体贴啊!"没有人愿意冒着损害自己名声的风险,向一位垂死的病人大声说话。然而,这并不公平,因为他们的做法等同于将主动权交给莫特。特别是在此情境下,没人敢放声长笑或大笑。直到大家发现莫特能够处理好自己的人生难

---

① 重新回归正常生活而非一心等死的意义可见:(1) "Terminal Cancer Ward: Patients Build Atmosphere of Dignity." *Journal of the American Medical Association*. 208:1289, May 26, 1969. (2) Klags-brun, S. C. "Cancer Emotions, and Nurses." *Summary of Scientific Proceedings*. 122nd Annual Meeting, American Psychiatric Association, Washington, D.C., 1969.

题，这种僵局才被打破，紧张的氛围才有所缓解。他们能够第三次重新回到过去，从头开始，毫无拘束地将他当作人群中的一员来对待。因此，这三个阶段可分为"表面的'你好'""紧张同情的'你好'"和"轻松真实的'你好'"。

佐伊（Zoe）无法对莫特说出"你好"，但当她对他有所了解后，情况发生了转变。她对莫特的了解每隔一周，甚至每隔一小时都会有所不同。每次遇到莫特，佐伊都比先前更加了解对方一点。想要维持两人的友谊，她每次必须稍稍转变方式来向莫特问好。不过，由于她无从完全了解莫特，也无法预料所有变数，佐伊只能一次次地说出臻于完美却又并不完美的问候。

D. 握手

许多患者在第一次与心理治疗师见面时会进行自我介绍，并在治疗师邀请他们入室时与其握手。有的心理治疗师则会主动握手。就握手一事，我采取不同的做法。如果患者带有强烈的情感与我握手，出于礼貌，我也会同他握手，但并不对此表态，因为我想知道他的情感为何如此强烈。如果患者的握手仅仅表明一种他所认为良好的礼节，我也会回之以同样的问候，这是我们双方都能够理解的方式：这种令人舒坦的见面方式并不会影响稍后的治疗工作。如果患者的握手给人以绝望之感，我便会牢牢握住他的手，使其安心并知道我了解他的需要。但进入候诊室以后，我会通过行为举止、面部表情、手臂摆放姿势向大多数新来的患者清晰地传达出一个信息：他们在此没有必要恪守礼仪，除非他们硬要坚持。我这么做是想让他们明白，我们双方来到这里是为了实现更重要的目标，而并非仅仅证明自己的良好品行或互相致意，这一目标通常都能达成。我不与他们握手的主要原因在于我不了解他们，我同样也不期待他们与我握手，因为他们也不了解我。此外，也有前来会见治疗师的患者拒绝被触碰，因此不握手也可表达出对他们的礼貌。

面谈结束后，情况会有所不同。那时，我对患者已有了相当程度的了解，而他对我亦有一些了解。因此，当他离开时，我会特意与他握手，基于对他的了解，我已知晓如何与他恰当地握手。此举对他意义非凡：即使他坦白自己所有的"坏"事，我依旧接受①他。如果他需要的是抚慰，我将以抚慰的方式同他握手；如果他需要的是我对其男子气概的肯定，我便以能够唤起其男子气概的方式与他握手。这并不是为了引导患者而经过深思熟虑所采取的举措，而是在经过一小时的深入交谈，我对患者最为关切的事有所了解之后，自发、自然地对其给予的肯定。另外，如果他出于恶意而并非难为情向我说谎，或者试图利用或恫吓我，我不会与他握手，以此使他明白要想得到我的支持，他就必须改变自己的行为举止。

面对女性，我的做法则稍有不同。如果对方需要一个明确表示我接受她的讯号，我会以适合她的方式与其握手；如果对方避讳与男性接触（据我在交谈结束后所知），我会恰当地说出告别语，而不与她握手。后一种情况清楚地说明了我不以握手作为问候方式的原因：如果我在不了解她的情况下与她握手，就会引起她的反感。事实上，无论我表现得多么有礼貌，一旦我在面谈前强行同她握手，迫使其不得不出于礼节触碰我并接受我的触碰，这便违背了她的个人意愿，对她来说是一种侵犯和侮辱。

---

① "接受"：人本主义心理学称之为"接纳"，在此处并非概念不清、非理性的意思，而是指我愿意与他相处更长的时间。这需要我认真地履行职责，在某些情况下，需要特别认真、耐心地付出，日复一日、年复一年，有时我的情绪也会受到影响，并随之起起伏伏。

在治疗小组中，我采取类似的做法。我不会一进门就问好，因为我已经整整一周未见组员了，不知道向谁问候好。在他们听来，一声轻飘飘的或者热情的"你好"可能并不恰当，因为他们在一周的时间内可能遭遇了什么事情。但每次在小组见面后，我都会特意对每个组员说再见，因为那时我已知道自己在与何人说再见，以及如何对不同的人说再见。例如，试想一位女性在上次见面后遭遇母亲离世，那么我向她愉快地问好便显得不合时宜了。也许她会原谅我，但我没有必要让她承受这种重压。会面以后，我就知道如何在她陷入丧亲之痛时与其告别了。

E. 朋友

在社交过程中，问候方式有所不同，因为我们交友的目的在于得到安抚。根据朋友的心理准备或需要，问候和再见可以表现为直接握手，也可以表现为热情拥抱；有时为避免过于投入，我们也可以"微笑着问好"。但人生中有一件事比缴税更加确定，犹如人必将死亡一般恒定不变，那就是你越早结交朋友，便越快拥有故友。

F. 理论

关于问候和告别的讨论暂时到此为止。在说'你好'和说'再见'的过程中间所发生的事情涉及一个特定的理论框架，有关人格和团体动力学，这也是一种治疗方式，被称为人际沟通分析学。为了更好地理解接下来的内容，首先需要了解这一理论的基本原理。

第 2 章　人际沟通分析的基本原理

此前在很多场合，我已经多次讲述过人际沟通分析的基本原理。如在《心理治疗中的人际沟通分析》[1]一书中做了最详细的阐述；在《组织与团体的结构与动力学》[2]中概述了其在团体动力学的应用；在《人间游戏》[3]中描述了其在游戏分析中的用途；在《团体治疗基本原理》[4]中可以找到其在临床实践中的应用；在《精神病学与心理分析手册》[5]中以通俗易懂的形式对该理论进行了总结。因此，本书对该理论仅做简单介绍，方便无法唾手可

---

[1]　Berne, E. *Transactional Analysis in Psychotherapy.* Grove Press, New York, 1961.

[2]　Berne, E. *The Structure and Dynamics of Organizations and Groups.* J. B. Lippincott Company, Philadelphia, 1963. Grove Press (Paperback), New York, 1966.

[3]　Berne, E. *Games People Play.* Grove Press, New York,1964; (Paperback) 1967.

[4]　Berne, E. *Principles of Group Treatment.* Oxford University Press, New York, 1966. Grove Press, New York (Paperback), 1968.

[5]　Berne, E. *A Layman's Guide to Psychiatry and Psycho-analysis.* Simon & Schuster, New York, 1968. André Deutsch, London, 1969. Grove Press (Paperback), New York, 1962,pp. 277-306.

得以上书籍的读者阅读。

A. 结构分析

人际沟通分析主要研究人的自我状态（ego states），是由相应的行为方式体现出来的思维和感觉系统。每个人都会表现出三种自我状态。（1）源自父母亲形象的自我状态，俗称父母自我状态。在这种状态下，当事人正如其父母小时候那样所想、所思、所为、所谈和所答。这种自我状态可在养育自己的孩子时被激活。即使他的行为没有明显表现出这种自我状态，"父母"的影响也会影响他的行为和意识。（2）当事人能够对环境做出一种客观的评价，且根据以往的经验评估各种可能性，此时他处于成人自我状态。"成人"就像计算机一样能客观地进行信息处理。（3）每个人心中都有一个小男孩或小女孩，他们会用自己小时候某个年龄阶段的方式去感受、思考、行动、言说和回应。这种自我状态被称为儿童自我状态。它表现为"孩子气"而非"幼稚"或"不成熟"（"父母"用语），即个体呈现出儿童某一年龄段的这一特点，此处的年龄因素至关重要，通常情况是2~5岁之间的任何一个年龄。对个体而言，理解儿童自我状态极为重要，因为它不仅将伴随他一生，而且也是他人格中最宝贵的部分。

图1A展现了任何一个个体的全部人格，涵盖了他可能感受、思考、言说或所做的一切（简图请见图1B）。更为细致的分析没有发现新的自我状态，而是对已有状态进行了细分。经过仔细研究，我们发现在大多数情况下，父母自我状态由两个部分构成，分别是父亲和母亲；另一发现是，儿童自我状态在确定前，也包括"父母""成人"和"儿童"，这可

以通过观察现实中的儿童加以验证。此二阶分析如图 1C 所示。区分两种不同的"情绪—行为模式"称为"结构分析"。本书中带引号的"父母"（P）、"成人"（A）、"儿童"（C）代表的是自我状态，而不带引号的则是指真实的人。

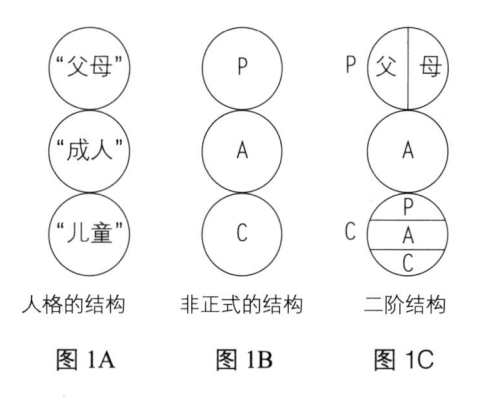

人格的结构　　非正式的结构　　二阶结构
图 1A　　　　　图 1B　　　　　图 1C

接下来，我们还有一些描述性的术语，这些术语有些是不言而喻的，有些还需要做进一步的解释：如自然型或养育型父母自我状态、控制型父母自我状态，以及自然型、顺从型、反叛型儿童自我状态。儿童自我状态的"结构"以水平方式呈现，对不同儿童状态的"描述"以垂直方式呈现，如图 1D 所示。

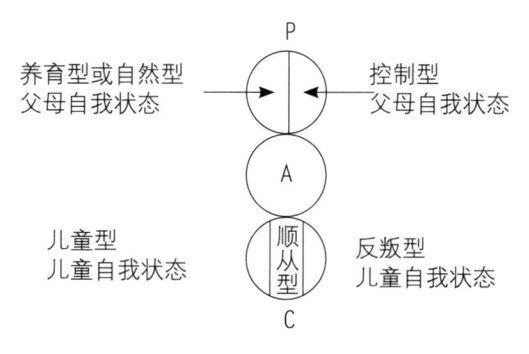

图 1D　人格描述

B. 人际沟通分析

由上可知,两个人互动时共涉及六种自我状态,每人三种,如图 2A 所示。由于双方在自我状态上的差异可以反映现实中两人的差异,因此当两人产生互动时,了解哪一方的哪一种自我状态被激活至关重要。两个人互动用图中连接两个"人"的箭头表示。在最简单的沟通中,箭头相互平行,因此被称为互补沟通。显然,此处有九种可能的互补沟通类型(PP, PA, PC, AP, AA, AC, CP, CA, CC),如图 2B 所示。例如,图 2A 表示一对夫妻之间的 PC 沟通,其中刺激是从丈夫的"父母"到妻子的"儿童",而回应是从妻子的"儿童"到丈夫的"父母"。在最好的情况下,这可能代表一位慈父般的丈夫正在照顾他那心怀感激的妻子。只要互动保持互补,即箭头是相互平行的,那么沟通就可能无限地进行。

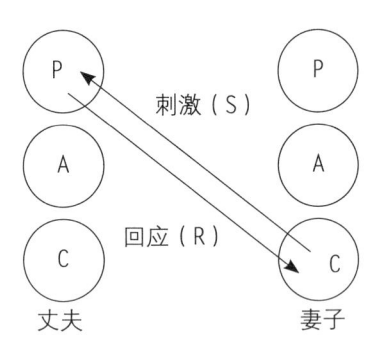

图 2A 互补沟通

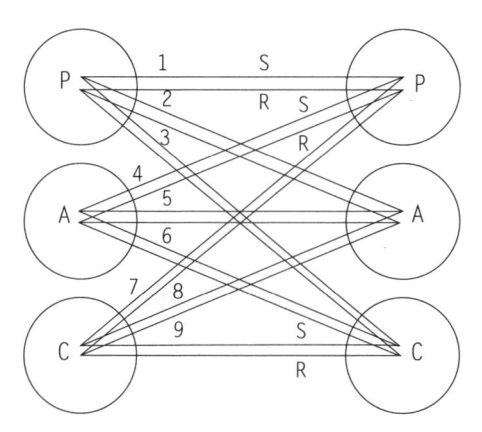

图 2B　九种可能的互补沟通关系

图 3A 和图 3B 表示存在问题的沟通。图 3A 中，刺激是从"成人"到"成人"的（AA），收到的却是"儿童"对"父母"的回应（CP）。如此，刺激与回应间的箭头相互交错，而非相互平行。这类互动称为"交错沟通"，此时沟通会发生中断。例如，丈夫询问"我衬衫的袖扣在哪里？"妻子却回答："你为什么把什么事都怪在我头上？"这便产生了交错沟通，他们无法继续讨论袖扣的问题。图 3A 是交错沟通类型Ⅰ。它是心理治疗中发生移情反应的常见形式，也是给世界带来最多麻烦的沟通类型。图 3B 表示交错沟通类型Ⅱ，如提问这类"成人"对"成人"之间的刺激（AA）一经发出，收到的却是自视甚高的"父母"对"儿童"的回应（PC）。这是反移情反应中最常见的沟通类型，也是出现人际关系和政治关系问题的较常见原因。

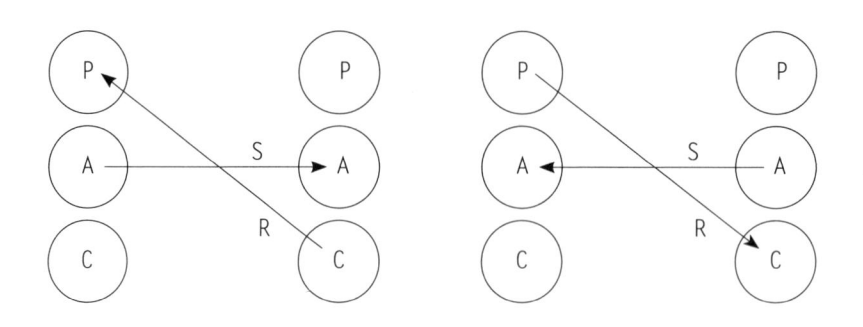

图 3A　交错沟通 I 型　　　　图 3B　交错沟通 II 型

仔细观察图 2B，可以发现交错沟通类型存在 72 种可能性（这一数据是先通过九九相乘得到 81 种组合类型，再排除 9 种互补沟通而得）。[①] 幸运的是，在临床工作或日常生活中，只存在四类经常发生的交错沟通。由上可知，前两种交错沟通分别是类型 I（AA-CP）即移情反应和类型 II（AA-PC）即反移情反应。另外，类型 III（CP-AA）是"激怒的反应"，指一方想要获得对方的同情，却获得客观的评价。而类型 IV（PC-AA）是"无礼的反应"，指一方期待得到对方的顺从，却得到"自作聪明"的事实陈述。

互补沟通和交错沟通都是简单的、单层次的沟通。另外还有两种隐匿沟通，或称双层次沟通，分别是三角和双重沟通两种类型。图 4A 表示的是一个三角沟通。从表面上看，刺激是"成人"对"成人"的，如一位销售人员用很客观的话介绍商品，旨在引出购买者其他的自我状态——"父母"或"儿童"。这里"成人"对"成人"的实线表示外部社交层面的互动，而

---

① 你可以逐一画出或写出加以验证：例如 PP-PA，PP-PC，PA-PP，PA-PC 一直到 CC-CA。写出所有可能的交错沟通类型，你可以再结合临床工作或日常生活中的例子一一比对。

虚线则表示内部心理层面的互动。在此例中，如果三角沟通获得成功，销售员得到的回应将是"儿童"对"成人"的，而不是"成人"对"成人"的。相反，如果三角沟通没有成功，购买者的"成人"仍占主导地位，那么收到的将是从"成人"发出而非"儿童"发出的回应。观察图 4A 和图 2B，鉴于可能涉及自我状态的各种情况，我们发现 18 种通过虚线形式予以回应的成功三角沟通。每一种成功的三角沟通也对应一种不成功的三角沟通，即在三角沟通失败的情况下，回应通过实线形式发出。

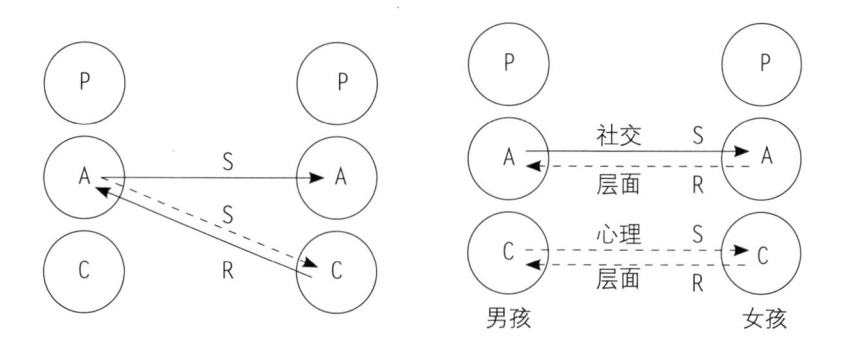

图 4A 成功的三角沟通　　图 4B 双重沟通（AA-AA）（CC-CC）

图 4B 代表的是一个双重沟通。它包含两个不同的层面：一个是潜在的心理层面或内部层面；一个是社交层面或外部层面。仔细观察示意图将发现 81^2 种，即 6561 种可能的双重沟通。①

如果我们减去社交和心理层面相互重复的双重沟通（实际上是 81 种简单沟通），那么还将剩余 6480 种可能的双重沟通。幸运的是，在临床工作

---

① 可以这样计算：图 2B 中的 9 种互补沟通加上 72 种交错沟通，社交层面外部便有 81 种可能的沟通方式。同样，内部心理层面也有 81 种。互动组合中的许多种在临床工作和个人社交活动中能被辨识自我状态的人观察到。

和日常生活中常见且具有重要意义的只有六种。①

读者可能好奇此部分为什么有这么多的数字。原因有三：（1）从"儿童"方面考虑，多数人选择用数字来呈现多样的互动方式。（2）从"成人"方面考虑，是为了证明人际沟通分析理论比其他大多数社会和心理学理论更加精准。（3）从"父母"方面，是为了告诉人们精准并非意味给沟通行为设限。例如，如果人们只进行三次互动，每次都可以在6597种互动方式中选择，那么这三次互动中可供选择的方式将有6597^3种，即人们约有3000亿种不同的方式来构建三次互动。这无疑为人们提供了充分表达个性所需的空间，也意味着如果将世界上所有的人两两配对，每对进行200回合的三次互动，也不会存在与先前任一回合重复的情况。大部分人每天都要与他人进行成百上千次互动，这意味着每人每天都有上万亿种与他人互动的方式。

即使他从来不用6597种互动方式中的5000种，也仍然有不同的互动方式可供其选择。除非一个人给自己的沟通行为设限，否则没有必要将其固化。但如果用人际沟通分析理论分析人们的互动，你会发现大多数人将其限定在某种模式里，这不是人际沟通分析理论本身存在问题，而是人们受到其他因素的影响，这也是本书要涉及的重要话题。

人际沟通分析是具有系统性的理论，上述结构分析就是其中的一个

---

① 如图4B，这六种常见的双重沟通分别是：表面AA-AA，实则CC-CC；表面AA-AA，实则PP-PP；表面AA-AA，实则PC-CP；表面PP-PP，实则CC-CC；表面AA-AA，实则CA-CA；表面AA-AA，实则PA-PA。另外，在诸如养育孩子、教师教学或儿童精神治疗等特殊情况下，外部层面的沟通可能是互补的，也可能是交错的，而内部层面的沟通则也许是81种可能性中的任何一种，前者如表面PC-CP，实则CC-CC，后者如表面AA-CP，实则可能是任何一种沟通。为了更好地理解，我们最好画出沟通图，然后将其与现实情况进行比对。

分支。对单次沟通的分析被称为"狭义的人际沟通分析"（transactional analysis proper），它是结构分析后的第二步。"狭义的人际沟通分析"的提出使人际沟通分析理论整体的界定更为严谨，也使那些接受科学训练的人对其产生兴趣。单次沟通是由一个刺激和一个回应构成的社交行为。刺激和回应可以是言语形式，也可以是非言语形式。之所以称其为"沟通"，是因为各方都能从中获益，这也是个体愿意参与互动的原因。[①] 任意两人或多人之间的互动都可以被归为一系列的单次沟通，而且当它有一个明确的划分标准时，每个学科都可以从中获益。

人际沟通分析是一种涉及人格和社会行为的理论，也是心理治疗的临床方法，它基于对两人或多人的所有可能沟通方式的分析，也基于对特定自我状态的分析，其中涉及的沟通方式是限定的（9种互补沟通，72种交错沟通，6480种双重沟通，36种三角沟通）。在常规实践中普遍出现的大约只有15种，其余大多数只是研究者出于学术兴趣而得出的结果。只有根据自我状态对每次沟通进行系统或严格的分析，才算得上是人际沟通分析。对其下这样一个定义旨在为人类所有可能的社交行为形式建立一个模型。人际沟通分析是一个高效的模型，原因在于遵循科学经济的原则[②]。它包含两个假设：（1）人们可以从一种自我状态转变为另一种自我状态；（2）如果A

---

① "人际沟通，或者说交流，似乎一直是各类社会科学家关注的焦点。我非常同意布劳（Blau）的观点，即沟通既是所有社会科学最明显的共同参照点，也是最有可能成为我们分析更加复杂的社会关系和结构的基石（通过交流这个黏合剂）。"摘自阿尔弗雷德·库恩（Alfred Kuhn）对彼得·布劳（Blau, Peter M.）《社会生活中的交换与权力》（*Exchange and Power in Social Life*）一书中的评论。

② 有时又称"奥卡姆剃刀定律"，由14世纪英格兰的逻辑学家、圣方济各会修士奥卡姆的威廉（William of Occam，约1285年—1349年）提出。这个原理称为"如无必要，勿增实体"，即"简单有效原理"。——译者注

先说了一些内容，而 B 紧接着又说了一些，我们便能以此验证 B 所说的是否是对 A 的回应。这一模型有效的另一原因在于，迄今为止，它能够对人与人之间的任何互动做出解释。而且，这一模型非常严密，我们可以通过数学计算找出人类限定的互动方式。

理解"沟通视角"的最好方法是问："这一成人行为相当于一两岁或三岁孩子的什么行为呢？"

C. 时间结构

我们可以对一个人长期甚至长达一生的沟通行为进行分类，以便预测人类短期和长期的重要社会行为。人类彼此互动，即使无法借此获得过多本能满足感，也会选择这样做，因为大部分人在无所事事时会感到心绪不宁。所以，人们会发现参加诸如鸡尾酒会的活动会减弱他们独处时的无聊感。人们对时间结构的需要基于三种驱力或渴望。第一种驱力是"刺激或感觉渴望"。部分人认为，包括人类在内的大多数生物都在寻求刺激，而不是试图避免刺激。对刺激的需求是人们想去玩过山车的原因，也是犯人想尽一切办法避免被关禁闭的原因。第二种驱力是"认同渴望"，这是一种源于特殊感觉的需求。这种感觉只能从他人身上获得，在某些情况下也可以从其他动物身上获得。[①] 这就是为什么只给幼猴或婴儿提供奶水是不够的，他们还需要听到母亲的声音、闻到母亲的气味、感受母亲的温暖和抚摩，否则便会慢慢失去生气。成人亦是如此，如果没有人跟他们打招呼，他们也会渐渐失去活力。第三种驱力是"结构渴望"，这就是团队想要发展

---

① Szasz, K. *Petishism: Pets and their People in the Western World*. Holt, Rinehart & Winston, New York, 1968.

成组织，善于时间管理的人无论在哪个社会，总是最受欢迎、最受褒奖的原因。

研究感觉渴望和结构渴望的有趣发现可见于老鼠的实验：老鼠被置于感觉受剥夺的环境中饲养长大，即被养在完全黑暗的环境或持续亮灯的白色笼子里。之后，这些老鼠被放入普通的笼子中，与"正常"的老鼠待在一起。研究发现，如果笼子被置于犹如迷宫的棋盘环境下，这些老鼠会去寻找食物，但如果笼子被置于简单环境中，它们就不会寻找。而对于正常养大的老鼠，无论处于什么环境，它们都会去寻找食物。这表明对于感觉被剥夺的老鼠，结构刺激的驱动强于它们对食物的渴望。实验人员得出结论，对结构化刺激的需要（或用他们的话说，对"知觉经验"的需要）可能就像对食物的渴望一样，涉及最基本的生理过程。幼时感觉被剥夺的影响可能会持续一生，体现在之后对复杂刺激的强烈需求。[1]

人类社交行为中，短期的时间结构除了两种极端的情况，还包含四种基本类型。因此，如果两人或多人在一个房间里，他们有六种可供选择的社交行为。其中一种极端情况是"退却"（withdrawal），当事人彼此间明显无交流。这种情况可能发生在地铁或者退缩型精神分裂症患者治疗小组这样类似的场合。除了个体沉浸在自我的思绪里不想有任何交流的"退缩"之外，最安全的社交行为形式是"仪式"（rituals）。它可以是非正式的、高度模式化的社交行为，也可以是正式的、完全可预测的典礼仪式。用仪式的方式沟通，人们彼此间几乎不传递信息，给予更多的是相互认可的示意。

---

[1] Sackett, G. P., Keith-Lee, P., and Treat, R. "Food Versus Perceptual Complexity as Rewards for Rats Previously Subjected to Sensory Deprivation." *Science* 141: 518-520, August 9, 1963.

仪式的沟通单位被称为"安抚"，类似于母亲抚慰婴儿时给予的认可。仪式来自传统习惯或社会习俗的外界编码。

另一个较为安全的社交行为是"活动"（activities），通常指的是"工作"（work），这种沟通由正在进行的谈话内容组成，内容不限，可以是木头、水泥，也可以是数学问题。典型的工作式互动沟通是"成人"对"成人"，指向外界的现实，即指向活动的主题。接着是"消遣"（pastimes），它不像仪式那样程序化和可预测，但具有一定的重复性，本质上是完成多选题或用句子回答问题的交流。这种交流通常发生在诸如鸡尾酒会等人们彼此间不太熟悉的场合。消遣大致由社会规约构成，人们用可接受的方式谈论一些可接受的话题，但其中也有个别不一样的声音，也就是下一种社交行为——"游戏"（games）。

游戏是一系列隐匿的沟通，本质上具有重复性，会指向一个明确的心理结局。由于隐匿沟通是发起者表面做一件事，而实际却在做另一件事，因此，所有游戏中都隐含着骗局。但骗局只有在回应者身上有弱点时才会生效，游戏发起者才能抓到诸如恐惧、贪婪、多虑或易怒等"可乘之机"。"目标对象"上钩后，游戏发起者为了得到最后的心理结局，必须做一些转换。转换后紧跟着的是一阵混乱和困惑，目标对象一时间不明白到底发生了什么。游戏结束时，双方玩家都会获得他们的结果。这个结果是相互的，游戏发起者和回应者都能体验到游戏引发的情绪（但双方的体验不一定相同）。一系列的沟通要想被称为"游戏"，必须包含以下四个特征：沟通必须是隐匿的，隐匿中包含骗局，骗局之后紧跟着转换、混乱，最后是结果。我们可以用一个公式加以呈现。

$$C + G = R \to S \to X \to P \quad (G公式)$$

C（Con）+ G（Gimmick）指游戏发起者制造了骗局，有了可乘之机，回应者做出反应（Respond）之后游戏发起者做出一些转换（Switch），转换后紧跟着的是一阵混乱（Crossup）。之后，双方玩家都获得心理结局（Payoffs）。只要符合这个公式的沟通都是心理游戏，不符合的就不是游戏。

只是简单地重复事实并不能构成心理游戏。例如，在治疗小组中，一位恐惧的患者每星期都让治疗师做出保证（"医生，请告诉我，我一定会好起来"）。当他如愿时，他会对治疗师说："谢谢。"这不属于隐匿沟通。因为这位患者直接讲明了他的需求，并得到了满意的回复。除了礼貌地回应，他没有以任何方式对此情景加以利用。因此这个沟通并不构成游戏，只是一个正常的活动，它无论重复多少次，都与游戏有区别，正如我们有必要将合理执行的步骤与"仪式"相区分一样。

然而，如果有另一位患者也要求治疗师给她保证，但她收到保证时却利用治疗师的回答使治疗师看起来有些愚笨，这就构成了一个游戏。例如，患者问："医生，你觉得我会好起来吗？"富有同情心的治疗师回复道："你当然会好起来。"这时就暴露出患者此问别有用心。她没有直接回复"谢谢"，而是转换反问："你凭什么觉得你什么都知道？"这个回答难倒了治疗师，以至于他一时不知该说什么。这正是患者想要达到的目的。最后，游戏结束了，患者因利用了治疗师而感到扬扬得意，治疗师却因此感到挫败不堪。这就是游戏带给他们的心理结局。

这个游戏完全符合 G 公式。骗局是患者最初提问的问题，可乘之机是治疗师的感情用事。当骗局找到了可乘之机，即治疗师以患者期待的方式做出反应。接着，患者发生转换，造成混乱，最后双方都得到心理结局。

用公式表示：

$$C + G = R \to S \to X \to P$$

以上是游戏的一个简单示例，从患者的角度可以将此游戏命名为"猛击他"（Slug Him），或者"剧烈打击"（Whammy）。而从治疗师的角度，则是"我只是在帮助你"。心理结局可被称为"赠券"。好的情绪是金色的赠券，令人难过的情绪是棕色或蓝色的赠券。在这个例子中，患者获得的是一张假的金色赠券，因为她并没有获得真正的成功或胜利，而治疗师得到的是非常常见的棕色赠券。

每个游戏都有其口号或座右铭，如"我只是想帮助您"。这个口号俗称"T恤"。通常，游戏名取自其口号。

除了游戏之外，人与人之间的沟通还有一个极端，称作"亲密"。这是一种坦诚、不包含游戏的关系，彼此间发自内心地给予与接受，不会相互利用。亲密也可以是单向的，一方可能坦诚、给予，而另一方则可能欺骗、利用对方。

性活动可以说明人的同一行为可以有上述六种社交行为。它表现为退却，可以是例行公事的一部分，也可以是日常工作的一部分，雨天的消遣活动，也可能是相互虐待，抑或是真正的亲密行为。

D. 脚本

上述的社交行为形式都是人们将时间加以结构化的方式，旨在避免无聊感又同时最大化每个情境中的满足感。此外，每个人都有一个潜意识的人生计划或脚本。脚本将更长的时间加以结构化——数月、数年或者是整个人生。人们用仪式、活动、消遣和游戏充实这段时间，推进脚本，获得即时的满足感。但脚本通常会因人们的退却而中止，有时也因亲密而中止。脚本的产生通常基于儿童般的幻想，这种幻想可能会持续一生。但在那些敏锐、有洞察力和智慧的人看来，这些幻想会被一一消除，从而使其面临如埃里克森（Erikson）所描述的各种人生危机。① 这些危机包括青少年对父母的重新评价、中年时期的抗争（这些抗争往往有些古怪）以及之后形成的人生哲学。然而，成年后继续保持儿童时期的幻想有时会导致抑郁或唯心，但放弃幻想又会使人陷入绝望。

　　时间结构可以比较客观地用以回答人们在说完"你好"之后会做什么这个现实问题。接下来我们将尝试通过观察人们在说完"你好"之后所做的事情以及通过给予一些可能的暗示来回答这个问题。研究人生脚本的本质及其发展过程有利于我们实现这个目标。②

---

　　① Erikson, E. H. *Identity and the Life Cycle*. International Universities Press, New York, 1959.

　　② 对人际沟通分析理论的系统性批判，参见：Shapiro, S. S. "Critique of Eric Berne's Contributions to Subself Theory." *Psychological Reports* 25: 283-296, 1969。

第二篇

父母编制的程序

人　生　脚　本

第 3 章　人类命运

A. 人生计划

每个人的命运都取决于他在面对人生诸事时，其大脑是如何运作的。每个人都在规划着自己的人生。自由赋予他们实现自身人生计划的能力，而这一能力亦使他们能够自由地影响他人的人生计划。即使人的一生会终结于他所从未谋面之人或永远无法看见的病菌，他的遗言和墓志铭将诉出他的毕生所求。如果非常不幸，他如尘埃般悄无声息地死去，那么只有最了解他的人才能读懂他的遗言和墓志铭，而处在他的友谊、婚姻和治疗等个人交际圈之外的人对此则无法理解。在多数情况下，人们一辈子都在欺骗世界，通常也会欺骗自己。关于这些欺骗的假象，我们在后文会展开更多讨论。

很多人在很早时便决定了未来自己将会如何生活和如何死亡，无论去往何处，他都会将头脑中的计划带到那里，而那个计划便是所谓的脚本。

他或许可以基于理性，对一些微不足道的小事做出决断，却早已决定好了另一些重大事情：他将与什么样的人结婚，会有多少孩子，会死在哪种床上，在临死前又有谁会陪在他身边。这可能并不是他所愿意去设想的事，但却是他所希望实现的。

玛格达（Magda）

玛格达是一个尽心尽责的妻子和母亲，但当她的小儿子病重时，她惊恐地意识到自己潜意识里的一个念头、图像甚至是愿望，竟然是希望自己深爱的儿子死去。这使她回想起自己的丈夫在海外当兵时，她也曾有过相同的想法。她的脑海中萦绕着丈夫会被杀死这一吊诡愿望。在这两个情景中，她所想象的自己正身处极度的绝望和痛苦之中。这成为她必须迈过去的坎，每个人都会为她的默默忍受而钦佩不已。

提问：之后会发生什么？

回答：我从没想那么多。也许我会自由，接着可以做我想做的事，重新开始。

当玛格达读小学时，她就有过多次性经历，自此愧疚感便一直紧随着她。儿子或丈夫的死于她而言，可以说是一种惩罚或赎罪，使她有望从她母亲的诅咒中解脱出来。她再也不会觉得自己是一个被抛弃者。人们会说："她多勇敢啊！"他们还会接纳她，将她视为人类群体中完全正常的一员。

纵观她的大半生，玛格达在脑海里创作并且上演着这一部悲剧式电影。这是她的人生戏剧或脚本的第三幕，早在她的童年时期便已定稿完成。第一幕：性方面的愧疚和困惑。第二幕：母亲的诅咒。第三幕：赎罪。第四幕：解脱和新生。但在现实中，她过着很传统的生活，正如父母教导的那样，她尽自己所能让所爱之人健康和快乐。这与她的脚本剧情是相反的，我们可以称其为"反脚本",它所设计的人生当然没有戏剧那样跌宕起伏。

脚本是一个持续的人生计划,是每个人在幼时受到父母的施压而形成的。它是一种心理力量,推动着人们前行,无论人们觉得应该发愤图强,努力实现脚本,又或随心所欲,置脚本于不顾。

本书的宗旨并不在于将所有人类行为或生活简化为一种固定模式。恰恰相反,一个真正的人应该是既能自发地以理性可靠的方式行事,也能为他人着想。因此,一个按照固定模式生活的人是假的,是不存在的。但因为人类生活的大部分内容都受制于这些固定模式,因此我们有必要了解它们。

黛拉(Della)

黛拉是玛格达的邻居,还不到30岁,过着和玛格达差不多的家庭生活。她的丈夫是售货员,经常出差。有时,趁着丈夫不在家,她会外出喝酒,醒来便发现自己身处离家很远的地方。她常常记不起这一过程中所发生的事,只能凭自己醒来后身处异地,且钱包中装着陌生男子的姓名和电话号码来判断自己身上发生的事。对此,她不仅害怕,更感到惊恐万分,因为这意味着如果自己某天遇见什么举止轻浮或者恶劣的男人,她的人生就全毁了。

脚本在人们幼年时便已成型,因此,如果这是一个脚本,那么就必须追溯其起源。黛拉的母亲在她年幼时就离世,她的父亲整天外出工作。而在学校里,黛拉和其他同学的相处并不融洽。因此她感到很自卑,过着形单影只的生活。然而在童年末期,她找到了一种能让自己变得受欢迎的办法:黛拉同玛格达一样自甘堕落,成为男孩们玩弄的对象。她从未想过当初在学校干草棚中发生的事与她现在的行为有何关联。但她在脑海中始终执行着人生剧本。

第一幕：设定。干草棚中的快乐和愧疚。第二幕：脚本运作。酗酒和逃避责任时的快乐和愧疚。第三幕：后果。遭受谴责和崩溃。她失去了所有——丈夫、孩子以及地位。第四幕：最终赦免。（自杀。所有人都为此感到遗憾，并且原谅了她。）

玛格达和黛拉都依照反脚本过着平静的生活，心中却有厄运降临之感。她们的脚本是一出悲剧，而她们却从中获得了解脱和赦免。两人的不同之处在于，玛格达耐心等待着上天施以援手，帮她实现命运——拯救她；然而黛拉却受心魔的强迫和驱使，焦急地冲向命运——咒骂、死亡和宽恕。因此，两人有着相同的起点（曾犯性过错），却顺着不同的路径走向不同的结局。

心理治疗师如同智者般坐在办公室里，他们正是通过处理人生脚本来获得报酬。似乎只有在某些人死亡的情况下，玛格达和黛拉才能得到解脱，不过心理治疗师的工作就是帮助她们找到获得解脱的更好办法。于是他离开了办公室，沿街行走，路过了股票经纪人的办公室、出租车站和酒吧。在他眼中，几乎每个人都在等待着大干一场。在杂货店里，一个女人正冲她的女儿大喊："我和你说过多少次了，不要碰那个东西！"而另一个女人正在夸奖自己的小儿子："他多可爱啊！"当他来到医院，一名偏执狂患者说："我怎样才能离开这里呢，医生？"一名抑郁症患者说："我为何而活？"一名精神分裂症患者答："不要节食，好好活着，我可没那么蠢。"这都是他们昨天说过的话。他们被困在脚本中，而脚本外的人们却仍对其抱有希望。"我们要给他加大剂量吗？"一名医学生如是问道。Q医生转向那名精神病患者，正视对方。"我们给你加大剂量好吗？"Q医生问。那个男孩想了一会儿，然后回答："不好。"Q医生伸出手说"你好"。那名精神分裂症患者同他握手，回之以"你好"。接着，两人都转向那名医学生，Q医生说："你好。"医学生看上去局促不安，但在五年之后的一次精神病学会议上，他走向Q医生并说出："嗨，Q医生，你好。"

玛丽（Mary）

"总有一天，我会开一家托儿所，结四次婚，在股市里挣很多钱，并成为一个著名的外科医生。"玛丽醉醺醺地说。

这并不是脚本。第一，她的这些想法并非来自父母。他们不喜欢孩子，不主张离婚，认为股市太不可靠，还觉得外科医生收费过高。第二，她的人格与其所说的并不一致。她与孩子相处时显得过于紧张，面对男性则表现得十分冷漠，对股市充满恐惧，喝酒时会手抖。第三，她很早之前便下定决心，白天做一个房屋中介，晚上则做一个酒鬼。第四，她对自己所说的事情并不感兴趣。她这么说更表明她做不到这些事。第五，任何听她这番话的人显然明白，她不会去做上述任何一件事情。

脚本需要满足以下条件：（1）父母的指令；（2）恰当的人格发展；（3）童年期的决定；（4）导致结局成功或失败的特定方式的真正刺激；（5）确信的态度（或一种坚定的立场，即人们对当下所说的事深信不疑）。

本书将介绍迄今为止有关脚本装置的知识，以及我们该如何着手改变它。

B. 台前与幕后

戏剧脚本原本来自人生脚本，我们先从两者之间的联系和相同之处谈起为好。①

1. 两者都基于数量有限的主题，其中最为人所知的主题便是俄狄浦斯（Oedipus）的悲剧。其他主题同样在希腊戏剧和希腊神话中有迹可循。其他人所写的都是古代祭祀戏剧，比如，对酒神的狂热赞歌和放荡的纵情声色，但希腊人和希伯来人是最早将更平常和更能够引起共识的人类生活方式加以精练并记录下来的人。人类生活的许多环节确实与原始仪式很相近，包括史诗叙事式的冲突竞争、悲怆感伤、哀颂亡者和神灵显现，如果以通俗语言来书写这些环节，人们对其加以理解和思考则会容易得多，比如，在笼罩于月色中的月桂树下，一对男女正在争吵，这时走来了一个唠叨鬼（不管其是男还是女）。就像这样，希腊诗人将人类生活以更简明的方式记录下来，这在布尔芬奇②或格雷夫斯的作品③中早已有所体现。如果神灵眷顾某人，那么他将会一帆风顺。反之，他将面临其他境况，如果他想摆脱厄运，或者即便无法摆脱也想活得更自在，那他便成了一个患者。

人际沟通脚本分析师和剧本分析师一样，只要知道剧情和人物，就能预测该人物的最终结局，除非剧情发展过程中发生了些许变化。比如，心理治疗师同戏剧评论家都很清楚，美狄亚（Medea）已然下定决心杀死自己的孩子，除非有人劝她打消这个念头；他们同样也明白，如果她在那周

---

① 有关将人际沟通分析理论应用于戏剧中的论述，参见：Schechner, R. "Approaches to Theory/Criticism." *Tulane Drama Review* 10: Summer 1966, pp. 20-53; 亦可参见：Wagner, A. "Transactional Analysis and Acting." Ibid. 11: Summer 1967, pp. 81-88, and Berne, E. "Notes on Games and Theater," in the same issue, pp. 89-91。

② 托马斯·布尔芬奇（1796—1867），美国神话学者、著名作家，一生致力于普及神话、民间传说，著有《神话时代》《骑士精神时代》《查里曼大帝时代》等书。——译者注

③ 就我个人而言，我更喜欢兰普里埃尔（Lempriere）的《古典大辞书》（*Classical Dictionary*）（1818年第10版）。

接受了心理治疗，事情就不会发展到那个地步。

2. 如果放任某种人生轨迹发展而不加干涉，那么其结局是可以预见的。不仅如此，为了达到这一结局，特定的语言措辞和对话方式起到了必要的促进作用。不管在戏剧还是在真实生活中，人们必须记住提示并准确说出自己的台词，这样才能使他人做出回应，以便解释和采取进一步行动。如果主人公改变了台词和自我状态，他人便会做出不同的回应。此举使得整个脚本的走向发生变化，而改变脚本正是治疗性脚本分析的目标。如果哈姆雷特（Hamlet）说出《艾比的爱尔兰玫瑰》(*Abie's Irish Rose*)中的台词，为了使剧情符合逻辑，欧菲莉亚（Ophelia）也得改变自己的台词，这样一来，所有剧情将沿着不同方向发展。最终，他们俩也许会私奔而不是在城堡中密会——这样的剧情未免落于俗套，但于哈姆雷特和欧菲莉亚而言，他们过上了更幸福的生活。

3. 在最终上演前，脚本必须得到不断的预演和修改。正如在剧院中，演员在正式上台前需要反复地朗读、修改和彩排。人生脚本始于童年时期，表现为一种名为"草案"的原始形式。此时，脚本中的其他演员仅限于父母和兄弟姐妹；而在某一机构或寄养家庭中，其他演员则是餐桌同伴或抚养者。由于每个家庭都是一个机构，因此所有人都恪守规则，各自扮演着固定的角色，孩子无法从他们身上学到过多的灵活性。步入青春期以后，他开始遇到更多的人。由此，他寻找自己的脚本中所需要的那些角色（那些人会参与到他的脚本中，因为他也扮演了他们的脚本中所需要的角色）。此时，他基于新环境对自己的脚本进行了一番修改，不过基本情节保持不变，稍作改动的只有一些具体行动。在多数情况下（除了青春期少年自杀或被谋杀），我们将具体行动视为预演——类似于剧团在进城前先在小镇上进行试演。经多次修改之后，他终于确定人生的最终脚本——告别演出，也就是脚本的最后结局。如果结局是"好的"，那么演出将发生在告别晚餐那样美好的地方。如果结局是"坏的"，那么他可能会在医院病床上、监狱牢门前、精神病院中、绞刑架上或者太平间里离开人世。

4. 几乎所有脚本中都有"好人"和"坏人"，"胜利者"和"失败者"。每个脚本对于好坏[①]和输赢都有不同的界定，但都包括这四种角色，有时它们通过两两结合，形成两种角色。比如，在牛仔脚本中，好人就是胜利者，坏人就是失败者。好意味着勇敢、敏捷、诚实和淳朴，坏则意味着胆小、迟钝、心术不正以及勾搭女孩。胜利者是活到最后的人，而失败者是被绞死或枪杀的人。在肥皂剧中，胜利者是得到男人的女人，而失败者是失去男人的女人。在职场剧中，胜利者就是签下最好的合同或者代理最多工作的人，而失败者是连整理文件都不会的人。

在脚本分析中，胜利者被称为"王子"或"公主"，失败者则被称为"青蛙"。脚本分析的目的就是将青蛙变为王子或公主。为此，治疗师需要了解患者脚本中何为好人和坏人，以及患者可以成为哪种胜利者。没有接受过治疗的患者会朝着胜利者的方向奋斗，却并非真心想要成为胜利者，而是希望做一个更勇敢的失败者。这是人之常情，因为如果某人选择只做一个更勇敢的失败者，便能更舒心地按照脚本过活，然而如果他选择成为胜利者，就必须放弃全部或者大部分脚本，从头开始，而这是大部分人不愿意做的事。

5. 不管是剧院的脚本，还是真实生活的脚本，都需要回答人类会遇到

---

① 有关从历史的角度来判定"好人"与"坏人"的问题，可参见："The Mythology of Dark and Fair: Psychiatric Use of Folklore," *Journal of American Folklore* 1-12, 1959。该文提供了包括对童话故事进行心理分析的参考书目。

的这个基本问题："说完'你好'后，你会说什么？"比如，不管在俄狄浦斯的那出戏剧中，还是在俄狄浦斯本人的真实生活中，剧情的走向如何完全取决于对这一基本问题的回答。但凡俄狄浦斯遇到更年长者，首先便会问好，接着根据脚本进一步问道："想要打架吗？"如果对方说"不想"，那么俄狄浦斯便无话可说了，只能呆立原地，揣摩究竟要和对方谈论天气、近期爆发的战争形势，还是奥运会中可能获胜的人选。最简单的回应方式就是咕哝一句"很高兴遇见你""若你安好就好，我很好"或"一切都不错"，然后继续走自己的路。但如果对方说"想"，俄狄浦斯便会说："太好了！"因为这时他找到了对方在脚本中的定位，并知道接下来该说些什么了。

6. 人生脚本的场景就像剧院场景一样，必须被事先设定好，以激励人们不断向其进发。以汽车没油作为一个简单的例子。早在两三天前，某人通过看油表发现汽车的燃料耗尽，于是打算在不久后去加油，但之后却什么都没做。事实上，汽车立刻没油的情况很罕见，除非你驾驶的是一辆不熟悉且油表故障的车。在失败者的脚本中，总存在着一个事情接踵发生的预设场景。而胜利者终其一生永远都不会遇到这种汽车没油的突发情况。

人生脚本产生于父母对孩子的教导，而孩子遵循父母的教导是出于以下三个原因：（1）它为孩子的人生赋予了目标。孩子是为了他人，通常是为了父母而去做很多事。（2）它为孩子提供了一种可接受的时间管理方式（可接受指被他的父母接受）。（3）人们需要得到指导，才能明白如何做事。自学固然鼓舞人心，但不切实际。一个人不可能仅通过拆卸几架飞机、从错中学就成为一名优秀的飞行员。他要从别人而非自己的失败中吸取教训。外科医生也得有老师教导，而不只是一根根地取出阑尾，看它们出了什么问题。因此，父母通过传授自己所学或认为自己学会的东西来教导孩子。他们如果是失败者，便将失败者的人生经验传递给孩子；如果是胜利者，便将胜利者的人生经验传递给孩子。这一段漫长的生命历程总有一条故事主线。虽然结局的好坏由父母的教导决定，但故事的剧情如何发展，则由孩子自己选择。

C. 神话和童话

最初的原始脚本被称为脚本草案，在孩子尚且年幼时便初具雏形，那时他对直系亲属以外的人并不熟悉。试想，在孩子眼中，父母正如拥有魔力的巨人，就像神话中的男巨人和女巨人、食人魔和蛇发女妖那样，仅仅因为他们在体形上比自己高三倍、大十倍。

随着年龄的增长，孩子变得更加复杂，生活也由单调变得丰富多彩。他根据对新环境的感知，开始了脚本的第一次修改。如果条件允许，他首先将从母亲读给他的童话和动物故事中获得修改的灵感，之后依据闲暇时自己所读的故事进行修改，在此过程中他可以自由地放飞想象力。故事里的人物亦有魔法，但带给他的震撼却没有父母在他幼年时带来的震撼那么大。这些故事为他提供了一整套全新的人物体系，使他们在他的奇思妙想中扮演不同的角色：动物王国中的动物各有性格，他所熟悉的有热情的玩伴和朋友，有由于看到或听到来自远处令其害怕或着迷的东西而飞奔而逃的人，也有他仅仅听说过或读到过，凭想象力杜撰出来的拥有未知能力的生物。此外，他对故事人物的想象也来自电视，对于那个年纪的孩子来说，就连广告都能勾起他的想象力。甚至在最糟糕的情况下，孩子身边没有书、电视，甚至没有母亲，但当他在某地看见了一头奶牛，还是能将它想象成某种怪物。

在脚本发展的第一阶段,他将周围的大人视为拥有魔力的人,并相信他们有时会变成动物。在第二阶段,他仅将某些人类特质赋予动物,相信人与牛、狗、海豚存在联系,这一倾向在一定程度上会伴随人们步入成年期。

第三阶段,正值青少年时期,他再次修正脚本,使其适应当下的现实,以期保持自己丰富多彩、熠熠生辉的生活。随着时间的推移,他更加贴近于现实,而所谓的现实是指实际可能性,即他周遭的人和物能够按其预期给予回应。就这样,几十年之后,他做好了告别表演的准备。而告别表演是如此重要,心理治疗师的工作就是对其加以修正。

以下一些故事展现了神话、童话与人类生活的相同点。从沟通的角度出发有助于理解这些故事。比如,火星人故事参照了先前基于神话的故事,也就是游戏和脚本分析师更加客观地看待人类生活所设计出来的故事。故事中的火星人马里奥(Mario)来到了地球,并身负重任,即回到火星后需要"如实上报地球的情况"——不能依据地球人所说的那样上报,也不能依据地球人希望他所理解的那样上报。他不相信大话、数据统计表以及人们所描述的自我行径,而是观察人们实际上如何对待他人、为他人做事以及与他人交往。

欧罗巴(Europa)的故事

欧罗巴是尼普顿(Neptune)的孙女。一日,她在海边的草地上采花,一头漂亮的公牛出现并跪在了她的脚边。他用眼神邀请她来爬到自己的背上。她被他优美的声音和善意的举止吸引,心想骑在他身上在山谷中逛逛或许会很有趣。但在她爬上去的那个瞬间,他便飞起越过了大海,原来公牛是朱庇特（Jupiter）假扮的，当朱庇特看见喜欢的姑娘时，任何事情都阻挡不了他的步伐。然而，欧罗巴的结局也不算坏，他们在克里特岛着陆后，她诞下了三位国王并且拥有一座冠以她名字的陆地。这一切大致发生于公元前1522年，在莫斯科斯（Moschus）的《第二田园诗》（*Second Idyllium*）中可以找到这个故事。

诱拐者朱庇特来自一个相当不平凡的家庭。根据赫西俄德（Hesiod）的《神谱》（*Theogony*）记载，他的父亲萨杜恩（Saturn）有六个孩子。五个孩子刚出生就为萨杜恩所食，因此当第六个孩子朱庇特一诞生，他的母亲就把他藏了起来，并在他的襁褓中放了一块石头，好让萨杜恩将其吞食，使朱庇特免遭劫难。朱庇特长大后，他和他的祖母联手逼迫萨杜恩把石头和五个孩子吐了出来。这五个孩子分别是：普路同（Pluto）、尼普顿（Neptune）、维斯塔（Vesta）、克瑞斯（Ceres）和朱诺（Juno）。欧罗巴与朱庇特结束关系后，又与埃及国王达那俄斯（Danaus）结为伴侣，并为其诞下一女，名为阿密莫妮（Amymone）。阿密莫妮的父亲，也就是国王，让她去阿格斯城（Argos）取水。这时，尼普顿见到了她，并对她心生爱意。他将她从好色之徒手中救出，并把她留在自己身边，但事实上尼普顿是她的曾祖父，正如带走了她母亲的朱庇特是她母亲的叔祖父。

下面，让我们用刺激和回应来分析这个家族传奇中的重要沟通。当然，每个回应都能成为下次沟通的刺激。

1. 刺激：一个美丽的少女正优雅地采花。回应：一位多情的神祇，即她的叔祖父，将自己变成一头金牛。

2. 回应：少女抚摸金牛的身体，轻拍他的脑袋。回应：牛轻吻她的手并转动眼珠。

3. 少女爬上了牛背。牛诱拐了她。

4. 她表现出害怕和惊奇，并询问他的身份。他打消了她的疑虑，一切进展得不错。

5. 刺激：一个父亲吃掉了他的孩子。回应：母亲给他吃石头。

6. 回应：获救的儿子逼迫父亲吐出被吞入腹中的孩子以及石头。

7. 刺激：一个美丽的少女被她的父亲派去汲水。回应：她遇到了好色之徒，用现在的话讲就是碰到了色狼。

8. 刺激：她的美貌激发了她曾祖父的爱。回应：他将她从好色之徒手中救出，并把她留在自己身边。

对于脚本分析师来说，在这个神话（莫斯科斯版本）的一系列沟通中，最有趣之处在于尽管欧罗巴激烈地痛哭和反抗，但她从未直接说出"停下来！"或者"立刻带我回去！"，相反，她很快开始猜测诱拐者的身份。换句话说，她大声哭喊只是表面现象，实则是为了尽可能让剧情继续，然后变得顺从，好奇于事情的结果。因此她的痛哭具有模棱两可的特质，用火星语来说便是"有胆量的"或"受脚本驱使的"。看似事情走向"违背她的意愿"，实际上她在玩一个"挑逗"（Rapo）的心理游戏，这与使她成为国王母亲的人生脚本相吻合。对诱拐者感兴趣并非阻止诱拐者的最稳妥的办法，但是却能使她免去最初与其调情的责任。

接下来的故事家喻户晓，包括了上述的大多数沟通，不过顺序有点不同。以下故事选取安德鲁·兰（Andrew Lang）和格林（Grimm）版本。几乎所有的孩子在幼年识字的时候就听这个故事，这在说英语的国家和其他国家都是如此。这个故事通常能够激发他们的想象力。

小红帽

从前有一个可爱的小女孩叫小红帽（Little Red Riding Hood，LRRH），一天，小红帽的母亲让她穿过树林给外婆带饭。半路上她遇见了一头引诱她、把她当作美餐的狼。他让她别太认真，高兴一点，放松一点，不要一心想着送饭，也可以采采花。接着趁小红帽采花时，狼来到了她外婆的家里，吃掉了老妇人。等到小红帽到来时，他佯装成外婆的模样，邀请她和自己一起躺到床上。小红帽照做了，同时注意到他外表上的许多可疑之处，这让她不禁怀疑此人到底是不是外婆。狼起初尝试消除小红帽的疑虑，而后就把她吃掉了。接着，一个猎户出现，把狼的肚子剖开，从而救出小红帽和她外婆。然后，小红帽高兴地帮助猎户一道往狼的胃里填满石头。在一些版本的故事里，在狼要吃掉小红帽时，她高喊救命，闻声而来的猎户用斧头杀死了狼，及时救出小红帽。

在这个故事里，又出现一个诱拐的画面，即一只狡猾的动物引诱一个无知且喜欢采花的少女，使其误入歧途。这只动物喜欢吃小孩，却落得一个胃里填满石头的下场。和阿密莫妮一样，小红帽被安排帮忙做事，路上遇到了一只狼，陷入麻烦，后与解救者关系亲密。

在火星人看来，这个故事引出了几个有趣的问题。他姑且接受这个故事的设定，包括会说话的狼，即便他从未遇到过这种狼。但鉴于所发生的事，他想知道这一切究竟是怎么回事，这些事又会发生在哪种人身上。下面是火星人对此的一些看法。

火星人的反应

一日，小红帽的母亲让她穿过树林给外婆送饭，而后小红帽在半路上遇到了一只狼。究竟什么样的母亲才会让一个小女孩深入潜伏着恶狼的树林呢？母亲为何不是自己去或和小红帽一起去呢？倘若外婆真的这么无助，那为何母亲会将她独自留在遥远的小屋之中呢？假设小红帽非得前往，她的母亲又怎能不加以提醒，让她不要停步与狼说话？很明显，在这个故事中，小红帽从未被告知这样做的危险性。没有一个母亲会蠢到对此不置一词，因此小红帽的母亲或许并不在乎女儿的安危，甚至还想要抛弃她。也没有一个女孩会蠢到如此地步。小红帽怎能在看见狼的眼睛、耳朵、利爪和尖齿后仍将其当作外婆呢？为何她不从那里能跑多快就跑多快呢？她将石头填入狼的胃中这一行为也没什么意义。不管怎么说，任何一个头脑清醒的女孩在与狼说完话以后，都不会停下去采花，而是对自己说："那个狗娘养的畜生要去吃我的外婆了，我得赶快去找人帮外婆。"

即便是外婆和猎户也并非毫不可疑。如果我们将故事里的人物视为真实生活中存在的人，那么他们各自都有自己的脚本，站在火星人的角度，我们会发现他们的性格与脚本是如此吻合。

1. 母亲明显想要"意外地"失去自己的女儿，或者至少想在事后说诸如"这不是很糟吗？如今你想在没有狼的公园里散步都不行了……"之类的话。

2. 这只狼不去吃像兔子这类的动物，反而去吃人，这明显是不自量力，他肯定知道自己不会有好下场，所以他想自找麻烦。显然他在年轻时读过尼采（Nietzsche）或类似尼采之人的作品（如果他能说话，还能在软帽上系蝴蝶结，那么他肯定能读书），座右铭类似于"活在刀刃上，死在荣光中"。

3. 外婆独居且虚掩门闩，很可能在期待着一些有趣的事情发生，而和其他人一起生活，则无法遇上这些有趣的事。也许这就是她没有与他人住在一起或至少住在隔壁的原因。小红帽还是一个小女孩，她足够年轻，正值冒险的年纪。

4. 猎户是解救者，他喜欢在可爱女孩的帮助下战胜对手：显而易见，这是一个青春剧的脚本。

5. 小红帽明确将自己的去向告知狼，甚至与他同床。她显然在玩"挑逗"的游戏，并且在事后对整件事感到很高兴。

实际情况却是，故事中的每个人都在不惜任何代价地企图做些什么。从表面来看，狼其实才是受害者，他自以为聪明过人，以小红帽为诱饵，但最后结局很凄惨。既然如此，故事寓意不是天真的女孩应该远离有狼的树林，而是狼应该远离那些看似很天真的女孩以及她们的外婆。简言之，狼不应该独自穿行于树林。另一个有趣的问题则是，母亲在抛弃了小红帽之后会做什么。

倘若上述的分析看上去很讽刺或滑稽，那么我们不妨想一下真实生活中的小红帽是怎样的。关键问题在于有着这样的母亲，有过这样的经历，小红帽长大后会变成什么样？

小红帽的脚本

在精神分析的文献中，人们大多关注被放入狼的胃里那些石头的象征意义。然而对于沟通分析师来说，最重要的部分是所有人物之间的沟通交际。

嘉丽（Carrie）在30岁时前来求诊，她说自己头痛、抑郁，不知道自己想做什么，也找不到满意的男友。正如Q医生所接触过的所有类似小红帽的患者一样，她也有一件红色的衣服。她总是试图间接地帮助他人。一天，她进门后说：

"你办公室所在的街道上有一只病恹恹的狗。不如你给动物保护协会（SPCA）打一个电话？"

"为什么你不自己打电话呢？"Q医生反问。

她回答："谁？我吗？"

她自己从未救过任何人，但她知道在哪里可以找到解救者。这是小红帽的典型表现。Q医生问她是否曾工作于这样一家公司，在那里需要有人在茶歇时外出买小食，她说是。

"由谁来外出采购？"

"当然是我了。"她回答。

她的故事中与脚本有关的部分如下。在她6到10岁期间，母亲把她送到外婆家里做事或玩耍。有时她去时，外婆外出，于是她便和外公一起玩，她经常感觉到外公在她的裙子底下抚摩。她从未将此事告诉母亲，因为她知道母亲会冲她发火并斥责她说谎。

如今，她经常遇到男人和"男孩"，他们当中的许多人会同她约会，但她总在两三次之后就和他们分手。每当她向Q医生讲完最近一次分手，他都会询问其原因，接着她就会回答："哈哈哈！因为这色狼还太嫩了。"由此，她数年来穿梭于金融街区这片树林给人们带去食物，并日复一日地甩掉那些年轻的色狼——成为一个既无趣又消沉的存在。事实上，她生命中最刺激的便是她与外公之间的事。现在她似乎就在余生中等待着这件事的重演。

这个案例向我们展现了故事结束后小红帽的生活。遇到狼这件事堪称她人生中最为有趣的事。当她长大后,她花费时间在树林里走动,为人们带去美味佳肴,始终期盼着遇到另一只狼。但她碰见的都是小狼崽,她瞧不上它们,并把它们丢弃一边。嘉丽的故事告诉我们何为真正的狼,以及为何小红帽可以大胆到与他同睡一张床——那只狼就是她的外公。

真实生活中的小红帽有如下特点:

1. 母亲经常吩咐她做事。

2. 她被外公诱导,但是并未让她的母亲知道。如果告诉母亲,她就会被骂骗子。有时,她会假装自己很愚笨,不知道发生了什么。

3. 她自己并不经常解救他人,但喜欢安排救援,并总在寻找这样的机会。

4. 在她长大以后,她成为被差遣跑腿的人。她总像小女孩一样小跑或四处游荡,而非姿态端庄地步行。

5. 她一边等待着刺激的事情发生,一边又感到无聊,因为她遇到的都是自己看不上的年轻色狼。

6. 她喜欢把石头填入狼的胃里,或者在生活中找到诸如此类的事。

7. 尚未可知的是,男性治疗师于她而言是否是一个解救者,或仅仅是一个面相友善、没有性想法的外公。与他在一起,她感到很放松,还有一些怀念,因为相安无事而平静下来。

8. 当治疗师说她是小红帽时,她笑着表示赞同。

9. 说来也怪,她几乎总是穿着一件红色外套。

值得注意的是,小红帽母亲、外公和外婆的脚本是互补的,以至于这样的性侵行为再三发生。故事中圆满的结局也值得推敲,这在真实生活中不可能发生。父母为孩子讲童话故事是出于善意,所谓的圆满结局不过是慈爱的父母所说的谎;孩子自己编的故事更加现实,其结局也往往并不幸福；事实上，这些结局要可怕得多。①

D. 等待沉睡

脚本分析的目的之一就是将患者的人生计划楔入人类宏大的心理历

---

① 我并没有足够渊博的学识提供欧罗巴、阿密莫妮、小红帽和睡美人这些故事的完整集注本或授权本。在不同的版本中，就连欧罗巴故事中的公牛也可能是白色或金色的。本文所给的故事版本足以实现当前的研究目的。欧罗巴和阿密莫妮的来源如下。

布尔芬奇（Bulfinch）的《神话》（*Mythology*），格雷福斯（Graves）的《雅典神话》（*The Greek Myths*），汉密尔顿（Hamilton）的《神话》（*Mythology*），兰普里埃尔（Lempriere）的《古典大辞书》（*Classical Dictionary*）（伦敦，1818），赫西俄德（Hesiod）与莫斯科斯（Moschus）（伦敦：家庭古典图书馆第30号，1832），奥维德（Ovid）的《变形记》（*Metamorphoses*），以及我母亲那本缺失扉页的《神话手册》（*A Handbook of Mythology*）复本，该书由爱德华兹（Edwards）所著（埃尔德雷奇与布拉泽斯出版社，日期不详）。

小红帽的故事出自：安德鲁·兰（Andrew Lang）的《蓝色童话书》（*The Blue Fairy Book*），《格林童话》（*The Grimms' Fairy Tales*）（格洛赛特和邓洛普版本），《民俗、神话与传说标准大辞典》（*Standard Dictionary of Folklore, Mythology, and Legend*）（纽约：芬克与瓦格纳出版社，1950）。她在法国被叫作"Petit Chaperon Rouge"，在德国被叫作"Rotkappchen"。

精神分析学家倾向于关注结尾处在狼胃中填石，不过这部分与本文研究目的无关，在我看来更像是一种补充。有关小红帽的精神分析文献始于1912年的两篇论文，一篇由奥托·兰克（O. Rank）撰写，另一篇由马丁·沃福（M. Wulff）撰写，而后弗洛伊德（Freud）发表了论文《梦的素材来源于童话故事》（*The Occurrence in Dreams of Material from Fairy Tales*,1913），在其平装版书籍《妄想与梦境》（*Delusion and Dream*）（波士顿：灯塔出版社，1956）中可以找到这篇。其中最著名的讨论出自于埃里希·弗洛姆（Erich Fromm）的《被遗忘的语言》（*The Forgotten Language*）（纽约：格罗夫出版社，1951）。弗洛姆说："这个童话故事的大部分象征意义都不难理解。'红丝绒小帽'代表月经。"但他并未提及谁能够毫不费力地理解这些象征，以及那顶小帽对谁而言代表月经。丽拉·维西-瓦格纳（L. Veszy-Wagner）最近发表的论文《沙发上的小红帽》[《精神分析论坛》，1966(1): 399-415]至少提供了案例材料，尽管它的可信度有待商榷。或许伊丽莎白·克劳福德（Elizabeth Crawford）在其论文《作为符号的狼》[《美国意象》1955(12): 307-314]中提供了最佳建议。

在现实生活中，狼并没有童话所写的那么可怕。参见"狼同狗一样是群居动物……经过教导，它们也能亲近人类"[帕特里夏·麦克布鲁姆（P. McBroom），《科学新闻》1966年9月10日，90: 174]。该句总结了乔治·拉布（G. B. Raab）与杰罗姆·伍佩（J. H. Woolpy）对于狼的社会行为的研究，我们从中也可以看出狼也会玩人际沟通的游戏。具体而言，被抛弃的狼扮演"木腿"的角色，一瘸一拐地寻求特殊关注。

史之中。在经历过洞穴时代、早期农牧业定居时代、极权统治时代后，人们的心理于现今显然已发生了变化，不过变化甚小。约瑟夫·坎贝尔（Joseph Campbell）在《千面英雄》（*The Hero With A Thousand Faces*）（对于心理分析师而言最好的教科书）一书中对此做出如下总结：

"弗洛伊德、荣格以及他们的追随者已经无可辩驳地证明，神话的逻辑、英雄人物及其事迹延续至今……某日午后，当你站在42号街和第五大道的交界处等待红绿灯时，便会发现俄狄浦斯、美女与野兽的最新故事仍在上演。"

他指出，神话里的英雄取得了世界及历史性的胜利，而童话故事里的英雄仅仅在家庭范围内取得了小小的胜利。可能需要补充的是，患者还是患者，因为他们不能实现预期的成功但依旧活着。因此，他们前来寻诊医生，即"知晓所有秘密方法和语言力量之人，正如神话和童话故事里年长的智者，其言语的点拨能帮助英雄克服征途中的磨难和恐惧"。

不论如何，患者以"儿童"的方式理解故事，而非以"成人"的方式讲述故事。在生命的一开始，所有的孩子都面临着同一个问题，并都以同一种方式解决它。人生的转变犹如旧酒装新瓶：酒瓶总在变，从椰子和竹子制料到山羊皮料，到陶瓷，到玻璃，再到塑料，但酿酒的葡萄几乎不变，酒的顶层依然是醉人的水液，底层是残渣。因此，正如坎贝尔所说，人们的奇遇和个性从古至今未曾改变。由此可见，如果我们知道了患者脚本中的一些要素，我们便有把握预测他将朝着哪个方向发展，并在他遭遇不幸或灾难前出手阻止。这叫作预防性精神病学，又称为"有所好转"。倘若情况更好，我们还能帮助他改变或彻底放弃脚本，这叫作治疗性精神病学，又称为"痊愈"。

因此，我们没必要精确地掌握患者所经历的神话或童话故事，但对细节了解得越多越好。缺少对历史的了解会导致我们经常犯错。比如，错将患者的生活片段或喜欢玩的心理游戏看作整个脚本；或者由于出现了一个具有象征意义的动物（诸如狼），造成治疗偏离方向。神话和童话故事存在了数百或数千年，可见其对于人类大脑原始胚层的巨大吸引力，因此将患者的生活或童年经历与故事相联系，起码可以为治疗师的工作提供坚实的基础，甚至可以提供非常精准的线索，以帮助治疗师了解应该如何做才能避免或改变患者糟糕的结局。

等待沉睡的脚本

比如，童话故事能够揭示出脚本的要素，使脚本不会出现像"脚本幻觉"这类难以挖掘的情况。沟通分析师认为精神病症状源于某种形式的自我欺骗。但患者是可治愈的，因为他们的生活和无能正是基于虚构的幻想。

在"性冷淡女人"或"等待沉睡"的脚本中，母亲不断告诫女儿，男人都是畜生，而妻子有责任平复他们的兽性。如果母亲逼得太紧，女儿甚至可能认为性高潮会致自己于死地。通常这些母亲都是假内行，她们提供一种发泄方式或一个"对立脚本"以解除诅咒。比如，与一个非常重要的大人物（诸如拥有金苹果的王子）结婚，女儿就可以拥有性生活。若女儿没能与大人物结婚，母亲就会误导她："等你到了停经期，一切烦恼便会消失，你再也不会处于性高潮的危险中了。"

现在，我们似乎已经从中看到了三种幻觉：致命的性高潮；拥有金苹果的王子；神圣的恩惠，即圣洁的停经。但这些都不是真正的脚本幻觉。这个女孩通过自慰来进行测试，由此发现性高潮不是致命的。拥有金苹果的王子不是幻想，因为她确实可能会遇到这样的人，好比她会赢得爱尔兰抽彩或在扑克游戏中拿到四张 A 一样；这两件事虽然发生概率很低，但绝非不可能发生；它们确实会发生。所谓神圣的恩惠并非她处于儿童自我状态时真正想要的东西。为了找出脚本幻觉，我们需要了解与"等待沉睡"这一脚本对应的童话故事。

睡美人的故事

一个愤怒的仙女断言，布瑞尔·罗丝（Briar Rose）将被纺锤刺破手指，然后倒下死去。另一位仙女则施法减轻诅咒，使其沉睡一百年。等到十五岁时，罗丝的确刺破了手指，立刻就陷入了沉睡。与此同时，城堡中的所有人和物也一起入睡了。在一百年中，许多王子试图穿过生长在她周围的蔷薇丛来靠近她，但无一人成功。在故事的最后，百年之期已到，一位王子穿过蔷薇丛，成功来到了罗丝身边。当他找到公主并亲吻她时，她醒来了，接着他们坠入爱河。同一时刻，城堡中的每个人和物也跟着苏醒，继续做百年前没做完的事，好像什么都未曾发生，他们也从未沉睡过一般。公主依旧是 15 岁，而非 115 岁。她与王子结婚了，接下来的故事有所不同：在一些版本中，他们从此过上幸福的生活；但在另一些版本中，他们的麻烦生活才刚刚开始。①

神话中有许多奇特的沉睡。其中，最有名的当数布伦希尔德（Brunhilde）。她被囚禁在山上陷入沉睡，周身被一圈火焰围绕，只有英雄

---

① 睡美人或布瑞尔·罗丝的故事出自安德鲁·兰（Andrew Lang）的《蓝色童话书》（*The Blue Fairy Book*）和《格林童话》。作为扩展版本，亚瑟·拉克姆（Arthur Rackham）所画的暗黑插画同样流传甚广。

才能穿过其中，而这个英雄则是后来的齐格弗里德（Siegfried）。①

无论如何，睡美人这个故事里的一切几乎都可能在真实世界发生，只是细节略有不同。女孩确实可能因刺破手指并昏倒，也确实可能在塔楼里沉睡，而王子们则在森林里四处走动，寻找美丽的少女。但有一件事不可能发生，那便是任何人和物历经多年始终保持不变和不老。这是一种真实的幻觉，因为它非但不太可能发生，更不可能发生。这是"等待沉睡"这一脚本的幻觉基础：当王子到来时，罗丝仍旧是15岁，而非30、40或50岁，并且他们还有一生的时间要过。永葆青春的幻觉实则与永生不死这种幻觉一样。我们很难告诉罗丝这类女孩，现实生活中的王子们比她们年轻，而当他们到了女孩们的年纪，早已成为国王，变得没那么有趣了。那是脚本分析师工作中最令人痛苦的部分，即打破幻觉，让患者的"儿童"明确世上没有圣诞老人，并且根植这一观念。如果患者告知自己最喜欢的童话故事，那么脚本分析师和患者在治疗过程中都会容易得多。

"等待沉睡"这种脚本的其中一个问题在于，倘若罗丝真的找到了拥有金苹果的王子，她便会时常觉得自己地位低下，不得不对王子吹毛求疵，玩"玷污"（Blemish）的心理游戏，使之降至自己的水平，这样王子便会

---

① 有关将童话运用于精神病分析的更多研究，可见：Heuscher, J. *A Psychiatric Study of Fairy Tales*. C. C. Thomas, Springfield, 1963。这提供了存在主义的象征性解释。多萝西·迪纳斯坦（D. Dinnerstein）对于"小美人鱼"故事的分析（*Contemporary Psychoanalysis*,1967: 104-112）采取了一种"成熟"的方式，其中涉及一些与脚本演变有关的元素。

然而，与脚本分析直接相关的是海因里希·迪克曼（H. Dieckmann）的作品，该作者以一种系统化的方式将童话与其病人的生活模式联系起来。参见 Dieckmann, H. "Das Lieblingsmarchen der Kindheit und seine Beziehung zu Neurose und Persönlichkeit." *Praxis der Kinderpsychologie und Kinderpsychiatrie* 6:202-208, August-September, 1967;亦可参见：*Märchen und Träume als Heifer des Menschen*. Bonz Verlag, Stuttgart, 1966。

希望她重回蔷薇丛中再次入睡。另一种情况则是，如果她降低要求——接受拥有银苹果的王子，甚至是从杂货店买来普通苹果的王子——她便会感到被骗并冲他撒气，同时继续寻找拥有金苹果的王子。因此，无论是等待沉睡的脚本还是抵御诅咒的对立脚本，都无法使人产生满足感。此外，就像童话中一样，她还得应对他的母亲和下咒的女巫。

这一脚本很重要，因为世界上有太多人以这样或那样的方式将生命浪费在等待沉睡上。

E. 家庭戏剧

另一种挖掘脚本情节和重要线索的好方法是问："如果把你的家庭生活搬上舞台，那将是怎样一场戏剧？"这种家庭戏剧通常以希腊的俄狄浦斯和伊莱克特拉（Electra）命名，在该戏剧中，男孩为了母亲而与父亲竞争，而女孩则想将父亲据为己有。[①] 不过剧本分析师必须知道父母在其间的所作所为。为方便起见，本文将父母角度的脚本分别命名为斯浦狄俄（Supideo）和拉特克莱伊（Artcele）。斯浦狄俄是俄狄浦斯戏剧的反面，直接或间接地表达了母亲对儿子的性感受，而拉特克莱伊则是伊莱克特拉戏剧的反面，体现出父亲对女孩的感情。尽管父母往往与孩子玩"吵闹"（Uproar）的心理游戏，借此来试图隐藏这些情感，但仔细审视便会发现父母和子女间不加掩饰的沟通，这表明这些情感并非虚构。换句话说，心烦意乱的父母试图以争吵的方式命令子女，从而进入父母自我状态，以掩饰他们处于儿童自我状态时对孩子所产生的性方面的感受。但是在某些情况

---

① Cf. Flugel, J. C: *The Psychoanalytic Study of the Family*. Hogarth Press, London, 1921.

下，尽管他们非常努力地想通过"争吵"和其他方式来掩盖这些情感，但在特定情况下亦会现出端倪。其实，最快乐的父母通常是那些公开欣赏自己孩子魅力的人。

家庭戏剧中除了性的方面，还有更令人痛苦的方面。一个被抛弃的同性恋女孩袭击了她的爱人，她手持餐刀指向爱人，哭喊道："你让我给你留下这些伤口，却不让我治愈。"也许这就是所有家庭戏剧的格言，所有父母痛苦的根源，年轻人叛逆的缘由，以及尚未准备离婚的夫妻的哭喊。受伤的人落荒而逃，哭喊的人在广告上登载："玛丽，回家吧。一切都既往不咎。"用火星语来翻译这句话就是"你让我给你留下这些伤口，却不让我治愈"。这就是孩子即使有着最糟糕的父母也愿意与他们保持联系的原因。受伤让人感到痛苦，但得到治愈的感觉却好极了。

F. 人类命运

最初，令人难以置信的是，一个人的命运是高贵还是堕落在其三五岁（通常是三岁）时便已决定，但这正是脚本理论所宣称的。倘若你与六岁或三岁的孩子交谈，对此则会更容易相信。而倘若你了解当今世界正在发生的事情、过去发生的事情以及未来可能发生的事情，你也会更容易相信脚本理论。人类脚本的历史可见于古代纪念碑、法庭、太平间、赌场，写给编辑的书信中以及政治辩论的历史。人们试图说服他人什么才是正确的道路，试图证明自己的父母在托儿所对他们说的话适用于全世界。不过幸运的是，有些人拥有好的脚本，而有些人甚至能从不好的脚本中解脱出来，按照自己的方式生活。

人类命运表明，人们沿着不同的道路可以到达相同的终点，而沿着相同的道路亦能到达不同的终点。每个人都带着自己的脚本和反脚本，它们在其头脑中以"父母"的声音存在，告诉他们该做什么和不该做什么，而他们的愿望则以"儿童"凭借喜好而勾勒出的画面存在。在脚本、反脚本和愿望的共同影响下，人们走上了人生之路。途中，他们发现自己被缠在其他人的脚本之网中：首先是父母的脚本，其次是配偶的脚本，以及在所有这些之上，是他们所处的操控者的脚本。还有诸如传染病等化学危险，以及物理危险，比如，人体无法承受的硬物重击。

脚本是一个人在童年期对未来所做的规划，而人生历程则是实际发生的事情。人生历程由基因、父母背景和外部环境决定。倘若一个人由于基因导致其智力发展迟滞、躯体畸形或由于罹患癌症或糖尿病而早逝，他几乎没有机会规划自己的人生，即便制订了计划，也无法执行。他的一生将取决于遗传（或可能是出生创伤）。如果父母自身在婴儿时期就遭受了严重的躯体或情感伤害，那他们很可能会破坏自己的孩子执行脚本，也许还会影响孩子形成脚本。他们可能会忽视或虐待孩子，或在孩子很小的时候就将其丢到孤儿院，进而造成孩子的死亡。疾病、事故、压迫和战争亦可能终止人生计划，即使是经过最为仔细考量且得到支持的计划亦不例外。因此在散步或开车时，你也会因为穿过某个陌生人的脚本而使自己的人生脚本戛然而止：暗杀、暴动或撞车。这些因素的组合——例如基因与遭受迫害结合——可能会使很多人在计划人生脚本时没有较多的选择余地，这无可避免地造成了他们充满悲剧色彩的人生历程。

但即使在严格的条件限制下，人们终归还有一些选择余地。遇到飞机爆炸、流行病或大屠杀的情况，人们可能根本没有可选的机会。倘若情况并没有如此糟糕，人们就可以在杀死他人、被杀和自杀之间进行选择，这时他会作何选择则取决于自己的人生脚本，即他在童年早期所做出的决定。

人生历程与人生计划之间的区别，可由实验中的两只老鼠加以说明。这个实验旨在展示母鼠的早期经历对后代行为的影响作用。[①] 第一只动物被命名为维克多·普度-维斯塔 III（Victor Purdue-Wistar III），简称维克多。（普度-维斯塔是实验中老鼠所用的实际姓氏，维克多和亚瑟之名取自其教父，即实验者的名字）维克多是众多实验对象的一员，它的基因使它很适合参加这项实验。它的母亲维多利亚（Victoria）幼时就受到了良好的照料和爱抚。它的远房表亲亚瑟·普度-维斯塔 III（Arthur）同样适合作为实验对象。不过它的母亲亚瑟里亚（Arthuria）一直被关在笼子里，幼时从未受过照料和爱抚。当两个堂兄长大后，实验者发现与亚瑟相比，维克多身体更重，更少探索，其排泄物更多。实验结束后，实验者并未从长远角度对两只老鼠发生了什么进行说明，但它们所发生的事情可能取决于外力，比如，它们在实验中的用处。因此，它们的生活历程取决于它们的基因、母亲的早期经历，以及受它们无法控制亦无法吸引的强大力量影响而做出的决定。它们希望执行的任何"脚本"或"计划"都受所有这些限制。因此，这样喜欢平淡的维克多可以在笼中享受生活；而喜欢探索的亚瑟则因被关在笼子里而感到沮丧；无论有着多么强烈的渴望，它们都无法通过繁殖来延续生命。

汤姆（Tom）、迪克（Dick）和哈里（Harry）是维克多和亚瑟的远房堂兄弟，各有不同经历。汤姆受训按下操纵杆以避免电击，如此它会得到一点食物作为奖励。迪克亦以相同方式接受训练，只不过它得到的奖励是一口酒。哈里也被训练躲避讨厌的电击，而它的奖赏却是一个愉快的电击。

[①] 参见：Denenberg, V.H., Whimby, A.E. "Behavior of Adult Rats is Modified by the Experiences Their Mothers Had as Infants," *Science* 142:1192-1193, November 29, 1963.

而后，它们调换位置接受训练，从长远来看，它们都学会了三种程序。接着，它们被放在有着三个杠杆的笼中：通过按压，可以分别得到食物、酒以及愉悦的电击。然后，每只鼠便可以就自己想过何种生活做出自己的"决定"：吃东西，喝得酩酊大醉，沉迷于电击的刺激，又或是这三种生活方式的结合或更替。此外，新的笼子里还有一台脚踏机，每只鼠都可以决定自己是否想在获得其他三种奖励的同时进行锻炼。

此案例与脚本决定非常相似，因为每只鼠都可以决定自己是否想以美食家、酗酒者、寻求刺激者或运动员的身份度过一生，或是否愿意将这几项适当组合起来。只要它们待在笼子里，就可以获得意料中的奖励，一切遵循"脚本决定"发展，然而生活的真实结果取决于外部的不可抗力，因为实验者可能介入实验，并任意终结老鼠的"脚本"。因此，在它们的最终结果被他人决定之前，老鼠们的生活历程和生活方式在很大程度上取决于其"人生计划"。但是，它们的"人生计划"只能从"父母"（训练老鼠的实验者）提供的替换选项中进行选择。这种选择甚至也受它们早期经历的影响。

尽管人不是实验室里的动物，但在行为上常常与之相似。有时，他们会像笼中之鼠那样，被主人的意愿操控和处死。但很多时候，这个笼子都开着一扇门，一个人只要愿意就能走出去。如果他不这样做，通常是脚本使然。笼子让他们既熟悉又安心，在见识了充斥欢愉和危险的自由世界之后，他回到笼子里继续按压按钮和杠杆，心知如果自己一直按压，并在恰当的时候按住正确的杠杆，就一定能获得食物、酒和时不时的电击刺激。但是，这类生活在笼中的人总是满怀希望，或满心恐惧，担心某种比自己更强大的、能够改变或终结自己生活的力量，比如，伟大的实验者或超级计算机程序。

人类命运受到四种令人畏惧的力量影响：父母编制的恶魔程序，以在脑内不断唆使的声音而存在，古人称之为心魔（Daemon）；父母编制的建设性程序，受很早以前生命力量的推动，古人称之为自然秩序（Phusis）；外部力量，仍被称为命运；自主意愿，古人没有为其命名，因为他们认为这主要是神明和国王才拥有的特权。在这四种力量交织下形成了四种人生历程，它们相互交织，形成了这样或那样的命运，分别为脚本的、反脚本的、被迫的以及自主的这四类。

G. 历史背景

作为临床医生、精神科医生或临床心理医生，对可能影响患者行为的一切都感兴趣。在接下来的章节中，我们无意讨论所有可能影响个体人生历程的因素，仅就目前已知的会对人生计划产生重大影响的因素进行讨论。

但是，在我们继续探讨如何选择、增强和运行脚本以及剖析其组成要素前，需要明确的是，这一思想并不是全新的。古典和现代文学中的一些典故折射出一个事实：世界就是一个舞台，所有人都是舞台上的演员。但这些文学性的典故不同于持续的、广泛的调查。尽管许多精神病学家和他们的学生都致力于人生戏剧的研究，但他们缺乏诸如结构分析（图解和分类沟通）、游戏分析（揭示骗局、骗人花招、转换以及结局）和脚本分析（包括梦、运动衫、兑换券/赠券和其他衍生要素的脚本矩阵）等有力工具，使得他们的研究注定无法系统、深入地进行。

约瑟夫·坎贝尔在其书中（先前提到过）详尽阐释了人类生活与神话、传说以及童话故事中的模式一致的思想。他的心理学思想主要基于荣格和弗洛伊德。在荣格的思想中，与其最相近的是他提出的原型（相当于脚本中有魔力的人）和人格面具（脚本所呈现的风格）这两个概念。倘若没有接受过特别训练，便难以理解荣格的其余观点，也难以与真实世界建立联系。但即使如此，不同的人对此也有不同的理解。总的来说，荣格赞成从神话和童话故事的角度进行思考，这也是构成他影响力的重要部分。

弗洛伊德直接将人类生活的许多方面与一部戏剧，即俄狄浦斯神话直接联系起来。用精神分析的语言来说，患者就是俄狄浦斯，展现出与其"性格"相对应的"反应"。俄狄浦斯的情节存在于患者的脑海中。在脚本分析中，俄狄浦斯是一部此刻正在实际上演的戏剧，分为多场和多幕，有开始、有高潮、有结尾。这出戏的上演需要他人扮演各自的角色，患者看他们扮演。他只需要知道如何与跟自己脚本相匹配的人说话即可。如果他的剧本要求他杀死国王并迎娶女王，那么他必须找到一位国王，而国王的脚本要求是杀死对方，还得找到一位女王，而女王的剧本要求她要蠢到嫁给他。弗洛伊德的一些追随者，如格洛弗（Glover），逐渐认识到俄狄浦斯不是一系列的"反应"，而是一部戏剧。坎贝尔的前辈兰克（Rank）表明，那些最重要的神话和童话故事都包含一个基本情节，而这种情节在全世界许多人的梦里和生活中都会出现。

弗洛伊德谈到过强迫性重复（repetition compulsion）和强迫性命运（destiny compulsion），但是他的追随者们没有十分深入地研究这些概念，将其应用于患者的整个生命历程中。埃里克森（Erikson）是最为活跃的、系统研究从出生到死亡的人类生命周期的精神分析学家。他的许多发现自然与脚本分析吻合。通常来说，我们可以认为脚本分析是弗洛伊德式的，但不是精神分析式的。

在人际沟通分析理论被提出之前，阿尔弗雷德·阿德勒（Alfred

Adler）的言论与脚本分析师最为接近。

如果我知道一个人的目标，一般就知道了他的生活将会发生什么，并能将他的每个连续动作排出恰当的顺序……我们必须明白，被观察者如果缺乏行进的目标，就不会知道如何对待自己……人生目标决定了他的人生轨迹……人的精神生活与戏剧第五幕相契合，就像优秀戏剧家所刻画的角色……如果心理现象可以帮助我们了解一个人，那么它只有被视为人生目标的准备，与目标相联系时，我们才能理解其含义……试图进行计划中的最终补偿以及（秘密的）人生计划……人生计划是无意识的，因此患者相信命运不是通过长期准备、思考、计划并为之负责就可以改变的……这样的人会总结自己的人生，然后通过建构一个或多个"如果"从句来与自己和解，比如，"如果情况有所不同……"。

脚本分析师与阿德勒的观点不同的地方在于：（1）生活计划通常不是无意识的；（2）并非仅仅由当事人承担全部责任；（3）我们可以预测个体的人生目标及其实现方式（实际的、逐字逐句的沟通），甚至比阿德勒所宣称的更加精准。①

---

① 涉及脚本概念历史背景的参考书目如下：

Adler, A. "Individual Psychology" in *The World of Psychology*, ed. G. B. Le vitas, George Braziller, New York, 1963.

Campbell, J. *The Hero With A Thousand Faces*. Pantheon Books, New York, 1949.

Erikson, E. *Childhood and Society.* W. W. Norton & Company, New York, 1950.

Freud, S. *Beyond the Pleasure Principle*. International Psychoanalytical Press, London, 1922.

Glover, E. *The Technique of Psycho-Analysis*. International Universities Press, New York, 1955.

Jung, C. G. *Psychological Types.* Harcourt, Brace & Company, New York, 1946.

Rank, O. *The Myth of the Birth of the Hero*. Nervous and Mental Disease Monographs, New York, 1910.

最近，英国精神病医生 R. D. 兰恩（R. D. Laing）在广播中描述了一种与本书探讨的理论非常相似的观点，甚至连术语也相同。例如，他使用"禁令"（injunction）一词来描述父母为子女所编制的强大程序。由于我在撰写本书时，他尚未著书发表这些观点，因此我们无法恰当地评价其思想。

然而，更加古老的脚本分析师来自古印度，他们的预测主要基于占星术。大约于公元前200年，《五卷书》（Panchatantra）恰如其分地写道：

在每个人离开子宫之前，

这五项已然确定：

他的寿命，他的命运，他的财富，

他的学识，以及他的死亡。①

我们只需稍作修改便能将它变为最新版。

在你离开子宫后的六年里，

这五项来自你的父母：

你的寿命，你的命运，你的财富，

你的学识，以及你的死亡。

---

① 出自：亚瑟・莱德（A.W. Ryder）译，芝加哥大学出版社1925版第237页。尽管这些寓言可追溯至公元前200年，但这一版本来源于公元1199年的手稿（很可能为希伯来语抄本）。《五卷书》的原稿已遗失，不过其中的许多故事可见于中世纪的《益世嘉言》（*Hitopadesa*）。一些人认为该书的梵文原版出现于公元300年。

第 4 章　胎儿期影响

A. 引言

　　脚本场景在多年前便已开始成形，彼时混沌初开，生命初现，祖辈开始通过化学基因向后代传递经验。蜘蛛便是基因传递的典型案例，无须接受指导便可织出奇异的圆弧兼几何状的网。它可以根据染色体中盘绕的螺旋提供的图示进行加工，所织出的网令苍蝇无法逃脱。在此案例中，蜘蛛的脚本来自其父母，被写在 DNA 之中，它就像一个受过良好教育的知识分子，毕生都在执行指令，除非受药物或一些难以控制的事故的影响，否则它绝不会擅自偏离或改进自己的脚本。

　　人类也是如此，基因在化学上决定了其必须遵循且不可偏离的模式。基因也为人的抱负设定了上限：比如，一名运动员、思想家或音乐家在行业内能走多远，取决于其心理障碍的大小，因此在这些领域只有极少数人才能够充分发挥潜力。许多人在生理上拥有成为优秀芭蕾舞演员的潜力，实际上却在他人用餐时于餐厅中跳舞，而另一些人拥有成为数学家的基因，却在银行和赌场的密室里篡改别人的账户。尽管人在生理方面有各种局限，但依旧有着巨大的可能性来决定自己的命运。然而，早在他了解父母的所作所为之前，其命运便由父母决定了。

当生命在某种意义上打破了僵化的生理模式的桎梏，其他行为控制方式逐渐发展起来，以填补空缺。其中，最原始的方式大概是印刻，仅比反射高一级。印刻确保婴儿期的生物会自动跟随某个物体并将其视为母亲，无论它是真的母亲，还是仅仅是一张用绳子吊着在他眼前晃荡的黄色卡片。这种自动反应保证他在压力情境下得以生存，但如果他跟错了对象，就会陷入麻烦境地。

在下一阶段，一些动物通过与母亲玩耍进行学习；倘若行为模式过于复杂或多样以致无法通过基因传递，则可通过嬉闹的互咬、打滚或扇耳朵的方式得到传授。接下来的行为习得方式是模仿以及对声音信号做出回应，这么一来，年轻人不仅可以按照基因的提示以及从母亲那里的所学行事，还可通过在海上、平原和森林中的真实生活来学习。

如今我们知道了，几乎每种生物都可以被训练。甚至连细菌都可以通过接受生理"训练"，做到用一种糖来替代另一种糖。至于其他动物，从蠕虫算起，几乎都可以通过条件反射进行心理训练，以习得新的特殊行为方式。从长远来看，行为习得方式也可能涉及生化，有赖于比基因更灵活的DNA。不过训练都需要训练者，这又是另一回事了。训练者必须比被训练者高一等级。这代表训练者必须驯服被训练者。驯服不同于训练，正如猫不同于老虎一样。对于动物来说，驯服意味着即使主人不在场，它们也会服从主人。这与训练不同，因为训练以给予外部刺激为前提，然后才开始某种行为模式的练习，但驯服却可以保证行为的内发性，因为刺激来源于动物脑内。被训练的动物只有听到主人的声音才会听从主人；而被驯服的动物不需要听到声音，因为主人的声音已经储存在其头脑中了。因此，野生动物经过训练后能够根据驯养员的指令做些小把戏，但把它们驯化成宠物可没那么容易。被驯服的动物能做到的不止于此，它们能被调教到即使主人不在，也能按照主人的意愿行动。（驯服分为不同程度，程度最高的则是人类的孩子。）

最聪明的动物——猴子、猿类和人类（也许还有海豚）——具有另一种特殊的能力，那就是发明创造。这意味着他们可以做前人未曾做过的事情：从堆放木箱，到连接竿子使其变长，再到登月，无所不能。

为了解释这一演进，我们可以假定DNA正在进化为更加柔软灵活的形式。起初它们只是脆弱、分散的基因分子，无法被塑形，接着变得灵活了一些，可以通过平缓地重复条件反射而稍作改变，如果没有得到经常性的强化，就会反弹回去。接着DNA更加可塑，以便记录消失的声音和事件，并将其保存一生，哪怕它们在很久之后被忘却，DNA记录的痕迹依旧存留。DNA继而越发灵活，成为记忆和意识的载体。迄今为止，DNA达到了最灵敏的程度，能够随着经验的变化而变化，以供我们思考和创造。当DNA在反应上变得更加微妙，将会发生什么？活在当下的我们无从知晓，但是未来总有一天，我们的后代会成为奇异的存在，而现在只有富有想象力的诗人才能对其描述一二。

人类具有上述的所有能力。他们的行为模式由固定反射基因、原始印刻、婴儿玩闹和模仿、父母训练、社交驯服和自发性创造决定。脚本包括以上所有因素。我们将典型的人类称为"耶德"（Jeder），用他来代表几乎来自任何地方和任何国家的任何一个人类成员。他一生都在遵照脚本生活，因为其父母在他很小的时候就将脚本根植在他的头脑中，哪怕他的"肉体"泯灭，脚本依旧存在。它就好比计算机磁带或钢琴自动弹奏器,早已确定了播放顺序,直到多年后当事人离开脚本的场景方结束。其间,耶德坐在钢琴前,在琴键上滑动着手指,幻想自己弹奏着朴实的民谣或庄严的协奏曲。

B. 祖先的影响

根据临床访谈,有些脚本可以追溯至曾祖父母所在的时代,且如果家族有记载历史,则可追溯至更远的过去,正如国王和朝臣的家族历史甚至可以追溯至千年前。毫无疑问,脚本在第一个类人生物现世时便已产生,[①]我们没有理由怀疑当时的脚本场景、行为和结果与现在的有何不同。埃及国王的人生历程是我们目前拥有的最为古老可靠的传记,无疑是典型的脚本。阿蒙霍特普四世(Amenhotep IV)的故事发生于约3000年前,故事里他改名为伊克纳顿(Ikhnaton),便是一个很好的案例。[②]这一改变既激

[①] Simons, E. L. "Some Fallacies in the Study of Hominid Phylogeny." *Science* 141: 879-889, September 6, 1963.

[②] 可查阅:西格蒙德·弗洛伊德《摩西与一神教》(*Moses and Monotheism*, Alfred A. Knopf, New York, 1939.)

现在来看,这涉及伊克纳顿脚本对于摩西脚本的影响。脚本语言将伊克纳顿置于所有以色列人的犹希麦洛斯(euhemerus)或"祖父"这一地位,并且后者的脚本仿效伊克纳顿的脚本:他的寺庙被破坏,他的信徒或遭迫害或被杀害。如今的以色列人面对这一脚本采取了正确的抵抗手段,那就是使用必要的武器来避免悲剧发生。

Amenhotep-haq-Uast 的另一个名字(除伊克纳顿以外)是 Nefer-kheperu-Ra-ua-en-Ra,其象形文字大致可译为"带上你的琵琶和甲虫去享受阳光",然而伊克纳顿的象形文字图框却显示,他用它换取了一块蛋糕和一片羽毛(分别对应霍兹豪森即 Holzhausen 所分类的象形文字中编号为12的字符与编号为33的树与植物)。这就好比调制解调器、嬉皮士、脚本转换器,无论如何,拥有吉他的人能够通过交换获得买蛋糕的钱,或者拥有蛋糕的人能够置换一把吉他。

发了其追随者的崇敬，也点燃了他们的怒火。如果我们可以获取有关先祖或曾祖父母的信息，就能更好地进行脚本分析，但在大多数实践中，我们一般只追溯至祖父母。

众所周知，祖父母是生是死对孙辈的人生有很大影响。好的脚本诸如"培养淑女，向祖母看齐"此类，糟糕的剧本则诸如"富不过三代"。许多孩子在小的时候不仅想模仿祖父母，而且想真正"成为"祖父母。①这种愿望不仅会对他们的人生脚本产生深刻影响，而且会导致他们与父母之间的关系混乱。②据说以美国母亲尤甚，她们喜欢自己的父亲甚过于丈夫，并鼓励儿子效仿外祖父而非父亲。③

要想了解祖先的影响，最有效的办法就是提问"您的祖父母过去的生活是怎样的？"通常，对于这个问题有以下四种解答。

1. 以祖先为傲。胜利者或"王子"会以陈述事实的方式表述，"我的祖先是爱尔兰国王"，又或"我的曾曾祖父是卢布林（波兰城市）的首席拉比"。显然，说话者有"权限"追随自己祖先的步伐，成为杰出的人。但如果说话者以一种自负或庄重的语气说出这些话，那么他们很可能是失败者或"青蛙"，利用祖先为自己的存在辩护，因为他们自己没有胜过他人的"权限"。

---

① Jones, E. "The Phantasy of the Reversal of Generations." *Papers on Psycho-Analysis*, Fifth edition. Beacon Press, Boston, 1961, 此处，作者描述了"祖父情结"，即孩子们渴望成为自己父母的父母，这种情结建立在他们认为父母会随着自己的长大而变小这一信念的基础之上。

② Abraham, K. "Some remarks on the role of grandparents in the psychology of neuroses." *Clinical Papers and Essays on Psycho-Analysis*. Basic Books, New York, 1955. 作者在此处描述的正是"脚本幻想"的含义，即男孩参照童话故事以计划自己的人生。

③ Erikson, E. *Childhood and Society, Loc. cit.*

如果回答是："（我的母亲总是对我说）我的祖先是爱尔兰国王，哈哈"或"（我的母亲总是对我说）我的曾祖父是首席拉比，哈哈"，通常表现出说话者不太好的自我定位；说话者可以模仿自己杰出的祖先，但模仿的却是其失败之处。这些答案可能意味着："我和爱尔兰国王一样喝得醉醺醺的，这样我就像爱尔兰国王了，哈哈！"或"我和首席拉比一样穷，这样我就像首席拉比了，哈哈！"就这两个案例而言，他们在早期被编写好的程序是："你是爱尔兰国王的后裔，他们都是嗜酒之徒"或"你是首席拉比的后裔，他们都非常穷"。这相当于一个指令："像你杰出的祖先那样……"其中暗含着母亲的潜台词，那就是"……所以要多喝点，你父亲也喝得很多"或"……所以别去赚钱了，你父亲也不去赚钱"。

在上述所有案例中，祖先都是家族里的犹希麦洛斯——英雄楷模，能够被模仿却未曾被超越，后人的这些回答体现出他们对待祖先的不同方式。

2. 理想化祖先。这分为空想和矛盾两种情况。因此，胜利者可能会说："我的祖母是一位出色的家庭主妇"或"我的祖父活到了九十八岁，既没掉牙也没有白发"。从中我们可以明确得知，说话者愿意跟随祖父母的足迹，并以此为基础编写人生脚本。而失败者则会表达一种矛盾的理想化："我的祖母是一个坚韧不拔、脚踏实地的女性，但在晚年时垂垂老矣。"此处包含一个明显的言外之意，即她现在或许已经老了，但她曾是州立医院里最精明能干的女人。从中也可预测到说话者的脚本：成为州立医院中最精明能干的女人。但不幸的是，有这种想法的人太多了，以至于成为州立医院病房中最精明能干的女人的竞争变得非常激烈，并令人丧气。

3. 对抗祖先。"我的祖父很强势，我的祖母都听他的"或"我的祖父是一个弱者，任人摆布"。精神分析师通常将其理解为"神经质"（neurotic）反应，它透露出孩子渴望比父母更强大的愿望。"祖父可以反驳我妈妈——我想成为他"或"如果我是我父亲的父亲，我不会再做胆小鬼了，我会给他点颜色看看"。卡尔·亚伯拉罕（Karl Abraham）的病例报告显示，这种态度具有脚本的特质，报告中的男孩沉迷于白日梦，想象自己是国家的王子，而国王则是自己的父亲。接着出现了比国王更强大的国王的父亲。一次，当男孩被母亲惩罚时，他说道："现在我要和祖母结婚。"因此，他当时的秘密计划（并非无意识的计划）是基于一个童话故事，故事中他成了祖父，变得比父母更强大。

4. 个人经历。这些经历关系到孩子与祖父母之间的实际沟通，对塑造孩子的脚本有很大的影响。

总而言之，童话故事和临床经验都表明，祖父母被视为令人崇敬或恐惧的存在，正如父母同样被视为这般存在。在脚本创作的早期阶段，更为原始的崇拜和恐惧感极大地影响了孩子对世界的看法。[1]

C. 孕期场景

耶德被怀上的背景可能会对他决定人生计划和最终命运产生重要影响。这一背景始于他父母的婚姻（如果有的话）。有的年轻夫妇结婚目的在于非常想有一个儿子和继承人。如果婚姻由家人安排或促成，那么其目的性则

---

[1] 相较其他大多数的群体，人类学家更加清楚祖父母对孩子职业生涯的重要影响，这种影响不仅为他们所明确承认，而且在小型的尤其是那些有图腾的原始社会中得到了高度仪式化。可参考的文献包括：Ashley-Montagu, M. F. *Coming Into Being Among the Australian Aborigines.* George Routledge & Sons, London, 1937; Roheim, G. *Psychoanalysis and Anthropology Loc. cit.*

尤为明显，尤其在家中有诸如王国或公司的产业需要继承的情况之下。接着，儿子便按照某种身份接受培养，学习成为一个国王或总统所必备的所有技能。因此，脚本在交付到他手中时便早已写就，若要放弃该脚本，他就要与家族进行一番英雄式的斗争。如果头胎是女孩而非儿子，她在这种情形下就会遇到麻烦。在一些情况下，如果母亲迟迟生不出儿子，父亲便会与她离婚，导致女儿为自己身为女性而倍感羞愧。

另一种情况是，父亲可能无意与母亲结婚，在得知她怀孕后就落荒而逃，杳无音信。结果孩子几乎一出生就得自力更生。有时逃跑的是母亲。但是吝惜钱财的父母则愿意接受这个不期而至的孩子，因为靠着这个孩子，他们可以少缴收入所得税或申请领取福利。青少年对此很清楚，所以当被问及自己是谁或脚本是什么时，他会回答："我是被父母用来减税（换取福利）的人。"

如果父母非常渴望诞下一个孩子，可能需要孩子在出生前做出某种献身，就像许多著名的人物传说和童话故事里写的那样。比如，长发公主：这是真实生活与文学作品相符的另一个佐证，用奥斯卡·王尔德（Oscar Wilde）的话来说，就是自然模仿艺术。另一个有关脚本的有趣问题便出现了，涉及所有的悲剧和喜剧。如果罗密欧（Romeo）成了孩子父亲，或奥菲莉亚（Ophelia）生了孩子，又或者科迪莉亚（Cordelia）怀孕了，会发生什么事？这些孩子会变成什么样？美狄亚的孩子和伦敦塔上的小王子便是最为著名的例子，这些孩子们沦为父母脚本中的牺牲品。就像在一些国家，小女孩和小男孩们被卖，沦为受辱的奴隶，而这些却不为人所知。

真实受孕时，发生在床边的情形被称为孕期态度。怀孕是由于意外、激情、爱、暴力、欺骗、怨恨还是顺从？如果是以上任一项，当时发生的背景如何，准备工作做得如何？如果有所准备，那么态度是冷漠还是温和，是应付还是认真，是深谈还是只有强烈且无声的交流？儿童的脚本可能有与之相同的特点。性是被视为肮脏的、随意的、神圣的还是有趣的？父母对其持有何种态度，后代就有什么态度。母亲流产过吗？流过多少次？先前流产或试图流产过几次？就此而言，我们差不多可以提出无数个不同程度的、存在些微差别的问题，所有这些要素都会影响仍在腹中的胎儿。一首通俗的打油诗很好地总结了一种常见情况：

有一个年轻的男士／女士名叫霍姆（Hom），
他／她希望自己从未出生。
他／她不会来到这个世界，
如果他／她的父亲／母亲注意到，
安全套的末端裂开。

哪怕这只是一首打油诗，也没有看上去那么简单，因为它涵盖了多种可能性。比如，父母双方都不知道安全套出了问题；母亲知道，却没有告知父亲；父亲知道，却没有告知母亲。

从积极的角度看，也有很多诸如父母双方都想要孩子、在孩子出生后接受其性别的案例。如果一个女人在小时候就决定结婚生子，而她遇到的男人在小时候也做出了同样的决定，那么他们的后代就有了一个良好的开端。倘若父母遭受过生理上的困难，便可能会更加珍惜这个孩子：如果女人总是流产或男人精子数量少，因而导致受孕推迟了数年。那么，正如我们已经注意到的，双方诞下的婴儿可能被视为一个真正的奇迹。但另一种情况却是，如果夫妻一直生男孩或生女孩，那么当第七个女孩或男孩出生，他们可能会百感交集，觉得生活就像在和他们开玩笑。

D. 出生次序

影响孩子出生的最重要因素是父母脚本。耶德的出生是否符合父母脚本的需要，他是否生错了性别，是否出生得不是时候？是父亲的脚本要求他成为学者，可他却成了足球运动员吗？抑或反之亦然？鉴于此，母亲的脚本与父亲的是相互吻合，还是背道而驰？他还会从童话故事和现实生活中听闻一些传统。三个儿子中最小的一个在平时表现得很蠢，但在关键时刻，一下子就胜过了他的哥哥们。如果他是七个儿子中最小的，他就不得不成为智者。特别是，父母脚本可能要求他们因为自己的某个孩子而增光或蒙羞，因此孩子必须相应地取得巨大成功或遭遇巨大失败。父母往往选择长子来担任这个角色。[①] 如果母亲的脚本要她在年迈时成为丧偶的病人，那么她得让一个孩子在出生后就留在自己身边，由她抚养，而其他孩子则被养成抛弃家庭、忘恩负义的不孝子。倘使40岁的单身儿子或未婚女儿决定摆脱脚本，想以离家或以结婚这一更决绝的手段来抗争，母亲便通过身患重病，回之以体谅又卑怜的姿态。脚本特质从母亲频繁的转换中体现出来，比如，母亲会"出人意料"地将大部分财产留给不孝子，却只给孝子很少的钱。

---

① 目前有大量关于出生次序的文献。首次对此进行系统研究的论文大概是弗朗西斯·高尔顿（F. Galton）的《科学领域中的英国人》（*English Men of Science*，1874）。该学者发现独生子和长子在所有研究对象中占优势地位。此外，阿德勒（Adler）在其论文《家庭系统排列》（*The Family Constellation*）中指出："最小的孩子通常与众不同。"此句出自《理解人性》（*Understanding Human Nature*）一书。该话题下最有趣的讨论之一便是威廉·阿尔特斯（W. D. Altus）于1966年1月7日发表在《科学》（*Science*）上的一文（151: 44-48），及其随后于同年5月27日发表在同刊上的系列"致编辑的信"（152: 1177-1184）。

在其他条件相同的情况下，孩子一般会就家庭系统排列（family constellation）遵循父母的脚本安排，这一点可以从最简单的因素中清晰体现出来：孩子的数量和出生间隔。（孩子的性别不在考虑范围内，因为这是父母无法控制的——所幸性别也是摆脱代代相传的脚本的突破口，所以一些孩子至少可以重获新生。）经过仔细调查，我们会发现许多家庭在这方面存在着惊人的"巧合"。

图5是从脚本视角呈现的家谱。艾伯（Able）家里有三个男孩：卡尔（Cal）、哈尔（Hal）和瓦尔（Val）。瓦尔出生时，哈尔4岁，卡尔6岁，因此他们的出生间隔是0-4-6年。他们的父亲唐（Don）是同辈三个孩子中最年长的一个，三个孩子出生间隔是0-5-7年。他们的母亲范（Fan）则是同辈三个女儿中最年长的一个，她们的出生间隔为0-4-5年。她的两个妹妹南（Nan）和潘（Pan）同样各有三个孩子。范的母亲是同辈两个女儿中年长的一个，她们的出生间隔是0-6年，其母亲在生下她后曾流产过一次。由此可见，这些家族都育有三个孩子，并且孩子的出生间隔在5-7年。[①]

---

① 由于难以获得足够多的人口普查数据，我们基于统计学判断发生于埃布尔家族内诸多巧合的原因所在。西德尼·普雷希（Pressey, S. L.）、埃利奥特·詹尼（Janney, J. E.）与雷蒙德·库伦（Kuhlen, R. G.）在《生活：一项心理调查》（*Life: A Psychological Survey*, Harper & Brothers, New York, 1939）一书中引用了总统下设社会趋势研究委员会（1933）所得的一组数据。在当时的芝加哥大都市中，每1000个家庭中只有42个家庭由一个丈夫、一个妻子和三个孩子构成，因此在直系和旁系亲属中出现六个此类家庭（除去流产可能性，详情可见图5）绝非偶然。将无孩家庭从芝加哥的数据中排除，那么概率则上升至千分之九十或者约十分之一。在此基础上，出现图5家谱的粗略概率约为百万分之一，而在我的患者群体中出现该家谱的实际概率为五分之一。这表明我们在此处所要研究的是"信息"或程序的影响，我们称为"脚本"的正是那种行为程序。此外，若我们将图5中异常短暂的受孕期的频繁不规则性考虑在内，这一迹象便会得到更进一步的强化。

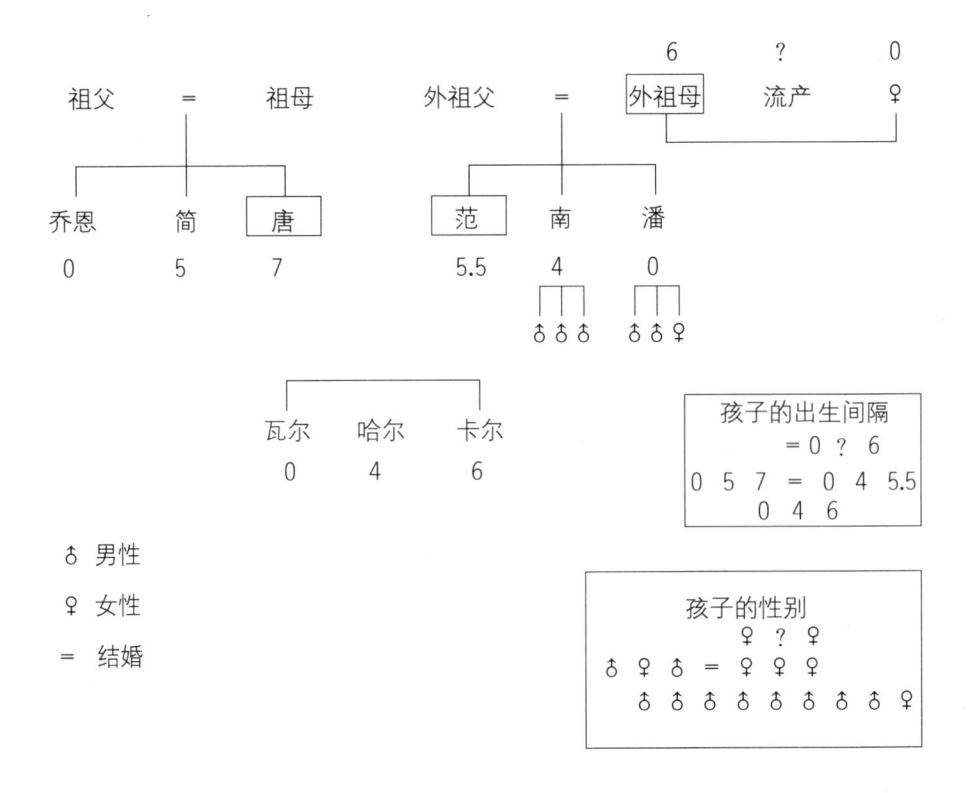

图 5　艾伯家的脚本家谱图

我们根据该家谱可以看到，就家庭生育计划中子女的数量和出生间隔而言，有些人是如何效仿父母脚本的。思考一下，在这种特殊情况下，祖父母传递给唐和范的可能是哪些"脚本指令"（script directive）。

a. "等你长大，有了三个孩子，就可以自由地去做你想做的事了。"这是最灵活的指令，无须人们急着生子或为生多少孩子而发愁。只有当范临近停经期而仍然没有按照要求生出三个孩子，她才会产生担心"脚本失败"和失去母爱的恐惧感。注意，直到第三个孩子出生，范才会彻底自由。这就是"直到"（Until）脚本。

b."当你长大,至少要生三个孩子。"该指令并无限制孩子的数量,但是可能造成仓促感,特别是当祖父母拿唐和范的生育能力开玩笑时。这是一个"开放式"(Open End)脚本,因为范在生下第三个孩子后,可以自由决定再生多少孩子。

c."当你长大,生孩子不要超过三个。"该指令没有时间限制,但决定了孩子的数量,唐和范在有了三个孩子之后,可能会对再度怀孕感到不安。这是一个"之后"(After)脚本,因为它意味着如果在第三个孩子出生后再次生子,他们可能会有麻烦。

现在试想一下,在这三个指令下,范若生下第四个孩子佩德沃(Pedwar)会面临什么,指令 A 的意思是"前三个孩子属于祖母,必须按照她的方式来带孩子。"佩德沃便成了只属于范的孩子,他由范抚养成人,所受的教养方式可能会、也可能不会与卡尔、哈尔和瓦尔的相同。范在带孩子时可以行使自主权,佩德沃也会成长为比其他孩子更自由、独立的人。范可能像对待布娃娃拉各第·安那样对待佩德沃。布娃娃安是她小时候用自己喜欢的方式照顾的玩偶,意义非凡,而对其他玩偶则按照祖母的方式照顾。换言之,范已经通过照顾布娃娃安为佩德沃准备好了"脚本槽"(script slot),在她完成了祖母的任务后,便开始实施这个计划;指令 B 和指令 A 相近,不同点在于相较于指令 A 的情况,祖母对佩德沃有更多的控制,因为她把他当作分配给自己的额外任务,而范无法自由抚养他。在指令 C 的情况下,佩德沃就成了烫手山芋,因为范是违背了祖母的意愿而生下他的;因此,他必然被当作"多余的"孩子,变得叛逆、不安或内疚。在这个案例中,如果我们的工作方针正确,家人会反复向佩德沃灌输他与其他三个哥哥有多么不同的思想。

接下来要探讨的问题是，父母就家庭人数的多少会玩什么游戏。比如，金妮（Ginnie）是11个孩子中的长女，她的母亲南妮（Nanny）总抱怨不想要后面五个孩子。如果你由此推测金妮被编定的程序是拥有六个孩子，那就太天真了，事实并非如此。她接受的编程是生下11个孩子，并抱怨不想要后面的五个。这样，她就可以在晚年玩"我又生孩子了""受尽折磨的"和"性冷淡女人"的游戏，正如其母亲那样。事实上，这个案例可用于测试心理成熟度。问题为："一个女人有11个孩子，并抱怨不想要后五个孩子。那么，她的长女最有可能生几个孩子？"脚本分析师可能会回答"11个"。回答"六个"的人无法理解和预测人的反应，因为这一回答假定了人生的重要行为与非重要行为同样受到"理性"驱使，但实则不然。这些行为通常由脚本中的"父母"指令决定。

治疗师在了解这方面问题时，首先应询问患者父母有关他们各自有多少兄弟姐妹这一问题；其次询问他们想要生多少孩子；最后（因为妇产科医生知道，生育这种事情有许多变数），询问他们实际预计生多少孩子。如果父母想知道如何正确区分他们的自我状态，提出后面两个结构式问题就可以获得更多信息："你的（'父母''成人''儿童'）（希望、预计）生多少个孩子？"这可能揭示出三种自我状态之间以及父亲与母亲之间的潜在冲突，这种冲突对治疗师给予患者的脚本指令有重要影响。这个问题的更复杂版本是："你的（养育型、控制型）'父母''成人'（自由型、顺从型、反叛型）'儿童'（希望、预计）有多少孩子？"将询问的六个方面扩展为十二个方面，使所获信息相应有所增加（假设治疗师向父母解释清楚，使其理解问题的意思)。①

对于患者来说，最有效且最有可能回答的问题就是："你的家庭地位如何？"接下来便是："你何时出生？"治疗师必须精确获得先于和后于患者出生的两人的生日信息，以便以月为单位计算出他们的年龄差，尤其是在他们出生间隔很小的情况下。如果患者出生时，家中已有一个姐姐或哥哥，那么他们的年龄差无论是11个月、36个月、11年还是20年，都会对他的脚本决定产生不同程度的影响。这种差异不仅由他与哥哥或姐姐的关系决定，也取决于他的父母如何看待孩子的出生间隔。这两点考量也适用于下一个出生的孩子：知道下一个孩子出生时患者的确切年龄很重要，比如，11个月、19个月、5岁或6岁。一般来说，在患者7岁以前出生的兄弟姐妹对其脚本的形成具有决定性影响。如上所述，其中一个重要因素就是他们的年龄月数间隔，这不仅会影响他自己的态度，也会影响其父母的态度。如果患者是双胞胎或在双胞胎之前或之后出生，那么情况则大有不同。

在有些案例中，如果患者对占星学、气象学或圣徒传感兴趣，那么他的确切出生日期便会极大影响其脚本。如果他父母同样对日期感兴趣，那

---

① 这看似很遥远，但对于家庭人口多的学生确实无法通过设想某种统一或"综合"的人格做出可靠的预测。他们在采访中会使用诸如"理想的""渴望的"和"预期的"家庭这类术语。它们大致对应父母自我状态、儿童自我状态和成人自我状态的概念。但是"许多在最后一次受孕前说自己'真的不想再生'另一个孩子的妻子也说……如果她们能够生下预期数量的孩子后停止受孕，她们将会得到同等数量甚至更多的孩子。"这场争论的焦点在于"过度生育"是否等同于"意外"怀孕。但人际沟通分析师知道，每三个受访者中至少有一个可能"想要""真的想要"或"不想要"更多的孩子，并且他们对此各有感受，因此这一主题并未将人们的自我状态考虑在内，与主题相关的问卷自然缺乏重要意义。有关此类问卷的讨论可见：Barish, N. H. "Family Planning and Public Policy: Who is Misleading Whom?" *Science* 165:1203-1204, September 19, 1969.

么其影响力则尤其重要。

E. 出生脚本

奥托·兰克（Otto Rank）认为，出生本身会带来"出生创伤"（birth trauma），印刻于婴儿的心灵中，并在日后的生活中时常以象征形式出现，其中尤以他的弟子福多（Fodor）所描述的对于重回子宫以获得幸福和安全感的渴望为甚。[①] 若真是如此，每个人通过产道时的恐惧和希冀则成为影响脚本的重要因素，这条产道犹如自然界一开始就设定好的单行道，每个人都只能走一次。或许这份恐惧和希冀的确具有影响作用，但没有可靠的方法加以验证，即使通过比较剖腹产与顺产也无济于事。因此"出生创伤"对人生剧本究竟是否有影响仍然属于推测范畴。事实上，认为真实人生脚本基于剖腹产的说法和戏剧一样，不足为信。比如，在《麦克白》（*Macbeth*）中，剖腹产仅仅被当作文字游戏或谜题而已，比如，被写成"天降之婴"（foetus ex machina），而非构成脚本的重要基础。然而另一种情况很可能是，一个孩子后来被告知自己生于剖腹产，并能理解这意味着什么，便可能以某种方式将这一事实融入脚本中，并在得知某些杰出人物也是剖腹产而生以后对脚本做进一步深入阐释。真实情况是否如此，有待收集更多可信的历史案例加以佐证。

实际上，最常见的两个"出生脚本"是"弃婴脚本"（Foundling Script）和"折磨母亲脚本"（Torn Mother Script）。弃婴脚本源自弃儿对自己被收养的幻想，或者私生子对自己"生身"父母的幻想，这种脚本以

---

① Fodor, N. *The Search for the Beloved*. Hermitage Press, New York, 1949.

奥托·兰克（Rank.O.）笔下英雄诞生神话（见于其同名书 *The Myth of the Birth of the Hero*）的不同版本出现。折磨母亲的脚本也很常见，以我的经验，拥有这种脚本的人性别比例相当。这一脚本的前提是，母亲总告诉孩子自从生他以后，她的身体状况就变得非常糟糕；甚或更为残忍地说，她因为他的出生而受尽折磨，再也不复从前。孩子的反应和脚本都以他对于母亲的观察为基础。如果母亲真的终生落下伤病或残疾，他便不得不承担起所有责任，无论他的"成人"如何解释这并非自己的错，都无法说服他的"儿童"。然而，如果母亲的伤病是肉眼无法可见的，而诸如父亲的家里人又明里暗里说母亲在装病，患者的脚本将充斥着含糊不清、虚伪和利己的色彩。有时母亲并不会把这件事挂在嘴边抱怨，反而是父亲、祖母或阿姨向孩子讲述其出生的事。这一脚本进而演变出三方关系，包含重要信息和通知，通常由第三方来传递"坏消息"。不难发现，弃婴脚本源于英雄诞生神话，而折磨母亲脚本则源于恶棍诞生神话，拥有后一种脚本的人仿佛一出生就背负了弑母的罪名。倘若没有接受有益的帮助，任何人都无法忍受"母亲因孩子的（我的）出生而死"。如果母亲只是受伤或患上膀胱膨出的病症，那么补救还为时不晚，不过对此还是少说为妙。

F. 姓与名

罗杰·普赖斯（Roger Price）在其《不要给孩子取的名字》（*What Not to Name the Baby*, 1904）一书中列举了一些常见的美国名字，并用一句话描述了每个名字对应的性格。脚本分析师对此还挺感兴趣的，因为这些描述出奇精准，甚至还有点道理。毫无疑问，很多人的名字、名字简写、昵称或族名都是在其幼年时由父母给予的，清楚地反映出父母对孩子未来所寄予的厚望。如果他想从这种明面上的暗示中摆脱出来，不再受其影响，就得与其努力抗争。尽管如此，名字带来的影响依然会以其他形式表现出来。① 名字作为脚本指示词，对于脚本的反映作用最有可能在高中阶段体现出来。这时，男生或女生会在神话和历史中读到与自己同名的人，同学之间多少也会直接不留情面地揭示对方姓名的隐含意义。父母拥有孩子的起名权，且应该能够预见其带来的影响。

名字通过四种方式影响脚本：目的性、偶然性、无意性、必然性。

1. 目的性。这类名字是父母专门起的，比如，这个名称可能是一个非常专业的名称，如 S. 赛普提莫斯（S. Septimus）（他成了古典哲学教授）、E. 加伦（E. Galen）（他成了医生）、拿破仑（Napoleon）（他成了下士）或杰西（Jesus），这是一个在中美洲很常见的名字。它也可能是通用名的变体。查尔斯（Charles）和弗雷德里克（Frederick）是国王和皇帝。一个男孩若长期被母亲叫作"查尔斯"或"弗雷德里克"，也会坚持让同伴以此称呼自己，在生活作风上与叫作查克（Chuck）或弗莱德（Fred）的男孩不同，与叫作查理（Charlie）和弗莱迪（Freddie）的男孩也不同。给男孩取父亲的名或给女孩取母亲的名，往往都是父母有意而为之，他们将自己不愿履行甚或极力抗拒的责任加诸在孩子身上，使得孩子们的整个人生计划透出了微微苦涩或极致愤恨。

2. 偶然性。名为多琳（Durleen）或阿斯帕西娅（Aspasia）的女孩，

---

① 亨利·门肯（H. L. Mencken）提供了许多具有"脚本"特色的名称，详见其于 1919 年首次出版的《美国语言》（*The American Language*）（Alfred A. Knopf 出版社，第四版第十章，特别关注该书第 518 页及其后几页）。

以及名为马默杜克（Marmaduke）的男孩，可能在某个州、某个国家或某所高中里与他人相处融洽，但如果随父母搬家到其他地方，他们可能在机缘巧合下了解到自己名字的含义，然后不得不成为与之相符的人。名为琳（Lynn）的男孩或名为托尼（Tony）的女孩同样如此。

3. 无意性。有些人的名字像宠物名，比如，布布（Bub，意为小家伙儿）、西丝（Sis，意为姐姐妹妹）、朱尼尔（Junior，意为小孩儿），父母本来要给他们改名，但通常还是继续这么叫下去，所以不管他们愿不愿意，布布、西丝或朱尼尔这样的名字都得伴随他们一生了。

4. 必然性。姓氏和名字不同，因为父母无从选择，只能将从祖父那里得到的姓氏传承给下一代。很多名字在欧语中象征高贵，但在英语中却变成了污言秽语。对此，一个男人郁闷地说："我真幸运，名字里只有一个脏字儿。"移民家庭的孩子在高中时就清楚地认识到了这一点，他不仅要承受他人对自己移民身份的歧视侮辱，还要容忍自己的名字沦为他人口中现成的脏话。他觉得自己的名字毫无价值。一些人陷入这种困境，便认为自己从出生起就被祖先下了只能成为失败者的诅咒。虽然克里斯特（Christ）这个姓氏并不罕见，但也造成了脚本上的问题，尤其对于有宗教信仰的男孩而言，这便是另一回事了。难怪 H. 海德（H. Head）与 W. R. 布莱恩（W. R. Brain）成了著名神经学家。

5. 除了提问"谁为你取的名字"以及"你的姓氏源自什么"，治疗师还要询问每位患者："你是否曾看过你的出生证明？"如果得到的回答是没有，治疗师应建议患者去看，或者最好将出生证明带来，拿给他看。约有半数的患者在第一次仔细阅读出生证明时会感到惊讶：他们发现了其中存在的遗漏、误解或此前未曾了解的信息。通常让他们吃惊或气愤的是，出生证明上记录在册的名字与他们用了一辈子的名字不同。几乎所有这些让人瞠目结舌的事都为父母脚本以及患者的出生背景埋下了伏笔。

第 5 章　早期发展

A. 早期影响

第一个脚本语言编程起草于哺乳期，表现为简短的草案形式，随后经过加工演变为复杂的戏剧形式。该场景通常包括婴儿与母亲两个角色，鲜有旁人干扰。即便有，母亲哺乳时所谈论的话题也无外乎"旁人在场时的表现""还不是时候""等你准备好时""等我准备好时""快点儿""把咬人的孩子丢掉算了""妈妈在抽烟""不好意思，电话响了""他在大惊小怪什么""永远不够""先吃那边再吃这边""他看上去脸色不好""让他慢慢来""他不是很棒吗""爱与满足的黄金时刻""摇篮曲"。

稍稍复杂点的场景则发生于同一家庭的卫生间里："过来看看，多可爱啊""现在是时候了""你准备好了吗""完事前，你得一直坐在这儿""快点儿""小调皮""小淘气""妈妈在抽烟""妈妈在打电话""灌肠管""如果你排不出便，我就给你用蓖麻油""这是你的通便剂""如果排不出来，你会生病的""让他按自己的方法去做""这是个好孩子""这是个非常好的孩子""你排便时，我会唱歌的"。这一阶段的草案往往是三方的，包括："我告诉你，他还没准备好呢""让他别放弃""我会帮他排出来的""你试试看""你在打扰他""你为什么不……好的，但是……"以及"这一次他肯定能行"。卫生间里的情景总有一天会在卧室里重现："斯波克医生（Dr. Spock）说""苔西（Tessie）那时受过训练""玛丽（Mary）姐姐才……"这些话以后会变成"弗洛伊德（Freud）说""海伦（Helen）每晚都如此"。

谁是胜利者、谁是失败者已在意料之中了。那些在哺乳期内被母亲夸奖"他不是很棒吗"并在两年后又被夸奖"这是个好孩子"的孩子，与那些被母亲斥责"他在大惊小怪什么"并在一年后被迫用"灌肠管"通便的孩子相比，往往更加出色；同样，在哺乳和排便时，相比"妈妈在抽烟"而得不到陪伴的孩子，得到母亲唱"摇篮曲"陪伴的孩子表现得更好。此时，好或不太好的感觉已经根植在孩子心中，决定其现在与未来是成为王子还是青蛙，青蛙和王子（或对于女性来说是丑小鸭和公主）包括很多类型。得到母亲"他不是很棒吗"这一称赞的孩子，永远是拥有成功剧本的王子，他们通常但也不总是第一个出生。被母亲说"来看看，多可爱啊"或"快点"的孩子是受条件制约的王子，因为只有当他们保持可爱或加快速度时才是王子。被母亲说"咬人的孩子""淘气、调皮"或"他看上去脸色不好，需要通便剂"的孩子不过是受外界条件束缚的青蛙而已，只有当他们停止咬人或脸色转好才不是青蛙；还有的孩子注定是青蛙，无论如何都无法取得成功。他们得费很大功夫才能不去在意"妈妈在抽烟""妈妈在喝酒"，令人同情。唯有灾祸才能让一个注定的王子变成一只青蛙；反之，唯有奇迹才能让一只注定的青蛙变成一个王子。

B. 信念与决定

等到孩子长大，耳边满是"亲爱的，我想我最好还是开车送你去""给我滚下床"甚或"如果你不……我就把你该死的脑子打烂"这样不同的言论，他已经形成了对自己以及周围人、尤其是对父母的信念。这些信念很可能伴随他一生，可以总结为以下四种：（1）我好；（2）我不好；（3）你好；（4）你不好。他会基于这些信念做出人生决定。"世界如此美好，总有一天我会让它变得更好"——通过科学、服务、诗歌或音乐创作。"世界如此糟糕，我要杀死自己"——或杀死别人、发疯或脱离社会。或者，这是一个平平无奇的世界，你处在不想做事和想做事的状态之间；或者，这是一个如履薄冰的世界，你得穿上白领服、给别人努力工作才能成功；又或者，这是一个举步维艰的世界，为了谋生，你要么选择征服命运，要么屈服或妥协于它，要么奋勇拼搏，要么退居幕后；再或者，这是一个沉闷压抑的世界，你只能枯坐在酒吧里，巴望着希望降临；也或者，这是一个无望的世界，你不得不自我放弃。

C. 人生定位——代词

无论孩子做出何种决定，他都可以通过人生定位验证其合理性，这种人生定位基于人们心中已经根植的信念，包括对整个世界和所有人（无论是敌是友）的看法："这个世界太糟糕了，我要自杀，在这里我不怎么样，其他人也不怎么样，我的朋友也没比敌人好到哪里去。"用人生定位的言语解读这句话，即"我不好，你不好，他们也不好。这种情况下谁都得自杀"。这被称为苦于无望的自杀。另一种情况是，"我要自杀，因为我不好，而其他人都好"，这是陷于抑郁的自杀。（自杀在此处可指任何形式，可以是跳桥、车祸，也可以是暴食、酗酒）或"我要杀了他们，把他们从这世上清除，因为我好，而他们非常不好"。又或"因为我们都好，我和你两个人完成工作后就去外面玩玩吧"。

"但是。"有人会说，"我知道我们很好，但其他人可没这么好。""好吧，那么，我好，你好，他们不好，所以我们忙完手头工作以后去帮帮他们吧。"将其翻译为儿童语言，即"我们去玩造房子游戏了，但你不能和我们一起玩"，被排斥的孩子长大后会变得非常极端，内心会筑起一个由自己管控的、比游戏里的房子更为复杂的集中营。

最简单的人生定位是双方，即你和我，来自孩子在母亲的哺育中根植于内心的信念。"好"和"不好"分别简写为"＋"和"－"，信念则写为：我＋、我－、你＋、你－。这些组合类型构成了四种基本人生定位，进而奠定心理游戏与脚本的基础，并决定人们在说完"你好"之后会说些什么。

1. 我＋你＋。这是一种"健康"的人生定位（或在治疗中，是"痊愈"的人生定位），是过上体面生活的最佳人生定位，是真正的英雄和王子、女英雄和公主所拥有的人生定位。有着其他人生定位的人或多或少都体现出青蛙的特征，而这种失败的特征是由他们父母赋予的，除非他们能够克服它，否则将被它一次次拖垮。在极端情况下，如果他们没有在精神病治疗或自我治疗中奇迹般地获救，将一蹶不振。嬉皮士将鲜花送给警察，试图表达我＋你＋。但是在这一特定场景中，究竟我＋是真实的还是虔诚的希望，究竟警察会接受＋还是选择－，这些都不得而知。若我＋你＋这一人生定位在个体幼年时期没有形成，那么之后就必须通过他的努力学习才能形成，而这绝不可能仅凭主观意愿就能实现。

2. 我＋你－。我是王子，你是青蛙。这体现了"摆脱"人生定位。这些人把"玷污"当成消遣、游戏或例行之事。他们嘲笑自己的配偶，把孩子送到青少年管教所，惹恼朋友，开除雇员。他们发动声讨甚至战争，围坐在一起给真实或假想的下属或对手挑毛病。这是一种"傲慢"的人生定位，在最坏情况下会使人变成杀人犯，最好情况下则使人变成多事佬，他们以帮助"不太好的他人"为己任，但事实上那些人并不需要他们的帮助。不过处于这一人生定位的人多数是平庸之徒，临床表现为偏执妄想。

3. 我－你＋。这在心理上表现为"抑郁"，在政治交往和社会交际中则表现为自卑。这种人生定位还会被传递给孩子。从职业的角度看，他们依赖于他人给予的大小恩惠而过活，在享受的同时又心怀怨恨，难以得到满足，想让他人尽可能多地施以恩惠好让他满足。这类人是患有抑郁症的自杀者，或自称为赌徒的失败者。他们通过把自己关在幽闭室或峡谷中，或把自己送入牢房或精神病房的方式，以摆脱自己而非他人。他们会产生"如果……就好了"和"我本应该"的心理。

4. 我－你－。这是一种"无望"的人生定位，处于这种心理状态的人总是在问"为什么不"的问题：你为什么不自杀，为什么不发疯？临床表现为精神分裂。①

---

① 此处可参见：Berne, E. "Classification of Positions." *Transactional Analysis Bulletin* 1:23, July 1962, and *Principles of Group Treatment, Loc. cit.*, pp. 269-277。以下文为对比：Harris, T. *I'm OK — You're OK, A Practical Guide to Transactional Analysis*. Harper & Row, New York, 1969。可发现哈里斯（Harris）以另一种顺序排列人生定位，即 4-3-1-2，表明自己的 1 是他人的 4，自己的 2 是他人的 3，自己的 3 是他人的 1，以及自己的 4 是他人的 2。

上述这些人生定位在全人类当中普遍存在，因为所有人都是喝母乳或奶粉长大，并从中获取信息，而后又在学习礼仪时强化这种信息的，无论此人身处丛林、贫民窟、公寓还是家族祠堂，情况皆是如此。哪怕在未开化的、被人类学家研究"各种文化"的小群落中，人们也会用同样一套长久以来惯用的方法来养育每一个孩子，只不过由于母亲之间（以及父亲之间）存在个体差异，造成教育结果的不同。胜利者成了首领和巫医、船长和拥有成千上万的牛或甘薯的资本家。失败者则进了帕皮提、莫尔兹比港或达喀尔的精神病院，又或是苏瓦的皇家监狱。每种人生定位兼有对应的脚本和结局。即便在我们这个拥有上万种"文化"的国家，结局也无外乎这几种，与其他国家没什么两样。

因为每个人都是历经过上百万个不同时刻、上千种心理状态、上百次冒险以及一对不同父母养育的产物，所以对一个人的人生定位进行详细调查能够揭示许多复杂性及其明显的矛盾心理。不过，每个人通常都有一种基本的人生定位，或真诚或虚伪，或稳定或不安，并以此为基础展开人生，延伸出自己的心理游戏和脚本。拥有人生定位对人们至关重要，为其带来脚踏实地的安心感。而让他们改变人生定位是不可能的，因为此举无疑等同于拆去房屋地基，他们不情愿这么做。举一个简单的例子，一个女人认为自己很穷、他人很富有（我—他们＋），这一想法根深蒂固，不会仅仅因为自己赚了大钱而改变该想法。在她看来，赚再多的钱也不会使自己产生富有感；相反，她只是觉得自己是一个撞上大运才拥有大笔资产的穷人。而她的同学也有一个根深蒂固的想法，那就是自己和其他不如自己的穷人相比是富有的（我＋他们—），即便她赔钱也不会改变该人生定位；她不会因此而认为自己贫穷，只会觉得自己是一个暂时困窘的有钱人。

我们在后文也会谈到，人生定位的稳定性可用于解释灰姑娘在婚后将过何种生活，也可用于解释为何处于第一种人生定位（我＋你＋）的人可以成为优秀的领导者，因为这些人即便在极端的逆境中，依旧保有对自己以及下属的普遍尊重。因此这四种基本人生定位很难仅仅为外部环境所改变，它们分别是：（1）我＋你＋（成功）；（2）我＋你－（自大）；（3）我－你＋（抑郁）；（4）我－你－（无望）。稳定的变化必然由内而发，或自发出现，或在某种"治疗"的影响下出现：可以是专业的心理治疗，也可以是爱这种自然而然的心理疗法。

然而，有些人的信念不够坚定，因此他们会在一种人生定位和另一种之间摇摆不定，比如，从我＋你＋到我－你－，或从我＋你－到我－你＋。就人生定位而言，他们具有不稳定或易变的人格特征。有着稳定人格的人，其人生定位不论好坏皆是无法动摇的。若要发挥人生定位这一概念的实际用途，就要保证信念不坚定之人的人生定位不会因易变性和不稳定性而被撼动。人际沟通分析的解决办法是查明分析某人在特定时刻的所说所为。如果A在中午的举止体现其处于第一种人生定位（我＋你＋），那么我们就可以说"A处于第一种人生定位"。如果他在下午六点表现得像是处于第三种人生定位（我－你＋），那么我们就说"A中午处于第一种人生定位，下午六点则处于第三种"。由此我们可以得出以下结论：（1）A的第一种心理状态不稳定；（2）如果A有一些症状，这些症状会在特定情况下发作。如果他在所有情况下都表现出第一种人生定位，那么我们就说"A稳定地处于第一种人生定位"，并从中预测：（1）A是胜利者；（2）如果他曾接受治疗，如今已痊愈；（3）他不玩心理游戏，或至少没有强烈的玩的欲望，拥有社交控制能力——能够自主决定是否在某一时刻玩心理游戏。如果 B 在所有情况下都表现为处于第四种人生定位，我们便说："B 稳定地处于第四种人生定位"，并从中预测：（1）B 是失败者；（2）他很难得到治愈；（3）他无法阻止自己去玩这些证明人生徒劳的心理游戏。上述所有结论皆是通过仔细分析 A 与 B 的实际沟通而得出。

一旦做出预测，我们便可以通过更多观察对此加以验证。如果当事人之后的行为无法证实预测，就说明分析有误或人生定位理论有误且有待修正。如果当事人的行为的确证实了预测，那么理论的有效性便得到加强。迄今为止，均有证据支持该理论。

D. 胜利者与失败者

为了验证预测，我们必须定义何为成功，换句话说，定义何为胜利者与失败者。胜利者是能按计划成事的人，而失败者则是未能按计划成事者。一个男人说："我要去里诺（Reno）赌钱。"他只是说自己要去那里并赌博，却并未说自己会赢钱还是输钱。如果他说"我要去里诺（Reno），这回可要赢钱"，那么他赢钱便是胜利者，输钱便是失败者。而判断其是胜利者还是失败者的依据就在于他回来后口袋里还有多少钱。离婚的女人并非失败者，除非她说过"我永远都不会离婚"。如果她曾宣称"我终有一天要辞职，再也不工作了"，那么她在离婚后即使不工作也能得到生活费，这便代表她是胜利者，因为她实现了计划所做的事。因为她从未说过自己要如何实现计划，因此没人可以指摘她为失败者。

E. 三方人生定位

到此为止，我们主要探讨了双方的人生定位，即"我"和"你"。但是人生定位的概念犹如手风琴，可以扩展到更大范围，足以涵盖除以上四种基本人生定位之外的其他各种定位，其数量几乎与全世界的人数等同。因此，我们接下来谈谈三方的人生定位，其组合如下：

1a. 我＋你＋他们＋。这是民主社区式的人生定位，拥有这种定位的人犹如家人般相亲相爱，许多人将其作为奋斗的理想，宣称"我们爱每一个人"。

1b. 我＋你＋他们－。这是满怀偏见的势利眼或帮派用以挑唆人心的人生定位，宣称"谁需要他们？"

2a. 我＋你－他们＋。这是煽动者或激进反抗者的人生定位，有时也是一些传教者的人生定位。其宣言是："你们这边的人没有他们那边的人好。"

2b. 我＋你－他们－。这是纯粹傲慢的人生定位，这样的人往往是孤独且自以为是的批判家。其宣言是："每个人都要臣服于我，并以下等人的身份尽可能向我看齐。"

3a. 我－你＋他们＋。这是一种纯粹抑郁的人生定位，这种人往往是自我惩戒的圣人或受虐者。其宣言是："我是世界上最卑微的人。"

3b. 我－你＋他们－。这是卑屈的人生定位，所有者谄媚地去做那些非必要的工作，以获得赏金。其宣言是："和其他下人不一样，我贬低了自己，你给了我丰厚的酬劳。"

4a. 我－你－他们＋。这是自卑且妒忌他人的人生定位，有时能折射出一种立场。其宣言是："他们厌憎我们，因为我们不够富有。"

4b. 我－你－他们－。这是愤世嫉俗者悲观的人生定位，或是那些信奉宿命和原罪之人的人生定位。其宣言是："世上没有好人。"

三方的人生定位在一些情况下并不稳定，有时三方中的某一方还会发生改变。比如：

1. 我＋你＋他们？。这是传道者的人生定位。其宣言是："我和你是好的，但我们不知道其他人的好坏，直到他们展现底细或站在我们这一边。"

2. 我－你？他们－。这是贵族阶层的人生定位。其宣言是："多数人都不好，至于你，我得摸清你的底细后才能下定论。"

现在，我们共有12种人生定位，分别为4种双方的人生定位和8种三方的人生定位，按照数学可能性来算，一方不确定的人生定位应也有12种，两方不确定的人生定位有6种（诸如我＋你？他们？、我－你？他们？此类），三方都不确定的人生定位有1种，而具有这种心理的人很难与他人交往。这样一来，我们便得到了足足31种可能的类型，这些定位足以让生活变得有趣。当我们开始考虑这些"＋"和"－"的意义，心理状态的多样性便大大增加。还记得吗？我们在前文说过"＋"代表好、"－"代表不好。因此，我们有很多成对出现的形容词，好坏不同的特质与组合，它们受到每个家庭的重视，具有不同的现实生活意义。

F. 人生定位——谓语

最简单也最难处理、对社会危害最大的是那些仅凭一对形容词就判断其好坏的人生定位，比如，黑人—白人、富有—贫穷、基督教—异教、聪明—愚笨、诚实—狡诈。每一对都可以衍生出四种类型，每个家庭对此都有不同侧重点，并基于此对孩子进行早期训练，使其能够尽早适应生活。因此，根据父母态度的差异，富有—贫穷这对完全相反的词便可分化出四种变体。

1. 我富有＝好，你贫穷＝不好。（势利的，傲慢的）

2. 我富有＝好，你贫穷＝好。（叛逆的、空想的）

3. 我贫穷＝好，你富有＝不好。（怨恨的、暴动的）

4. 我贫穷＝不好，你富有＝好。（势力的、卑屈的）

（但在一个不以金钱作为决定性评判标准的家庭中，富有－贫穷并不存在对立关系，因此上述四种类型并不成立。）

每对包含＋和－的形容词越多，心理状态便越复杂和灵活。要想处理好它，我们得有更强的理解力和辨识力。例如，有的形容词在彼此相加后起强调作用（不仅、而且），有的在相减后起缓和作用（但至少他也），有的为公平起见而两相权衡（但哪一个更加重要？），诸如此类。因此，对于一些黑人来说，富有、狡诈的白人非常不好（他坏透了－－－），但富有、狡诈的黑人没那么不好（至少他是黑人－－＋），而富有且诚实的白人也没那么不好（至少他是诚实的－＋－），贫穷又狡诈的白人同样没那么不好（至少他和我们一样穷＋－－）。不过在某些情况下，狡诈的白人若贫穷则最遭人恨，若有钱则还能被容忍。之所以出现这种情况是因为另一对词的干预，该词对是：获取好感成功＋，获取好感失败－。这样，贫穷、狡诈的白人是－－－，而富有、狡诈的白人是＋－－。另一种特定情况是，富有的白人（在金融公司工作）是好的，如果他涉嫌诈骗，则变为不好（＋＋＋→＋＋－）。

如此一来我们可以看出，一个人对代词（我、你和他们，＋或－或？）的特定选择将决定其最终命运及其脚本结局，不论他对＋和－的判断涉及何种形容词或谓语。因此，如果一个人的人生定位是我＋你－他们－（2b），那么他很有可能在修道院、监狱、州立医院或太平间孤独终老,不管他看轻的是宗教、金钱、种族、性别还是其他都不会影响这一结果,而如果一个人处于我-你+他们+(3a)的心理状态,他的结局总是比较悲惨,甚至可能会自杀,因为他觉得自己一无是处。所以,代词决定了脚本结局以及谁胜谁败。而谓语则决定了脚本内容以及生活方式,如宗教、金钱、种族、性等,但无法影响最终结局。

到此为止,我们必须承认,上述内容中没有什么是六岁幼童无法理解的,至少就其适用性而言,这些事也会发生在他身上。"我妈妈不让我和你一起玩,因为你(脏、普通、坏等)",简单来说,就是我+你-。"我会和你玩,但不想和他玩,因为他会骗人"则是我+你+他-,而被排斥的孩子则会说:"我无论如何都不会和你们玩,因为你们都是胆小鬼",这句话体现了我+你-他-。然而,大多数人必须经过深思熟虑才能理解人生定位的核心原理:需要把握的只有代词和符号(+、-);谓语或形容词只是人们构建时间的方式。谓语仅仅向人们提供说完"你好"后的谈资,并不影响接下来会发生的事、他们未来生活的好坏与否或最终结局。

人生定位在日常的社交场合非常重要。人们首先了解彼此的人生定位,接着多半会物以类聚、人以群分。积极看待自己与周围世界的人(++)通常喜欢和同类型的人在一起,而非与那些爱抱怨的人为伍。那些自觉高人一等的人(+-)也喜欢在俱乐部和组织中聚会。而如果痛苦的人也想找个伴,那么他们这些自卑的人(-+)就会在酒吧相聚。感觉人生无望的人(--)会聚集在咖啡吧或大街上嘲天嘲地。在西方国家,相较体现社会地位而言,着装更能体现其人生定位。++的人穿着整洁但不显俗气;+-的人喜欢制服、装饰品、珠宝以及能够彰显自己优越感的特殊设计。－＋的人穿着破旧或随意，但不一定邋遢，或穿一身"下等"制服；然而－－的人则倾向于穿"滚蛋"的制服，以示自己对衣服之类的一切事物不屑一顾。精神病患者则属于此类，将破旧与优雅、臃肿与苗条、紫色与灰色、破鞋与钻石戒指通通混搭在一起。

我们在前文已经提过，人们在情况发生变化时依旧坚守自己的人生定位——一个认为自己富有的女人即使失去钱财，也觉得自己并非穷人，只是遇到了暂时困窘；或者更惨的是，一个女孩认为自己贫穷，哪怕她赚了大钱，也不会因此觉得自己富有。人们在日常生活中会因为人生定位的稳定性而感到愤怒和困惑："我是一个好人（尽管事实上我做了坏事）。"有这种定位的人希望自己能够被当作好人对待，否则便会感觉自己受到了侮辱。

这种现象在婚姻冲突中很常见。这也是马蒂·柯林斯（Marty Collins）坚持认为自己是个好丈夫的原因，哪怕他每周六醉酒时都会殴打妻子。更不可思议的是，他的妻子斯科蒂（Scottie）竟然支持他，并说出了那句广为人知的话以示抗议："你怎么会对一个去年圣诞节还为你送花的男人生气呢？"另一面，斯科蒂坚信自己是一个非常诚实的人，即使她公然撒谎并从丈夫的钱包里偷钱。马蒂通常认了。唯有在周六晚上，他们会彼此对骂"废物"和"骗子"。他们的婚姻建立在双方契约的基础上，即忽略彼此的言行不一。一旦提及差错，一方便会恼羞成怒。一方好的人生定位遭受过分的威胁，就会导致离婚。双方之所以会离婚，原因是：（1）配偶一方无法忍受差错被揭发；（2）配偶另一方也无法忍受为了避免揭发对方的差错而自欺欺人。

G. 脚本选择

脚本发展的下一步是找到结局恰当的剧情,以回答"和我一样的人会发生什么"这一问题。孩子被这样教导,所以知道自己将来会成为胜利者还是失败者,自己该如何感知他人,以及他人会如何对待自己,这些都是所谓"和我一样的人"所要经历的。迟早,"和我一样的人"的故事会传入他的耳中,并为他指明未来的方向。这或是母亲读给他的童话故事,或是祖母所讲非洲南希的故事,又或是道听途说而来的街头帮派传奇。但无论在何处听到这个故事,他只要听见就知道,然后说:"那就是我!"之后,他便会以这个故事为脚本,花费一辈子来设法实现它。

因此,根据早期吃母乳和用奶瓶或在卫生间内外、卧室、厨房以及客厅里获得的经验,孩子形成了自己的信念,做出决定,并且确定了某种人生定位。接着,他从所闻所读中为自己选定一个预言和一个计划:怎样成为一个胜利者或失败者,过程如何,结局如何;由此便形成了其人生脚本的第一个清晰版本。现在,我们可以开始考虑构成脚本的各种心理动力和要素了。为此,人们必须拥有可用的脚本装置。

第 6 章　可塑时期

A. 父母编制的程序

一般来说，孩子六岁时已经离开幼儿园（至少在美国是如此），来到了一个竞争更激烈的世界，即一年级。在那里，他将独自与老师和其他男孩女孩来往。幸运的是，这时他不再是无助地被塞到新世界的婴儿了。他就像从小郊区转移到繁华大都市一般，鼓起勇气离开家来到人群熙攘的校园，并准备好了一整套社交方案，用来应对身边形形色色的人。他已经形成了自己特有的与人交往的方式，这至少保证了他得以生存，同时其人生计划也已成型。中世纪的牧师和教师很清楚这一点，会说："把孩子交给我，等他长到六岁再把他带走。"一个好的幼儿园教师能够预测孩子会有怎样的人生以及结局：或快乐或痛苦，或胜或败。

因此，人生是喜是悲由一个学龄前的顽皮鬼决定，这时，孩子对世界及其运行法则知之甚少，所了解的东西大多来自父母的灌输。然而正是这个懵懂无知的孩子对未来做出了抉择——成为国王还是农民、女王还是妓女。他现在无法区分现实与幻想，以至于曲解了日常生活中的多数事情。比如，他被告知，若自己在婚前发生性行为便要接受惩罚，而在婚后发生则安然无恙。他对"太阳会掉下来"这件事深信不疑，时隔10年或40年后才恍然醒悟，原来自己一直逃离太阳是出于这个原因；他甚至分不清腹部和胃部。他还如此年幼，只知道今晚想吃什么，此外便无法做出更多决定了，但他是"人生的主宰"，决定着自己的命运。

他为未来制订的人生计划一般会遵循家庭指令。通过提问便可以发现一些关键性的指令，比如，在第一次面谈时询问"在你小时候，父母对你说过什么？""在你小时候，父母是如何向你解释人生的？"或"父母生气时会对你说什么？"通常，这些问题的回答不像指令，但如果我们按照火星人的逻辑稍加思索，就可以发现其中指令的存在。

比如，第五章开头列举的许多用语实则是父母向孩子下达的指令。"旁人在场时的表现"实际上是要求孩子"炫耀"的指令。孩子很快便通过观察母亲的反应习得该指令，如果他"炫耀"，母亲就会表现出喜悦，否则母亲就会失望。同理，"来看看，多可爱啊"意为"好好表现"。"快点儿"和"排完便前，你得一直坐在这里"是消极指令或禁令，意味着："别让我久等"和"不许顶嘴"。而"让他慢慢来"代表一种许可。他首先通过父母的反应理解不同信息，在掌握词汇后，便通过父母的实际话语来理解信息。

孩子生来便是一张白纸，但很快就学到了不同的东西。头两年，孩子的程序主要由母亲编制。该程序构成了脚本的原始框架，被称为"原始草案"，起初是关于吞食或被吞食，在他长牙后，就转变为撕咬或被撕咬。正如歌德（Goethe）所说，一个人成为铁锤还是铁砧是体现其胜败的最原始版本，从希腊神话和原始仪式中便可以看到如此景象，孩子被吞食入腹，诗人残肢遍野。哪怕在哺育期，究竟是母亲还是婴儿具有掌控权已显而易见。虽然这种情况迟早会发生转变，但当个体处于压力或盛怒之下，早年发生的情境依然会重现。可惜，很少有人记得这一时期发生的事，然而这些事对人们的某些方面至关重要，因此他们需要在父母、亲人、育儿保姆、儿科医生，又或是梦境和家庭相册的帮助下重现该情境。

两岁到六岁阶段是脚本发展期，孩子的脚本基础更加牢固，因为几乎每个人都记得在此期间所进行的沟通、发生的事件或留有的印象，这与俄狄浦斯情结的进展同步且紧密相关。实际上，在断奶期和如厕训练结束后，世界范围内通用且影响持久的父母指令便与性和攻击有关。生物物种通过自然选择形成的神经回路生存。由于养育、性和争斗需要他人参与，所以属于"社交"活动。伴随而来的冲动赋予个体某种性格或品质：占有欲、男性气质和女性气质、攻击性。同时，个体的神经回路也在抑制这些冲动。受此影响，个体性格呈现相反的倾向：放弃、沉默和克制。这些特质使人们得以在一段时间内相安无事地共同生活和默默竞争，而非永无宁日地疯狂掠夺、性交和争斗。而排泄则以某种尚未可知的方式加入社会化系统的构建之中，比如，人脑中控制排泄的回路使人们产生遵守秩序这一品质。

父母编制的程序决定了冲动的表现时间和表现方式及其克制时间和克制方式。它利用已有的神经回路，设置某种行为方式，以获得某种结果或结局。由于这一程序，孩子形成了新的品质，使各种冲动和克制达到平衡状态。比如，孩子在纠结得失之间找到平衡点，学会耐心；在传统男性/女性气质与沉默寡言之间采取折中，发展刚毅或温柔的品格；在争斗进犯与克制守规之间做出权衡，培养通达权变的思维；在自由散漫与按部就班之间两相取舍，形成有条不紊的性格。所有这些特质（例如耐心、刚毅、温柔、机敏和有条不紊）都由父母传授，并在孩子两岁到六岁这段可塑时期内被编入其程序之中。

从生理的角度看，编程意味着提升，如同开拓一条少有险阻的路径。从操作层面来说，编程也意味着施加的刺激很有可能诱发既定的反应。而在现象学中，父母编制的程序意味着孩子的反应取决于父母下达的指令，通过仔细聆听这些指令，孩子便能在自己的大脑中听到这些像是事先录好的声音。

B. 思考的火星人

当父母干涉或试图影响孩子的自由表达时，便会下达指令，而他们自己、旁观者、孩子本身对这些指令有着不同的理解。事实上，要想理解指令，我们可从五种不同的角度出发：（1）父母的本意是什么；（2）不知情的旁观者认为父母的本意是什么；（3）父母所说的字面意思是什么；（4）父母"真正"想说的是什么意思；（5）孩子理解的是什么意思。前两种体现"直接的""地球人的"视角，后三种则体现"真实的"或者是火星人的视角。

布奇（Butch）

下面以一个严重酗酒的高中男生为例。在他六岁时，他母亲发现他正在使劲闻威士忌的瓶口，于是说："你太小了，还不能喝酒。"

（1）母亲所说的意思是："我不希望儿子喝威士忌。"（2）不知情的旁观者，即他的叔叔当时在场，持赞成意见："她当然不希望孩子喝威士忌。

只要是个理智的母亲都会这么认为。"（3）母亲表面上说的是："你太小了，不能喝威士忌。"（4）她真正想说的却是："只有男人才能喝威士忌，而你还只是个男孩。"（5）布奇则理解为："当你能证明自己是男人的时候，你便能喝威士忌了。"

由此可见，对地球人来说，母亲的斥责听起来更像是"常识"。只不过在父母明令禁止前，孩子常以火星人的方式思考。这便解释了为何孩子的想法若未受干扰便会显得如此新颖和奇特。孩子要做的就是了解其父母真实的想法。这么做有助于维系父母对他的爱，或者起码得到他们的庇护，又或者在最糟糕的情况下，保全自身。另外，这么做的原因在于孩子对父母的爱，他以取悦父母（如果父母允许如此的话）为人生的重要目标，为此，他必须知道父母真正想要的是什么。

因此，不管父母下达的指令多么隐晦，孩子都会试图理解其命令式的本质或火星人认为的核心要点。这样，他就可以制订自己的人生计划。猫和鸽子也能这样做，不过需要耗费更多时间。之所以称其为编程，是因为指令的影响很可能是永久性的。对孩子来说，父母的愿望便是命令，除非发生某些巨变，不然孩子将终身按照父母的指令行事。唯有极致的苦痛（如战争、牢狱之灾）或极致的欢愉（如恋爱）方能让他从指令中迅速解脱出来，仅靠生活经历或心理治疗则慢得多。

即便父母离世也不一定能解除指令的桎梏。在多数情况下，他们的逝去只会加强指令的约束作用。只要他的"儿童"是顺从的而非自由的，那么无论他的"父母"指令多么冷酷无情，这个"受脚本驱使"的人依旧会照做不误，且不管需要做出什么牺牲，他也会照办。

火星人根据结果将父母的话解读成他们真正想表达的意思，并根据其

"最终结果"而非字面意义做出判断。因此，父母打着保护孩子的旗号，却委派其并不合理的任务。一个十几岁的男孩运气不佳，不仅撞坏了车，还为修车花光了钱，这让他的父亲很苦恼。这位"好"父亲时不时就此事与儿子"沟通"。在一次谈话中，他态度平和地抱怨："好吧，解决这事对我来说可不容易，不过你不用太担心。"父亲言语间流露的宽宏大度自然被儿子解读为："稍微担心一点。"但如果儿子表达出自己的忧虑，或者特地做点什么来弥补此事，父亲便会斥责他："我都说了，不要太担心。"火星人会将这种"贴心的"态度解释为："不要太担心！"其意为："可以担心，但别担心过头。"

接下来是一个更富戏剧性的案例，一位女服务员手脚麻利，能够在繁忙又拥挤的餐馆中用手和胳膊端起一碟碟热菜，自如地穿行于餐桌之间。她行走时那稳健的步伐令餐馆管理人员和顾客都赞叹不已。之后有一天，她的父母去那里吃饭，这回轮到他们赞叹女儿了。当她端着数量相当的餐盘快速经过父母那桌时，她的母亲由于过分担心而大喊："小心！"接着在那个女孩的职业生涯中，她第一次……好吧，即便头脑一根筋的读者也能领会其中的意思，并将故事的结局补充完整。简言之，"小心"通常意味着"犯错吧，这样我就可以说'我之前就跟你说要小心的'"，从上述案例中我们可以看到最终结果。"小心，哈哈"更具有挑逗意味。这句"小心"若出自正直的"父母"之口，尚且有些价值，但若出自担心过度的"父母"之口，又或被"孩子"嬉笑着说出，其效果则大不相同。

在布奇的案例中，一位经常喝得酩酊大醉的母亲说"你太小了，还不能喝酒"意味着"快点长大就能喝酒，这样我就可以反抗了"，这便是布奇所理解的最终版本。布奇知道，如果想要勉强从母亲那里得到关注，以代替她对他近乎于无的爱，他迟早得这么做。在他看来，母亲的愿望成了自己的任务。他的父亲辛勤工作，为他树立了一个好榜样，但也会在周末酗酒。布奇16岁时，经常喝得烂醉。等到他17岁，他的叔叔让他同自己面对面坐下，在桌上摆一瓶威士忌，对他说道："布奇，我来教你怎么喝酒。"

他的父亲曾蔑笑着对他说："你太蠢了。"那几乎是父亲唯一一次同他说话，所以布奇便早早下定决心，即要表现得愚笨——这又是一个体现火星人思维价值的案例，因为他的父亲明确表示自己不想在家里看到任何"聪明的蠢货"。其真正想说的是"当我在家时，你最好给我装傻"，而且布奇也领会了这层意思。关于火星人思维的讨论到此为止。

许多孩子在父亲拼命工作又疯狂酗酒的家庭中长大。拼命工作是为了填补未喝酒时的空档期。不过，喝酒会妨碍工作，上班族深受其害。而另一方面，工作也会妨碍喝酒，可谓酗酒族的灾难。喝酒和工作是相悖的。如果说喝酒是人生计划或人生脚本的一部分，那么工作就是与之相反的反脚本。

如图6中的"脚本矩阵"①所示，这是布奇的脚本指令。左侧的图片顶端显示，处于"父母"自我状态的父亲会愤怒地说："拿出男人的样子来，别只会耍小聪明。"而图片底部显示，嘲弄的"儿童"会说："表现得笨点儿，哈哈。"右侧的图片顶端显示，处于"父母"自我状态的母亲会溺爱地说："拿出男人的样子来，不过你还太小了。"然而图片底部却显示，她的"儿童"激将他："别和娘儿们一样，快来喝一杯。"在图片中间，他父亲的

---

① "脚本矩阵"这一概念最早由克劳德·斯坦纳（Claude M. Steiner）所提出。详见他的论文："Script and Counterscript." *Transactional Analysis Bulletin* 5:133-135, April 1966。他所定义的"反脚本"即为我们的"对立脚本"。亦可见：Steiner, C. M. *Games Alcoholics Play*. Grove Press, New York, 1972。

"成人"同他的叔叔一起教他如何正确饮酒。

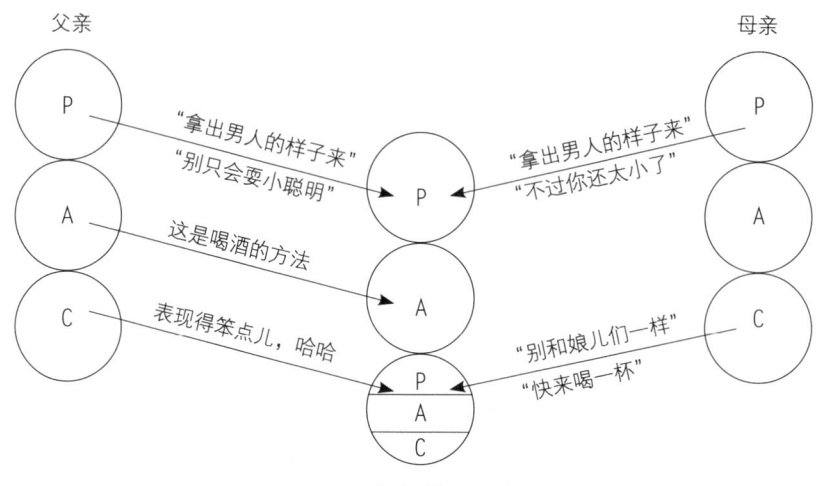

```
父亲                                                  母亲
 P  ──"拿出男人的样子来"──→  P  ←──"拿出男人的样子来"──  P
    ──"别只会耍小聪明"──→       ←──"不过你还太小了"──
 A  ────这是喝酒的方法────→  A                        A
 C  ──表现得笨点儿，哈哈──→  P  ←──"别和娘儿们一样"──  C
                            A  ←────"快来喝一杯"────
                            C
```

图 6　年轻的酗酒者

C. 小律师

火星人的思考方式能够使孩子明白父母"真正"想要的是什么，即父母最有可能对什么做出积极反应。通过有效运用火星人思维，孩子确保了自己的生存，并且表达了对父母的爱。如此一来，他便形成了一种自我状态——顺从型"儿童"。顺从型"儿童"想要且需要以顺从的方式行事，并试图避免非顺从式的行为甚或情感，因为他无法通过非顺从的表现获得周围人的最佳反应。与此同时，他必须将内心深处自我表达的即自然的"儿童"束缚起来。儿童的"成人"（AC，见图7，本书第115页）用于平衡上述两种行为方式，它必须运行得像一台高度灵敏的计算机，才能决定在每个情境、每时每刻，什么是重要的、什么是被允许的。这个"成人"善于发现人们想要什么、可以容忍什么，再不济也能弄清人们最有可能因何而激动、生气，或者因何而感到愧疚、无助、害怕和伤心。由此可知，儿童的"成人"就像热衷于研究人类天性而富有洞察力的学生，因此又被称为"教授"。事实上，他对实用心理学和精神病学的了解胜过任何一位成年教授，不过经过多年的训练和经验积累，成年教授也可能达到他在4岁时所达到的33%的水平。

孩子在学会了火星人的思考方式以后，便成为完全的顺从型"儿童"，这时他作为"教授"便将注意力转向合法的思考方式，从而为自然型"儿童"寻求更多的表达机会。合法的思考方式萌芽于可塑时期，发展成熟于童年晚期，如果孩子得到父母的鼓励，这种思考方式还将持续至成年时期，使他成为一名真正的律师。合法的思考方式俗称逃避的思考方式。① 逃避的思考方式在个体性道德方面的使用尤为普遍。

父母以为向孩子施以禁令便可避免问题，殊不知孩子也有自己的精明之处，而这份精明通常是他们教给孩子的。因此一个被告诫"别和女人厮混"的男孩会将它当作一种许可，好使自己与其他男孩厮混，或在某些情况下与牛羊待在一起，若我们以合法的方式来思考这件事，那么他便是清白的，因为他并未做父母明令禁止的事。若一个女孩被告诫"别让男孩碰你"，她就会选择将其理解为触碰自己便完全没问题。通过这种逃避的思考方式，她内心深处的顺从型"儿童"始终遵循着母亲的意愿，同时其自然型"儿童"享受着自慰的欢愉。同样，一个被告诫"别和女孩鬼混"的男孩将它当作自己独处的许可。其实他们都不曾违反父母的禁令。由于孩子像律师一样视此类禁令为枷锁，因此他们会试图寻找逃避的方式，脚本分

---

① "逃避"一词有多重含义：逃避逮捕、减刑、逃避坐牢（"坦白从宽"）、告密（"揭发"）、辩解或钻空子。此处指最后一种意思。

析通常以法律术语将此命名为"禁令"。

有些孩子喜欢顺从，不以逃避的方式思考，也有些孩子喜欢做更有趣的事。正如许多人致力于研究如何在不违法的情况下犯罪一样，这些孩子对如何捣蛋又不忤逆父母的问题很感兴趣。在以上案例中，孩子的精明均是在父母的教导和鼓励下养成的，属于父母编程的一部分。在某些情况下，这会促使对立脚本的形成，即孩子在不违背任何原始脚本指令的前提下，成功逆转脚本的全部内容。

D. 脚本装置

人际沟通分析师并非一开始便认识到人类会根据神话和童话故事来建构人生计划。他们仅通过观察发现，个体最终命运似乎取决于其童年时所做的人生决定，而非成年后的人生规划。不论人们就自己将如何生活做出什么样的构思或陈述，似乎都受某种内在冲动的驱使而努力争取某个最终结局，而这个结局与他们在自传或工作简历上的表述不同。许多说要赚大钱的人亏钱变成了穷光蛋，而其身边的人却变得很有钱。一些口口声声说要追求爱情的人，却在爱他们的人身上捕捉到恨意。声称愿为孩子的快乐做任何事情的父母，却将孩子带上了吸毒、犯罪和自杀的不归路。正直的圣经信徒违背教义，犯下谋杀他人、强奸儿童的累累罪行。这些矛盾自人类出现伊始便已存在。它们无不是歌剧中所唱或报纸上所贩卖的故事。

我们逐渐发现，尽管这些矛盾并不能充分解释"成人"，但它们对人格中的"儿童"部分却起到了解释作用。正是"儿童"这一部分与神话和童话故事相近，且相信世界曾经或可能像故事里描述的那样运作。因此，孩子按自己喜欢的故事情节来规划人生也就不足为奇了。真正令人吃惊的是，这些计划竟然持续运作了20年、40年乃至80年，以至于人们最终对此习以为"常"。当我们抛开"诊断结论"，对那些试图自杀、遭遇车祸、精神错乱、坐牢服刑或离异者的过去进行反向推导以寻求真相时，迟早会发现这一切几乎早在他们六岁前便已计划完成。[①] 人们的人生计划或脚本包含某些共同的因素，由此构成"脚本装置"。好的脚本（比如，创作者、领导者、英雄、令人尊敬的祖父以及行业内佼佼者的脚本）皆有相同的脚本装置。这种装置关乎人们如何规划自己的一生，为此与童话故事中的设置相同。

在童话故事中，主人公的人生程序由巨人和女巨人、食人魔和女巫、仙女教母和报恩野兽，以及阴郁的巫师编制。在现实生活中，上述这些角色均由父母扮演。

心理治疗师对"坏"脚本的了解要胜过"好"脚本，因为前者更具戏剧性，更常被人们谈论。比如，弗洛伊德列举了无数失败者的个人病史，同时在作品中只提及摩西（Moses）、达·芬奇（Leonardo da Vinci）以及他自己作为胜利者的案例。很少有胜利者会费心思考自己为何会成功，但失败者则通常十分迫切地想知道自己是如何走到这一步的，以便采取一些行动。因此在接下来的部分，我们首先将从失败者的脚本谈起，对此，我们已经掌握了非常精确的知识。失败者的脚本装置由以下几项组成，已被孩子解读为火星人指令。

1.父母告诉孩子如何了结自己的生命。"走失"和"猝死"是宣告死

[①] 在旧金山人际沟通分析研讨会上，我们详细讨论了几十个脚本。这些脚本以及我在脚本分析实践中得出的那些是我最熟悉的。基于在医院、治疗中心、学校、监狱或者私人诊所上千病例中所获的经验，其他脚本分析师大多认可会上提出的这些准则。

亡的判决。"富有地死去"亦是如此。"你的下场会和你的（酒鬼）父亲的一样"同样是对人生的宣判。我们将这种指令称为脚本结局或诅咒。

2. 他们接着给予孩子一个不公正的负面指令，使其无法解除诅咒，这个指令可以是"别打扰我"或"别耍小聪明"（＝走失）抑或"停止抱怨"（＝猝死）。这便是脚本禁令或禁言（stopper）。禁令由处于控制型的"父母"或疯狂的"儿童"发出。

3. 他们鼓励引致结局的行为，比如，对孩子说"喝一杯"或"你不能就这样把他放走"。这被称为脚本挑逗或引诱。它来自父母顽皮的"儿童"或其内心深处的心魔，通常伴随着"哈哈"的笑声。

4. 在孩子做出引致结局的行为前，父母还会引导孩子填补时间空档。其主要形式为道德训诫。"努力工作"可能意味着"为了周六晚上可以好好喝一顿，工作期间要好好努力"。"管好每一分钱"可能意味着"为了能够一次性把钱花掉"。这是对立脚本的口号，出自处于养育型"父母"之口。

5. 此外，他们也向孩子教授在真实生活中执行脚本所必须掌握的知识：如何调酒、如何记账等。这便是模式或程序，表现为"成人"的教导。

6. 就孩子自身而言，他们也有反抗父母加诸自己的一整套脚本装置的愿望和冲动。比如，"敲门"（对应"走失"）、"表现得聪明""休假"（对应"努力工作"）、"现在就把钱花光"（对应"管好每一分钱"）以及"做错"。它们被称为脚本冲动或心魔。

7. 逃离现状是解除诅咒的办法。"你在40岁以后就能成功。"这种破除的方法成为对立脚本或内在解脱（internal release）。不过唯一的对立脚本通常便是死亡。"你会在天堂获得回报。"

用于规划时间的相同的脚本装置恰恰存在于神话和童话故事中。结局或诅咒对应"走失"（奇幻森林历险记）或"猝死"（白雪公主和睡美人）。禁令或禁言对应"别太好奇"（亚当和夏娃、潘多拉）。挑逗或引诱对应"用纺锤刺你的手指，哈哈"（睡美人）。对立脚本口号对应"在遇到王子前努力工作"（木桶裙卡莉）或"在她说爱你之前保持风度"（美女与野兽）。模式或程序对应"善待动物，它们会在你需要时帮你一把"（金发女孩）。冲动或心魔对应"我就看一眼"（蓝胡子）。对立脚本或解除诅咒对应"等她把你扔到墙上，你便不再是青蛙了"（青蛙王子）或"做完12年的苦力，你就自由了"（大力士）。

我们在上文详细分析了脚本装置。诅咒、禁言、引诱构成了脚本控制，而其他四项则用于对抗脚本控制。不过孩子生活在或美好，或普通，或可怕的童话世界里，并大都相信魔法。因此他们通过幻想等，希望寻求魔法般神奇的解决办法。如果行不通，他们便退而求其次，求助于心魔。

不过心魔有一个特点。当孩子的心魔说"我要反抗你，哈哈"，父母的心魔会说"这正是我想让你做的，哈哈"。于是在挑逗脚本和冲动脚本、引诱脚本和心魔的共同作用下，孩子便注定成为失败者了。如果父母胜利，孩子便处于失败的一方，且是在为了取得胜利而不断尝试的过程中失败的。接下来在第七章，我们将更详细地讨论上述所有要素。

第 7 章　脚本装置

为了理解脚本的运作原理以及在治疗中如何对其进行处理，我们需要对脚本结构有一个详细的了解。虽然我们对脚本的基本结构与传递的认识不足，但从首次提及到现在的短短十年间，我们已建立起一个相当精密的模型。这一模型最初就像 1893 年生产的单缸汽车一样简单，而现在已然达到了更为先进的福特 T 型汽车的水平。

从上文可知，脚本装置由七个部分组成。结局或诅咒、禁令或禁言、挑逗或引诱，这三个部分控制着人生脚本，使其走向所谓的固有结局，因此被称为脚本控制。在大多数情况下，这三部分在 6 岁之前就已经被编程，对立脚本或破咒语如果有的话，亦是如此。之后，反脚本口号或称生存法则，以及父母的行为和教导方式都开始发挥有效作用。心魔代表孩子的"儿童"最典型的一面。

A. 脚本结局

临床实践中出现的脚本结局通常减少为四种类型：孤独、乞讨、发疯或者死去。若沾染毒品或沉迷酗酒，人们便会更快地走向上述任一结局。孩子可能会以火星人或合法性的思维按照自己的方式去完成父母的指令。在一个案例中，母亲告诫所有孩子长大后都要去国立医院，结果女孩成了州立医院的患者，而男孩成了州立医院的精神治疗师。

暴力是一种存在于"组织脚本"中的特殊结局。组织脚本与其他脚本不同，因为这种脚本货币是人类的血肉和尸骨。一位曾经目睹、引发或经历过暴力和流血事件的孩子与其他孩子是不一样的，而且他再也回不到最初的样子。如果父母要求孩子在很小的时候就学会自己赚钱谋生，那么他自然会更关注钱的问题，这也常常会成为他脚本及结局中的重要前提。如果父母严厉地斥责孩子并破口大骂让他去死，这些言语便可能成为他的"脚本货币"。人生脚本围绕的主要话题与童话故事类似：就是爱恨情仇。任何一个主题都可以用任意一种"脚本货币"表达。

对脚本分析师来说，他们面临的主要问题是："父母可以用多少种方式告诉孩子选择永生还是死去？"他会在举杯祝酒或祷告中按照字面意义祝愿孩子"长命百岁！"也会在与孩子发生矛盾时说出"去死吧！"人们很难意识到或承认，母亲的话语对孩子（或是妻子的话对丈夫，反之亦然）有着令人难以置信的巨大影响。以我的经验来看，很多人被他的挚爱（或是憎恨的人）说"去死"后不久，就会受其影响而被送入医院。

多数情况下，祖父或祖母直接或通过孩子的父母间接控制着孩子的结局。祖母可能会用"生存指令"帮助孩子从父亲的死亡指令下解救孩子，也可能将美狄亚脚本递给母亲（或称"过度脚本"），迫使母亲以某种方式逼死孩子。

所有这些都会存在于孩子的父母自我状态中，并伴随其一生：有人温柔地祈福他长命百岁，也有人用刺耳的声音催促他尽快去死。有时死亡指令中并没有恨意，有的只是无助或绝望。母亲从孩子出生那天起就对他的行为举止满怀期待，因此刚开始通常由母亲为他做出决定。父亲之后进入角色，可能会与母亲保持一致，也有可能与其产生冲突：要么变本加厉让母亲诅咒孩子，要么减轻诅咒。

孩子一般会记得自己年幼时对结局指令的反应，但他们并不会大声表达。

如母亲对儿子说："你简直跟你爸一模一样。"（父亲离婚了，自己一个人住。）儿子会想：太好了，爸爸是个聪明人。

如父亲对女儿说："你最后就会和你阿姨一个下场。"（母亲的妹妹，进了精神病院或自杀了。）女儿会想：那就如你所说的那样。

孩子是非常能容忍的，只有在经受亲人几十次甚至上百次这样的指责后，他才会决定遵循他们的指令。一位来自问题家庭、得不到父母支持的女孩，清晰地记得她做出最终决定的那一天。当时她13岁，兄弟们把她带出去让她做各种性表演来取悦他们。当她做完之后，兄弟们就开始嘲笑她、议论她。他们确信她在未来要么沦为妓女，要么变成疯子。她认真思考了一整晚，在第二天早上决定疯掉，没过多久她就真的疯了，而且持续了很多年。她的解释很简单："我不想做妓女。"

虽然父母给予并决定孩子的脚本结局，但如果孩子不接受，它就不会发挥作用。孩子在接受父母给定的结局时不会像总统在麦迪逊大道上宣布就职典礼那样大张旗鼓，但他至少会大胆地说一次。如"当我长大后我要像妈妈一样"，或者"等我长大了，我要做爸爸做过的事"，或者"我希望我已经死了"。我们需要询问患者："在你小时候，你决定要做什么？"如果他给出的是一个惯常的回答（"我想成为一名消防员"），我们需要进一步确认："我的意思是说，你想成为怎样的一名消防员？"人们在最初决定自己的人生结局时通常还很年幼，无法记起更多，因此在面临该问题时，很难给出期望的答案，不过我们可以根据患者后来的人生经历进行推断。

B. 禁令

现实生活中的禁令并不能像魔法一样快速发挥作用，它取决于人类心智的生理特性。仅说一次"不要吃那些苹果"或者"别打开那个箱子"是不够的。任何火星人都知道以这种方式下达的禁令只会激起孩子的挑战欲。如果希望孩子牢牢记住这条禁令，就需要经常重复它，孩子违反一次就要给予其惩罚。不过也有例外，如受到严重虐待的孩子，仅仅一次这样的经历就可能使他对这个禁令铭记一生。

禁令在脚本装置中至关重要，强度不同，可以像游戏一样分为一级、二级和三级。不同层级会产生不同类型的人：胜利者、非胜利者和失败者。（我们会在后文对这些概念进行详述。非胜利者是指既不赢也不输，只是设法达到平局的人。）一级禁令（社会认可、温和的）是直接的指示，通过认可与不认可来得以强化。（如"你一直都很温婉安静。""不要太有野心。"）带有这些禁令的人仍有可能成为胜利者。二级禁令（隐晦、强硬的）是隐性的指令，通过诱人的微笑和威胁性的皱眉来间接传递信息，这一层级的禁令最容易产生非胜利者。（如"不要告诉你父亲。""闭上你的嘴。"）三级禁令（粗暴、苛刻的）是因恐惧而产生的不合理的禁言，大声尖叫、面目狰狞、恶意攻击。(如"我要把你那该死的牙齿敲碎。")这一等级的禁令最能产生失败者。

禁令就像人生结局,结婚后双方父母的干预会使其更为复杂。如一方父母可能会说"别表现得那么聪明!"另一方却会说"别表现得那么傻。"这种矛盾的禁令会使双方陷入困境。不过,大部分已婚者的禁令是一致的。正如一方说"不要表现得那么聪明!"另一方说:"安静点,不然我就打爆你的头!"这便导致了他们婚姻的不幸。

孩子们从小就受到禁言的影响,那时的父母对孩子来说是具有魔力的人物。母亲对孩子发出禁令(她的控制型"父母"或控制型"儿童"发挥作用)。如果母亲是慈爱的,通常被称为"仙女教母",反之则被称为"女巫母亲"①。在某些情况下,用"母亲疯狂的儿童"命名似乎更适合。同样,"控制型父亲"被称作"愉快的绿巨人""丑陋的巨魔"或"父亲疯狂的儿童"也很合适。

---

① 仙女教母和女巫母亲,"类似于电极"的内化对象,源自人际沟通和内省观察,梅兰·克莱(Melaine Klein)能很快地从精神分析的基础上去辨认其好坏,费尔贝恩(Fairbairn)对其概念的阐述也具有一致性。事实上,费尔贝恩是将人际沟通分析和精神分析结合的重要人物之一。

Klein, M. *The Psychoanalysis of Children.* Hogarth Press, London, 1932.

Fairbairn, W. R. D. *The Object-Relations Theory of Personality.* Basic Books, New York, 1954.

从文学的角度看,这一切都令人失望。它与华兹华斯(Wordsworth)提出的观点有所不同,与弗朗西斯·汤普森的那句"每个孩子的灵魂中都有一位仙女般的教母"也不一致,他们的灵魂深处还存在着一位不那么仁慈的导师。

Cf. Sharpe, E. F. "Francis Thompson: A Psycho-Analytical Study," in her *Collected Papers on Psycho-Analysis.* Hogarth Press, London, 1950.

C. 引诱

挑逗或引诱是导致人成为好色之徒、瘾君子、罪犯、赌徒和其他失败脚本所有者的原因。对于男孩来说，引诱就像在现实生活中逼真地上演了《奥德赛》（*Odyssey*）的剧情，他是尤利西斯（Ulysses），母亲就像引诱他走向毁灭的海妖塞壬（Siren）[1]，或像能把他变成一头猪的喀尔刻（Circe）[2]。

对于女孩来说，引诱的父亲就像老色鬼。孩子在年幼时，父母就开始诱导他们成为失败者："他肯定很笨，哈哈"，或者"她肯定是个没用的家伙，哈哈"。孩子稍大些，他们就针对更加具体的事情对其冷嘲热讽，"他总是敲自己的脑袋，哈哈"，或者"她总是弄丢自己的裤子，哈哈"。在青少年时期，诱导表现在个人沟通中，"好好看看，宝贝"（父亲对孩子说这句话时可能是无意，也可能是有意的），"喝一杯""机会来了""全喝了，没什么差别的"，每句话都伴随着"哈哈"。

引诱是"父母"在重要时刻对"儿童"的轻声低语：一直想着性或金钱有关的事吧，这没有什么不合适的。"来吧，宝贝。你又有什么损失呢？"这些话来自"父母"的心魔，心魔是"儿童"的回应。然后"父母"会很快转换态度，耶德没反应过来摔了个四脚朝天。此时，幸灾乐祸的"父母"会说"你又这样了"，耶德带着"尴尬的笑容"回答"哈哈"。

---

[1] 女海妖用美妙的歌声诱惑船上的海员，从而使船只在岛屿周围触礁沉没，塞壬是其中之一。尤利西斯为了抵挡海妖塞壬的歌声诱惑，让同伴把自己绑缚在搅杆上，并且用蜡封住耳朵。——译者注

[2] 在《奥德赛》故事中，奥德修斯一行人来到艾尤岛，喀尔刻邀请他的船员到岛上饱餐一顿，却在食物中放入药水。那些船员们吃下食物后就被变成了猪。——译者注

引诱发生在孩子年幼的时候，这会给他们造成一定的情绪困扰。父母对孩子的占有欲会转移到其他事情上。这种欲望一旦固化，就会变成一种情感障碍。

D. 电极

引诱源自父亲或母亲的"儿童"，并植入孩子的"父母"（见图7中耶德的PC）。它像电极中的"正极"，能产生一系列自动化的反应。当耶德头脑中的"父母"（PC）触动按钮，不管他是否愿意，都会不自觉地产生一些反应。他开始说傻话，表现得很迟钝，又去喝了一杯，或者把身家都押在下一场比赛上，哈哈哈。相比之下，禁令源自哪里并不是那么清楚，但作为"负极"，它也植入孩子的"父母"（PC）。这让耶德无法做某些事情，比如，清楚地表达或思考，或者使其抑制住性兴奋或想要大笑的强烈欲望。很多人都知道在性兴奋过程中突然兴致骤无，很多人见过刚想露出笑容又突然绷起脸的人，此类人表现得就像其大脑里有一个开关却被人突然关掉了一样。由于引诱与禁令具有这样的效果，因此我们将孩子的"父母"（PC）称为"电极"。

电极的名称源于一位名叫诺维尔（Norvil）的患者，此人在团体治疗中总是紧张地坐着一动不动，除非被人搭话。届时他能以一大串陈词滥调进行回答（"诺维尔终于说了些什么，哈哈"），之后又恢复原状。很快人们便了解到，他的表现受头脑中严厉的父亲的"父母"操纵，"一动不动地坐着"是他按钮关闭了，而"说话"是开启按钮。诺维在一个实验室工作，他本人也非常震惊自己竟和大脑里插了电极的动物一样做出类似的反应。

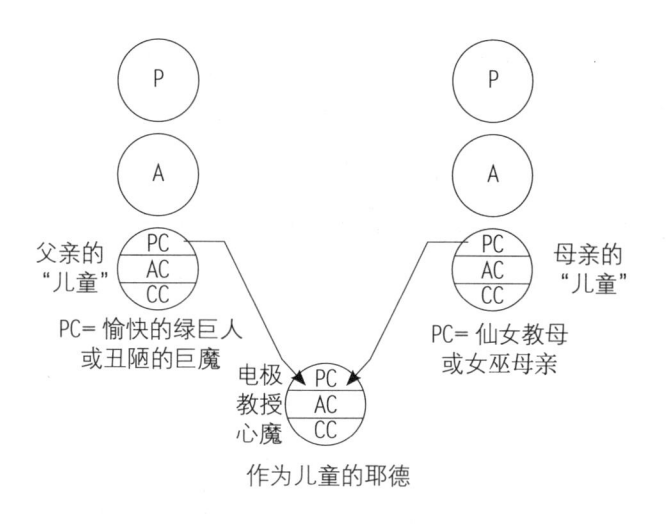

```
     P                    P
     A                    A
父亲的  PC             PC   母亲的
"儿童"  AC             AC   "儿童"
        CC             CC
 PC=愉快的绿巨人      PC=仙女教母
 或丑陋的巨魔          或女巫母亲
            电极 PC
            教授 AC
            心魔 CC
         作为儿童的耶德
```

图 7　脚本禁令的起源和植入

电极对治疗师来说非常具有挑战性。他和患者的"父母"必须协同以平衡电极，从而使患者的"儿童"在反抗父母为他们规划人生以及违抗父母后感到威胁时能自由生活，自发回应。即使父母对孩子的控制比较少，治疗也是相当困难的。如果禁令来自面目狰狞的"女巫母亲"或"绿巨人"，而他们用刺耳的声音击穿孩子的内心防御，殴打孩子的脸部和头部，以此进行羞辱和恐吓，那么治疗则需花费巨大的精力。

E. 口袋与事物

如果孩子被束缚于冲突控制下，他可能只能找到一种自我表达的方法。然后，他只能被迫做出那种行为或反应，不管这种行为有多么不得体。周围人可以明显看出他是对头脑中的事件而非现实情况做出反应。然后我们就说，他是被装在袋子里的人。如果这个袋子由拥有天赋能力或胜利者结局指令的人控制，那么被装在袋子里的人可能是胜利者。但在多数情况下，被装在里面的人是失败者,因为他们的行为缺乏适应性。当一个人从袋子(有时也叫称"容器")中挣脱出来后,他会立即开始做他自己的事,即那些他一直最想做的事。如果他做的事恰好具有适应性,并且他能用"成人"的理性控制自己,他最后也可能成为胜利者。但如果他过度放纵,最终只能成为失败者。事实上,当一个人挣脱袋子,开始做自己的事时,结局指令会决定他是理智做事以成为胜利者,还是过度行事以成为失败者。然而,他也可以将结局指令连同受父母控制的脚本结构都丢在袋子里,做真正的自己,主宰自己的命运。但如果缺少旁人客观的评价,耶德很难知道自己是否获得真正的独立,自己是否只是一个愤怒的反叛者,抑或是跳出一个袋子却又跳入一个瓶子、接着又是否被盖上了瓶塞的精神分裂症患者。

F. 生存法则

自然型"父母"(不同于控制型"父母")在某种程度上有一种养育和保护孩子的生物本能。父母双方无论自身存在什么问题,但内心都希望耶德能够安好。他们可能见识少,但自然型"父母"对孩子总是充满善意,至少不会伤害孩子。他们以自己的世界观和人生观去激励耶德,希望他获得幸福与成功。他们把祖父母教授的社会生存法则传授给他,比如,"要努力工作!""做个乖女孩!""要省钱!""要守时!"这些是中产阶级常说的生存法则。不过每个家庭又有其特别之处,比如,"不能吃淀粉!""不能用公用马桶!""每天吃一次通便剂!"和"不要去卡中间的牌!"这些是最好的生存法则,因为它们具有禅的意味:无论在字面意义上还是在其深层含义上,它们都可以很好地反映火星人的思维,并在意想不到的时候派上用场。

既然生存法则源自养育型"父母",脚本控制源自控制型"父母"或疯狂的"儿童",那么两者之间的冲突便不可避免。此处,冲突主要分为内部和外部两种类型。内部冲突来自同一个父母的不同自我状态,就好像父亲的"父母"说"把你的钱存起来!"而父亲的"儿童"说"把钱都投到下一注里!"但如果父母中的一方说"把你的钱存起来",而另一方却暗示你把钱赌光,那就是一种外部冲突。

在很小的时候,孩子就已经知道并受到脚本控制的影响,而反脚本口号在他们更大的时候才发挥作用。如耶德在2岁时就明白了"不许动它!"这个禁令,却不知道"要省钱!"这一禁令,直至进入少年期需要花钱买东西时,他才理解后者的含义。孩子幼年时就受到其母亲带来的脚本控制。那时,母亲在他们眼里是具有魔力的人物,她们的指责也具有威慑性和持久性。而生存法则一般仅以建议的形式由勤劳善良的家庭主妇告知孩子。

脚本控制与生存法则之间没有什么可比性,如果两者存在正面冲突,脚本控制必然会获胜,除非有如治疗师等其他因素的介入。另外,两者也难以比较:正如孩子所了解的,个体在现实生活中会表现得如脚本所言的那样笨手笨脚。而反脚本以孩子的成长经历来看通常并不是那么固守成规,他可能见过通过遵循需要努力、当乖女孩、省钱守时这些脚本而获得幸福之人,但可能没见过通过遵循不吃淀粉、不上公厕、吃通便剂等反脚本口号而获得幸福之人。

治疗师认为脚本与反脚本之间的选择可以解释患者始于童年早期时的困惑。他们也许会问:"那为什么整个高中阶段我都是正常的呢?"答案是，他们在高中时期遵循的是反脚本，某些事件的发生，才能导致"脚本爆发"。这"至少"是一种解释，虽未从本质上解决问题，但至少指明了看待问题的思路。

当试图同时执行坏脚本以及好的反脚本时，可能会做出一些奇怪的行为。比如，一个女孩，她那父亲愤怒的"父母"经常咒骂她："去死吧！"而她那母亲焦虑的"父母"一直叮嘱她要穿橡胶鞋，这样她便不会把脚弄湿了。所以当她从桥上跳下来时，她穿着她的橡胶鞋。（她因此幸存下来。）

反脚本决定了一个人的生活方式，而脚本控制决定了他最终的命运。如果两者一致，那么它们将成为众多脚本和反脚本中不甚起眼的部分。但如果它们是冲突的，则可能带来令人惊讶的结果，并成为头版头条。例如，一位努力工作的教堂执事最终成为议会主席，他的结局可能是工作30年后退休，或因挪用公款而入狱。一位忠贞的家庭主妇成为年度最佳母亲，她的结局可能是和丈夫一起庆祝金婚，也可能选择去跳楼。正如嬉皮士所言，在这个世界上好像有两类人：真实的人和虚假的人。前者自我主宰命运，而后者依靠幸运签语饼做决定。

"幸运签语饼理论"指每个孩子都可以从家庭这个碗中得到两块签饼：一块是方方正正的，一块是参差不齐的。方方正正的那块代表一些口号，如"要努力！"或"坚持住！"而参差不齐的那块代表一些脚本玩笑，如"忘了你的家庭作业"或"表现得笨一点"。除非孩子扔掉这两块幸运签语饼，否则他的生活方式和最终命运早已被书写。

G. 父母榜样

培养淑女，先向祖母看齐；同样，沦为精神分裂症患者，亦先受到祖母影响。只有母亲教给佐伊（Zoe）（耶德的姐姐）一些必备知识，她才能成为一个淑女。与多数女孩一样，她必须从小学习模仿如何微笑、如何走路、如何就座。长大一些，母亲会口头指导她如何着装，如何与周围的人相处及如何优雅地说"不"。对于这些事情，父亲也许也能提供一些建议，不过对女孩来说，如何处理与父亲的关系也需要女性的指导。父亲可能会对孩子施加控制，而母亲则会提供榜样，并在"成人"下指导她们如何执行。图 8 是一位名叫佐伊的美丽淑女的脚本矩阵。佐伊最后是选择踏上淑女之路还是冲破一切教条束缚，既取决于其脚本要求，也取决于她自己的决定。她可能被允许拥有适度的性生活或饮酒，但是如果有一天，她突然变得更加活跃，是因为她打破了脚本，抑或是仅仅因为她禁不住引诱呢？她的父亲在第一种情况下可能会说（正如火星人所说的）："别，别，别那么粗鲁！"在第二种情况下（他暗地里可能自言自语）则会说："现在我的小姑娘终于有点活力了，哈哈，她不再那么拘谨了！"

另外，如果佐伊的母亲做不到优雅就座，不会穿衣打扮，无法展现女性气质，那么佐伊很可能也会如此。对于母亲患有精神分裂症的女孩，又或是幼年丧母的女孩来说，情况亦是如此，因为她们缺乏学习榜样。"当我早上起床时，我甚至无法决定要穿什么衣服。"一个患有偏执型精神分裂症的女孩如是说道，她的母亲早在她 4 岁时就去世了。

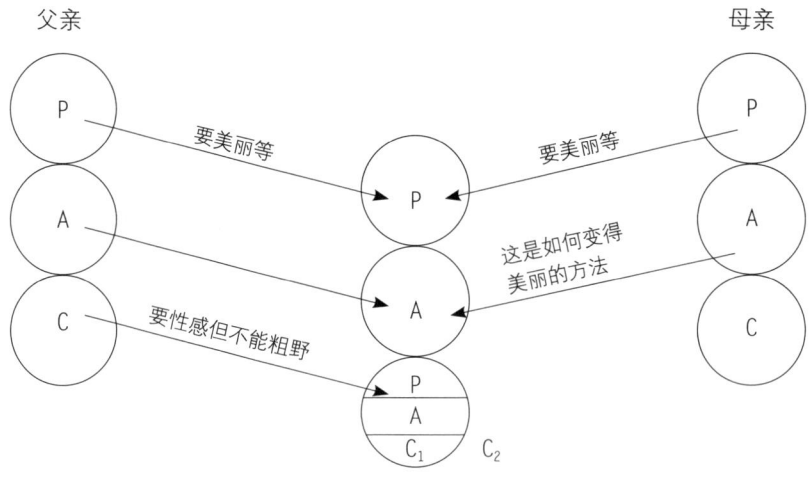

图 8 美丽的淑女佐伊

图中标注：
- 父亲 P → 要美丽等 → P ← 要美丽等 ← 母亲 P
- 父亲 A → A ← 这是如何变得美丽的方法 ← 母亲 A
- 父亲 C → 要性感但不能粗野 →
- 下方小圆：P / A / C_1，C_2

对于男孩来说，脚本和父母的榜样在很大程度上会影响其职业选择。在耶德还是孩子时，他可能会说："长大后，我想成为像父亲一样的律师（警察）。"但他并非总能如愿。是否可以效仿父亲，还取决于母亲的影响，如母亲会对孩子说："要像（不要像）你父亲那样从事风险大、需要雷厉风行的工作。"母亲的这些控制就像脚本控制，并不会影响孩子对特定职业的选择，而会影响其对职业类型的选择（在本例中，这一选择可以是正当的或不正当的、危险的或安全的等）。但无论母亲支持还是反对，父亲都为孩子提供了示范榜样。

如果耶德从事与父亲一样的工作，从表面看，他违背了他母亲的意愿，但这可能是真正的反抗，也可能只是对立脚本。另一方面看，母亲存在三种自我状态："父母""成人"以及"儿童"。耶德可能违背了母亲的"父母"或"成人"表达出来的愿望，但却回应了母亲的"儿童"无言但明显的喜悦之情。当小男孩注意到母亲全神贯注地听父亲讲述他最近的冒险经历时，对立脚本的控制开始发挥作用。父亲对佐伊的控制亦是如此。他的"父母"

或"成人"可能一直在告诫佐伊不要怀孕，但当得知佐伊的同学怀孕时，他表现出孩子般的新奇与愉悦。佐伊很可能会遵循父亲的这种"引诱"，尤其在母亲为她提供前车之鉴即婚外生下佐伊的情况下。

有时矩阵是颠倒的，但在多数情况下，控制来自父母中与孩子异性的一方，而榜样则来自父母中与孩子同性的一方。在任何情况下，榜样的作用在最后都会展现出来，这也是所有脚本指令的最终归宿。

H. 心魔

心魔会在人们生活中捣乱，会变成心理治疗的隐患。无论耶德计划得多么周全，心魔通常会微笑或哈哈大笑，关键时刻进来搞乱他的计划。而且，不管治疗师制订了多好的治疗计划，患者总是占上风。这就好比治疗师在与患者玩牌时拿到四个 A 的好牌，而耶德却打出更胜一筹的王牌，他的心魔在此局大获全胜。之后，耶德高兴地跳着离开了，留下治疗师一人翻阅纸牌，试图弄清楚究竟发生了什么事。

即使治疗师做足准备，他也可能面临束手无策的情形。正如治疗师事先知道，在耶德将石头推至山顶时，心魔会分散其注意力，使他失手以至于石头一路滚回山底。可能也有他人了解这一情况，但是心魔早已开始行动，以免耶德受到任何人的干扰。因此患者在治疗过程中会失约，或渐渐疏远治疗师，如果再有人对他施压，他就干脆放弃治疗。之后，他可能会像西西弗斯国王一样再次回来，不过不是变得更加明智，而是变得更加悲伤，甚至再也感受不到欢乐。

心魔在孩子很小的时候出现，那时耶德还需坐在高脚椅上吃饭。他会把食物撒在地板上，脸上洋溢着笑容，等着看父母的反应。如果父母表现友善，心魔就会继续恶作剧，做出更加荒诞无稽的事。如果受到父母打压，心魔会先隐藏起来，趁父母一不留神时再跳出来，就像耶德最初搅乱他的食物一样打乱他的生活。

I. 许可

人们常常用响亮而又清晰的声音说出否定的话，并决意执行，而肯定的话语往往像雨滴般落入生命的溪流，几乎听不到声音，只能泛起一丝涟漪。如"需要努力"通常见于教科书中，而"别偷懒"才是家中经常听到的话。"永远守时"是一句教育格言，而"别迟到"才是日常生活中更易听到的话。"别傻了"比"变得聪明！"也更常被人们在生活中提及。

因此，结果表明大多数编程以否定形式出现。每位父母都以这样的禁令约束孩子，不过他们也会给予孩子许可。禁令阻碍了孩子对环境的适应能力（造成非适应性），而许可则给予孩子自由选择的空间。许可不会给孩子造成困扰，因为它们并没有任何强制性。真正的许可只出现在钓鱼许可证这样的执照中。拥有钓鱼许可证的孩子不必非得钓鱼，而是随心所欲，在自己想去、环境又允许的情况下选择钓鱼。

需要再次强调的是，美丽（如还有成功）跟生理特征无关，但与父母的许可息息相关。生理特征只能使一个人看起来漂亮或容易上镜，而父亲的笑容才能使一个女人由内而外散发出美丽的光芒。孩子们会为了某人而去做事。男孩会为了母亲而变得聪明机智、热爱运动或者成为成功人士，女孩则会为了父亲而变得聪慧美丽、绰约多姿。反之，男孩也会为了他的父母变得愚蠢、脆弱或笨拙，女孩也会为了父母而变得愚蠢、丑陋或冷漠。需要补充的是，如果他们想要变好，他们必须以某人为榜样进行学习。脚本装置的真正内涵就是为某些人做事以及向某些人学习。如上所述，孩子通常是为了父母中与自己异性的一方做事，向父母中与自己同性的一方学习。

许可是脚本分析者的主要治疗手段，因为许可为局外人提供了唯一机会，使患者摆脱其父母的诅咒。治疗师通过说"这样做没关系"或"你不必这样做"来给予患者的"儿童"一种许可。这两种说法都是让"父母"不要去干扰他。许可划分为肯定式和否定式两种类型。肯定式许可（也称许可证）取消了禁令，"不要干扰他"指"让他自己做！"否定式许可（也称外部解除）抑制了引诱，"不要干扰他"指"不要把他推入其中！"有些许可既可以被看作肯定式许可，亦可被视为否定式许可，特别是在对立脚本中。如王子在树林里亲吻睡美人这一举动既为她提供了醒来的许可证，也解除了女巫的诅咒。

对于个体来说，至关重要的许可之一是不再表现得愚钝、可以开始独立思考。许多老年患者从幼年起就没有独立思考过，他们已经完全忘记思考的感觉，甚至忘记思考意味着什么。不过，在适时获得许可后，他们还是可以思考，哪怕是 65 岁或 70 岁，当他们大声说出成年后第一次观察思考的结果后，他们仍会非常高兴。为了让患者得到思考的许可，通常需要去除先前治疗师对他的影响。其中一些患者在精神病院或诊所待了数年，在那里，哪怕其有一丝轻微的想要独立思考的念头，都会遭到工作人员的强烈抵制。他们被灌输的理念是，思考实际上是一种"理智化"的罪恶，因此他们必须迅速忏悔且保证不再沉湎于此。

许多上瘾和痴迷的行为是在父母的诱导下引发的。许可作为治疗手段的想法源于一名赌徒，他说："我不需要有人劝我戒赌，我需要的是有人给我一个停下来的'许可'，因为我脑海里有一个声音告诉我不能停下来。"

耶德的行为方式由于他获得许可而变得更加灵活，而不是被脚本中的口号与控制束缚，做出固化反应。这与"放任型养育"没有关系，因为放任型养育中也有很多束缚。最为重要的许可是可以去爱，可以去改变，可以把事情做好。一个得到很多许可的人与一个处处受限的人一样容易成为焦点。"他当然可以思考""她当然可以让自己美丽""他们当然可以享受生活"，这些都是火星人表达仰慕之情的方式。

（脚本分析的前沿研究之一主要是通过观察幼儿的眼动对许可做更深一步的探究。在某些情况下，孩子会斜着眼睛看父母，看他们是否可以获得做某事的"许可"；在另外一些情况下，他似乎可以"自由"地按照自己的意愿行事，而不必征求父母的意见。通过观察与仔细评估，可能会发现"许可"与"自由"之间的显著差异。）

J. 内部解除

破除咒语或称内部解除，是解除禁令、将人从他的脚本中解放出来的元素，可以满足其自主意愿。它可以对脚本中的预设情况进行"自我摧毁"，在某些人的脚本中可以明显地发现，而在另一些人的脚本中则需仔细寻找或解码，就好像古希腊的德尔斐神谕（Delphic oracle）。临床方面对内部解除的了解较少，人们亦是因无法获悉而前来求诊，但治疗师并不只是等待或尝试寻找。例如，在"等待僵尸"或称"睡美人"的脚本中，患者认为只有等到带着金苹果的王子，她才能苏醒过来。她很可能觉得治疗师就是那个王子。但是出于伦理道德的考虑，治疗师拒绝了这份所谓的荣耀。但由于前一个治疗师（没有执照的）接受了这份荣耀，他对于患者而言便不再是王子。

有时，破除咒语就是带有讽刺意味的话语。在失败者脚本中，这种情况非常普遍，如"你死了之后，事情才会变得更好。"

内部解除可能以事件为中心或以时间为中心。"当你遇到王子时""在打斗中你死了之后"或"在你有了三个孩子之后"都是以事件为中心的对立脚本。而"当你过了你父亲去世的那个年龄"或"等你在公司待了30年之后"都是以时间为中心的。

下面是一个在临床实践中出现内部解除的案例。

恰克（Chuck）

恰克是落基山脉偏远地区的一名全科医生（当地方圆几英里内没有别的医生）。他没日没夜地工作，但是无论多么努力，都始终没能赚到足够的钱养活一大家子人，而且还总欠银行的债。长期以来，他一直在医学杂志上打广告，试图寻求合作伙伴以减轻压力，但他坚持认为，合适的人选还没有出现。他在田野里、家里、医院里，有时遇到突发情况甚至在悬崖峭壁旁为人做手术。他虽精明能干，但也被弄得精疲力竭。由于和妻子遇到了感情问题，自己的血压也在逐渐升高，于是他便和妻子一起前来接受治疗。

最后，他发现了不远处有一所大学的附属医院，里面有一些人想从全科医生转为专科医生。这次，他终于找到可以代替他做乡村医生的人了。他放弃了原来那份繁杂但报酬颇丰的工作，做了一名住院外科医生，领取固定的酬劳，这时他发现自己的收入足以维持家庭开支。

"我一直想过这样的生活，"他说，"但我一直认为只有我得了冠心病，才能摆脱操控我的父亲的'父母'。但我现在没有冠心病，这是我人生中最幸福的时刻。"

显然，他的破除咒语是冠心病，他一直认为这是摆脱困境的唯一方法。但在团体的帮助下，他健康且成功地摆脱了他的脚本。

恰克的例子简单明了地展现了整个脚本装置的运作方式，我们在图9的"脚本矩阵"中加以呈现。来自父母的反脚本告诉他："要努力工作。"父亲为他树立了努力工作的医生的榜样。母亲对他的禁令是："永不放弃，努力工作，直到你生命终止。"但父亲给予他一个破除咒语："如果你得了冠心病，就可以放松了，哈哈。"他需要的治疗是进入他脑中不断发出这些指令声音，通过给予许可来解除禁令："你不用得冠心病，也可以放松。"当许可打破了脚本装置中预设的情况后，诅咒便可以消除。

需要注意的是，对他说"如果你继续这样下去，会得冠心病的"是不奏效的。原因有以下几点：（1）他很清楚健康问题带给他的威胁，再次告诉他只会使他感到更加痛苦。（2）他想得冠心病，因为这样他无论如何都能活下来。他需要的不是威胁，也不是命令（他脑子里已经有了足够多的命令），而是一种能够让他从各种命令中获得解脱的许可。之后，他就不再是脚本的受害者，而是自己的主人，能够做自己想做的事。现在，他仍然努力工作，并且仍然以父亲为榜样，但不再受脚本限制而过度工作，也不会受脚本驱使而走向死亡。50岁时，他可以随心所欲地去实现自己的愿望，做自己的主人。

父亲　　　　　　　　　　　　　母亲

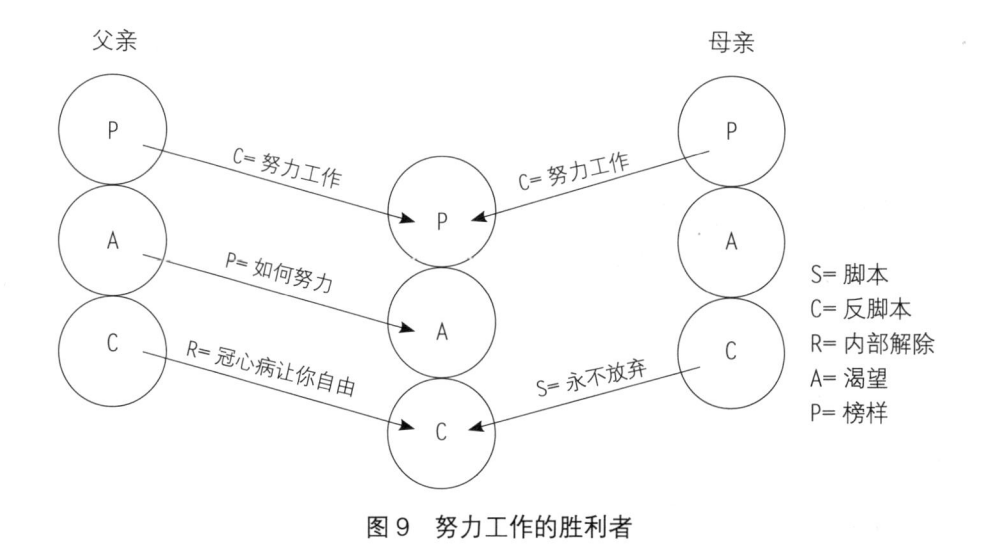

```
P ──C=努力工作──→ P ←──C=努力工作── P
A ──P=如何努力──→ A                  A
C ──R=冠心病让你自由→ C ←──S=永不放弃── C
```

S= 脚本
C= 反脚本
R= 内部解除
A= 渴望
P= 榜样

图9　努力工作的胜利者

K. 脚本事件

脚本事件（The Script Equipment）是脚本装置中的基本要素，像一个用于自己动手做（DIY）的工具箱，其内容的一部分由父母提供，另一部分由孩子自己提供。

克莱曼婷（Clementine）

克莱曼婷因为一段不愉快的恋情而感到非常沮丧。一方面，她不敢对恋人坦白，因为担心因此失去他。另一方面，她又担心因自己不坦率而失去他。其实也没有什么糟糕的事，她就是不想让恋人知道她对他的感情有多么炽热。内心的冲突使她时而冷漠，时而恐慌。谈起这件事，她就感到心烦意乱、手足无措。

她的父母对此是怎么说的呢？父亲会说："别着急。别失去了理智。"

而她妈妈呢？"他在利用你。不要太依赖他。他迟早会走的。你们不合适。"接着她讲述了一段自己的经历。

很小的时候，一个正值青春期的叔叔和她发生了性关系，勾起了她的性欲。她从未告诉过她的父母。一天，她正在洗澡，父亲夸她非常可爱。那时家里恰巧来了几个客人，父亲就把裸体的她举起来让他们看。其中一位就是那个叔叔。这时她的反应是什么呢？"我就想躲起来。我就想躲起来。""天哪，他们会发现我做了什么。"她对她父亲的所作所为有什么想法？"我真想踢他。"其中有什么可以哈哈的吗？"有，在我内心深处是有的。这是一个秘密。最糟的是，尽管我有很多复杂情绪，但我知道在我心底，我喜欢这件事。"

从这些反应中，克莱曼婷建构了自己的脚本，即在拥有炽热的情感后躲藏起来。然而与此同时，她也想结婚，维持婚姻，并生育孩子。

1. 她从父亲那里获得两个反脚本的口号："别着急"和"别失去了理智"，这些都符合她结婚成家的愿望。

2. 她从母亲那里获得五个禁令，这些都可以归为"不要依赖任何人"。

3. 她的叔叔给她以一种强烈炽热的性诱惑，而她父亲把裸体的她举起又加强了这种诱惑。

4. 在她的一生中，来自"父母"心魔的引诱与挑逗不断强化她自己的心魔。

5. 其中有一个关于内部解除的强烈暗示：耳熟能详的带着金苹果的王子——与父亲不一样；如果她可以找到一个的话就好了。

有趣的是，她在一次会面中讲出了所有的事。就好像有些人议论的那样，此事众人皆知，她好像非常开心。

L. 渴望与对话

耶德虽然被困在自己脚本装置织成的网中，但他仍有自己渴望的事。在闲暇时，他会做做白日梦，晚上临睡前，他也会幻想一些自己梦寐以求的事：今早，他本该做一些勇敢的事，或幻想一下未来宁静安逸的生活。所有的男人和女人都有自己的秘密花园，他们守卫着大门，以防卑俗之人的亵渎和入侵。这些秘密花园都是视觉画面，呈现出随心所欲想做就能做的事。幸运的人在对的时间、对的地点，和对的人做着这些事，而不幸的人只能在花园的高墙外愁眉不展、徘徊闲逛。这也是本书想讨论的话题：墙外会发生些什么，在墙外与他人的互动可能会如沐春风，也有可能会引火烧身。

人们脑海里幻想所做的事情会呈现在视觉画面中，这些画面就像一部自制的生活纪录片。他们内心的声音决定着他们会去做什么，是发生在大脑中的内部对话。他们说的每句话，做出的每个脚本决定都是这些对话的结果："母亲""父亲"及"成人"不断地说"你最好……"于是深陷于这些指令的"儿童"试图冲破束缚做自己想做的事。没有人能确切知道我们大脑幽深的沟回里究竟储存了多少对话，也无从知晓其数量之大、令人惊叹、几乎没有穷尽。所有问题的答案都存在于这些对话中，甚至是那些我们做梦都没有想过的问题。如果按下了正确的按钮，有时这些答案会以诗意的形式倾泻而出。

现在请用左手握住右手的食指。你的手在对你的手指说什么？手指又有什么话要说？如果你做得好，很快就会发现它们之间展开了一场生动而有意义的对话。令人惊奇的是，这些对话其实一直存在，身体的其他部位亦是如此，至少有几百个这样的对话。如果你感冒了，胃不舒服，感觉在翻滚一样，此时你会对鼻塞的鼻子说什么呢？如果你坐在那里，脚不停地摆动，脚会对你说些什么呢？问它，它就会回答。这些对话就存在于你的脑海里。对话的发现者是格式塔疗法的创始人 F. S. 皮尔斯（F. S. Peris）。同样，你所有的决定都是由脑海里的四五个人做出的。如果你足够自信不想听这些心声，你可以忽略。但是下次想听时，你就能听到。脚本分析师知道如何放大和辨识这些声音，这是他们治疗中的一个重要部分。

脚本分析的目标是使耶德和佐伊不被束缚，可以向世界敞开拥有自己渴望与抱负的花园大门。我们需要切断他们脑海里的各种嘈杂声，直至"儿童"说："但这就是我想做的，我要以我自己的方式来做。"

M. 胜利者

胜利者也是编程的一部分。不同的是，他们获得的不是诅咒而是祝福，如"长命百岁！"或"做一个伟大的人。"给出的禁令是适应性的而不是限制性的，如"不要那么自私！"得到的引诱如"干得漂亮！"虽然他们的脚本控制都是出于善意，也有获得一定的许可，但在其起初大脑的黑暗沟回里，仍存在需要对付的心魔。不过如果心魔是其朋友而非敌人，亦可以帮助他成功。

N. 人人都有脚本吗？

目前，还无法肯定地回答这个问题，但可以肯定的是，每个人从幼年开始就被不同程度地编制好了脚本程序。正如前文所述，有些人可以通过外部环境的剧变获得自主，有些人可以通过内心想法的改变获得自主，还有一些人可以运用对立脚本来获得。关键在于他们得到的许可。耶德获得的许可越多，受脚本的约束就越少。换句话说，脚本控制越强，他被脚本束缚得就越严重。总体上，所有人可能构成一条曲线。一端是通过某种方式实现自主的人，另一端是受脚本束缚的人，大多数人处于两者中间，受环境或观点变化的影响。被脚本束缚的人有两类，一类是受脚本驱动的人，他们有很多许可，但在享受之前，必须满足脚本的要求。努力工作的人便是一个很好的例子，他可以在业余时间享受乐趣。另一类是受脚本折磨的人，他们获得的许可很少，因此必须不惜任何代价，几乎把所有时间都用在了执行脚本上。一个典型的例子是酗酒者或吸毒者，他们用最快的速度使自己走向死亡。受脚本折磨的人是悲剧式或破坏式脚本的受害者。不过，几乎所有人都在自己的脑海里听到过一次心魔的声音。如在需要卖出时告诉他要购买，在需要留下时告诉他要离开，在需要保持安静时告诉他要说话。①

O. 对立脚本

也有一些人反抗他们的脚本，显然做着与他们"本应该做的"相反的事。常见的例子有如"叛逆"的青少年以及说"我最不想做的事就是

---

① 当然，这个禁令与精神分析的超我具有相同的效果和起源，反脚本的口号亦是如此。心魔与本体的原始概念保持一致。情况大致如此：心魔本身，即冲动，是一种"本我冲动"。但从现象学上看，心魔是一种活生生的声音。这是深入孩子内心的真正父母的声音（或者更确切地说，是父母内心心魔的声音）。它代表父母的本体说话，也代表仍然不会张口说话的孩子的本体说话。

关于"母亲疯狂的儿童"参见：Denenberg and Whimby, *Behavior of Adult Rats is Modified by the Experiences Their Mothers Had as Infants*。

像我妈妈一样"的女性。这类例子有多种可能性，需要仔细评估：(1)他们可能一直生活在反脚本中，公然反抗只是一次"脚本爆发"；(2)相反，他们可能一直生活在脚本中，现在只是转换到反脚本中；(3)他们可能发现了破除咒语，并从他们的脚本中获得了解放；(4)父母双方可能给予了他不同的脚本指令，或两对父母给予了他不同的指令，现在他正在从一个指令转换到另一个指令中；(5)他们只是遵从了一种特殊的脚本指令，就是反抗；(6)这个人可能是一个"脚本失败者"，遵从脚本的指令让他感到绝望，于是他选择了放弃。这是许多人患抑郁症或精神分裂症的原因；(7)还有一种情况是他们通过自己的努力或者治疗师的帮助，获得了自由，"脱离了自己的脚本"；(8)但需要仔细区分真正获得自由与"进入对立脚本"。列举这么多可能性是为了强调脚本分析师对患者的考虑必须十分全面，只有这样才能正确理解行为改变的真正原因。

对立脚本与埃里克森提出的"角色混乱"类似。[1]如果我们把脚本比作计算机的穿孔卡，那么把卡片翻过来就是对立脚本。虽然这是一个非常粗略的类比，但它说明了问题所在。如母亲说"不要喝酒"，耶德却喝酒；母亲说"要每天洗澡"，耶德却不洗；母亲说"不要想太多"，他却成天胡思乱想；母亲说"要好好学习"，他却辍学。总之，耶德完全就是在反抗。要准确了解耶德如何反抗、在哪里反抗，要诉诸父母对他的编程，因为他无论是反抗还是遵守指令都是已编程好的。因此，如果说"自由"是真正的反抗，那只是一种幻觉。这只是将父母编制的程序转了个方向，他仍然处于被编程的过程之中。这种翻转类似于将卡片调换了方向，而不是将卡片彻底撕毁，这就是所谓的对立脚本。对立脚本是一个非常值得继续深入研

---

[1] Erikson, E. *Identity and the Life Cycle, Loc. cit.*

究的领域。

P. 总结

失败者的脚本装置由禁令、引诱和诅咒三部分组成。它们构成脚本控制，在孩子 6 岁之前就已经扎根于其生活之中。为了反抗父母对他的脚本编程，他的心魔有时会提供一个内部解除的方法。之后，他慢慢了解了那些口号，并因此形成反脚本。自始至终，他都以父母为榜样，学习他们的行为方式，以此来更好地执行脚本或反脚本。胜利者拥有同样的脚本装置，但脚本编程更具适应性，使得他因为获得更多许可而变得更加自主。但是心魔存在于所有人内心深处，会带给他们骤然的喜悦或痛苦。

需要注意的是，虽然脚本控制是限定或约束，但对耶德的行为仅仅具有制约作用，而耶德从父母身上习得的行为方式及心理游戏使其学会如何规划时间。因此，脚本是一个完整的生活计划，既限制了行为，也提供了方法。

第 8 章　童年晚期

A. 脚本情节与英雄榜样

6 至 10 岁是童年晚期，精神分析学家将其称为"潜伏期"。这是一个"运动"阶段，① 孩子可以在附近到处走动，观察周围所能看到的东西。至今关于如何将自己的脚本事件结合在一起从而成为一个有人生目标的人，他只有一个粗略的想法即草案。他已经准备好从行为举止像人的动物转变为真正的人了。

一个刚开始想要长命百岁或永远关爱他人的孩子可能在五六年间② 改变主意，他可能决定要早早死去或不再冒险去爱任何人，虽然经验有限，但

---

① 引自 Erikson,E. *Childhood and Society*，第 81 页。

② 这里给出的时间安排，直至青春期，主要是基于成年病人的先前记忆和父母对他们的阐述，这主要是通过文本阅读来证实，极少通过对孩子的直接观察。大部分儿童精神病医生、幼儿园和小学教师，像那些参加旧金山人际沟通分析研讨会的人一样，都认为这个时间是可以接受的。

这个决定对于此时的他却是合适的。或者，他也可能从父母那里学到，生活与爱虽然充满冒险，但值得一试。一旦做了决定，他就会知道自己是谁，并开始带着这样的问题思考人生："我的人生会发生什么呢？"他其实知道自己的人生结局，但还不能理解其意义，也不知道亲身体验是什么感觉，以及如何获得这个结局。他需要找到使所有脚本事件都适应的某种情节或某种脚本矩阵，也需要找到英雄榜样为他指明方向。他还希望找到的是和自己有着相似脚本事件却走在不同的、或许更快乐的发展路径上的英雄榜样，以期找到解决脚本问题的方法。

他所读的故事书或者他所信赖的人（不论是母亲、祖母还是街上的孩子，或耐心教导的幼儿园教师）给他讲的故事都为他提供了脚本矩阵和英雄榜样。讲述本身其实就是一个故事，甚至比所讲的故事更真实动人。例如，从耶德的母亲对孩子说"等你刷完牙，我给你读个故事"到她微笑着说"就这些了！"然后把他塞进被子，这之间发生了什么？耶德最后问母亲的问题是什么？母亲是怎么给他盖被子的？期间发生的事有利于他规划自己的人生，而听到的或读到的故事则给他提供了未来人生发展的框架。最终包括的内容有：（a）英雄——一个他想成为的人；（b）恶人——一个他可能会找借口成为的人；（c）榜样——一个他知道自己必须成为的人；（d）情节——一系列使他从一个角色转换到一个角色的事件；（e）演员——一个促成他转换的人；（f）精神特质——一套使他感到生气、受伤、内疚、正义或成功的道德准则。如果外界环境允许，他的人生历程将依照他上述制订的人生计划展开。因此，知道他小时候最喜欢的故事或童话至关重要。这是他的脚本情节，隐含着他所有不切实际的幻想和可以避免的悲剧。

B. 扭曲

在此阶段，耶德需要确定之后要以何种情绪面对生活。之前，他也曾尝试愤怒、伤心、内疚、害怕、无能、正义和成功等，他发现家人对他的一些情绪表现要么漠不关心，要么坚决反对，但对某些情绪又欣然接受，做出回应。这是造成他情绪扭曲的原因之一。他经常表现的那种情绪，就像条件反射一样，可能会持续一生。

情绪转轮理论可以解释此现象。假设在一个中央广场周围建有36栋房子，广场上还有一个转轮，再假设那里的婴儿都是靠转轮旋转的数字降生到数字对应的第几栋房子。一台万能的电脑可以控制转轮的旋转，转轮中的小球掉到数字17，于是万能的电脑会宣布："下一个婴儿将降生到第17栋房子。"后面它又转了5次，数字分别是23、11、26、35和31，这五个孩子分别降生到数字对应的家里。十年后，每个孩子都在各自的家里学会了如何面对生活。如降生到第17栋房子的孩子学会了："在这个家中遇到困难时，我们感到愤怒。"降生到第23栋房子的孩子学会了："在这个家中遇到困难时，我们感到伤心。"降生到第11、26和35栋房子的孩子分别学会在困难面前感到内疚、害怕或无能。降生到第31栋房子的孩子则学会了"在这个家中，当遇到困难时，他们寻找解决办法"。显然，降生到第17、23、11、26和35栋房子的孩子很可能是失败者，而生到第31栋房子的孩子则可能成为胜利者。

但是如果万能的电脑在旋转时出现了栋数以外的数字或已经旋转过的数字，那会怎样？婴儿A也许不是去了第17栋房子，而是去了第11栋，那么，他将经常感到内疚而非愤怒。又如，降生到第23栋房子的婴儿B与降生到第 31 栋的婴儿 F 调换了位置，那么，婴儿 B 就不再是失败者，婴儿 F 也不再是胜利者，其输赢身份将发生逆转。

也就是说，除了受基因这个不确定的因素影响之外，人们最喜欢表达的情绪是从父母那里习得的。对于一个经常内疚的患者，如果降生到其他家庭，他可能会变得经常愤怒。然而，每个人在特定的情况下，都会为自己经常表达的情绪辩解，认为这个情绪是合乎自然、无法避免的。这也是组建治疗小组的原因之一。假设上述六个婴儿在 20 年后都参加了一个治疗小组，婴儿 A 讲起一件事情，并在结束时说："当然，我对这件事情感到很愤怒！"婴儿 B 会说："我会觉得很受伤。"婴儿 C 说："我可能会感到内疚。"婴儿 D 说："我会感到害怕。"婴儿 E 说："我会觉得自己很无能。"而婴儿 F（假设他此时已是一个治疗师）说："我会去寻找解决办法。"究竟哪个婴儿是对的？每个人都坚信自己说的是最"自然"的反应。但事实上没有一个人的反应是"自然"的，这些都是在他们童年早期就已习得或决定好的。

简单地说，几乎所有的愤怒、伤心、内疚、恐惧和无能都是因受父母的影响扭曲而成。在管理良好的治疗小组里，分辨扭曲与自然流露的情绪并不难。扭曲可以表现为任何一种情绪，某人在玩心理游戏时会经常表现出扭曲情绪，并把它作为游戏的结局。小组成员也可以很快辨识扭曲情绪，并预测何时哪个患者会收集愤怒的赠券，又有哪一个患者会收集受伤的赠券等。收集赠券是为了获得脚本结局。

治疗小组成员在得知自己遇到困难时所表现出来的情绪并非合乎自然、普遍存在以及无法避免时，他们很惊讶，尤其是那些处在愤怒这一扭曲情绪中的人在其情绪受到质疑时，会变得很愤怒。处在伤心这一扭曲情绪中的人亦是如此，他们会变得很伤心。

C. 赠券

心理"赠券"之所以如此命名，是因为它和人们在购买商品或汽油时获赠的蓝色、绿色或棕色赠券用法相同。以下是对商业赠券的一些观察。

1. 它们通常是正常商业交易过程中的赠品，即人们需要购买商品才能获得赠券。

2. 大多数赠券收集者都有自己偏爱的颜色。如果得到其他颜色的赠券，他们会懒得去拿，或者拿了以后再送人。然而，有些人会收集各种颜色的赠券。

3. 有些人每天都会将赠券粘在一个小本上，有些人每过一段时间就会粘一次，有些人会把它们扔在一边，等到闲来无事时，再把它们全粘起来。还有些人不会管这些赠券，直到某天需要时，才会拿出赠券并清点其数量，并且希望已经攒够数量，能从兑换商店里免费获得他们想要的商品。

4. 有些人喜欢一起谈论赠券，一起浏览商品目录，炫耀谁获得的赠券多，哪种颜色兑换的商品更好或更划算。

5. 有些人只攒少数赠券以兑换一些小物件；有些人则攒一大堆赠券，去兑换较大的物品；还有些人热衷于收集赠券，希望兑换到一个真正的大奖。

6. 有些人了解到赠券不是真的"免费券"，赠品的价格早已包含在购买的商品中；但有些人根本不会停下来去思考这个问题；还有些人明知这一点，但假装不知道，因为他们既享受积攒赠券的快乐，也享受免费获得赠品这种错觉带给他们的快乐。（有时，赠品的价格并没有加到所购商品之中，售货商不得不自己承担损失。但一般情况下都是顾客为赠券埋单。）

7. 有些人喜欢去无赠券商店购买商品，这样他可以省下买赠券的钱，并用这笔钱随时随地购买自己想要的东西。

8. 一些非常想要获得"免费"东西的人，可能还会去购买伪造的赠券。

9. 对于一个热衷积攒赠券的人来说，放弃积攒赠券是非常困难的事。他可能会把赠券放在一个抽屉里，暂时不管。但如果他在某些特别的商品交易活动中获得一大把赠券，他就会把之前积攒的所有赠券都拿出来，看看可以兑换什么。

而心理学上的赠券兑换的是沟通中的"扭曲"情绪。耶德小时候，他的父母就教会他在遇到困难时要如何去感受：最常见的是生气、伤心、内疚、害怕或无能；但有时是愚笨、困惑、惊讶、正义或胜利。当耶德学会利用某种情绪，并通过玩心理游戏尽可能多地收集他最喜欢的这种情绪时，它就成了扭曲情绪，部分原因是随着时间推移，这种喜欢的情绪会和性有关，或成为性欲的替代品。例如，许多"正当的"成年人的愤怒就属于此类，心理游戏中"这回我可搞定你了，你这狗娘养的"的结局通常就会表现出这种情绪。患者的"儿童"控制着自己愤怒的情绪，等待着某人做出某事，这样他便可以理直气壮地爆发出这种愤怒。理直气壮是指，他的"成人"与他的"儿童"一起向他的"父母"说："这种情况下，没有理由怪我愤怒了吧。"因此，没有了"父母"的责备，他成为冒犯者，并会说出："哈！没有人可以指责我了。现在我可搞定你了！"之类的话。从人际沟通分析来看，他现在获得了"免费"生气的机会，即无须感到内疚。但有时，情况亦会有所不同。"父母"可能会对"儿童"说："你该不会就这样放过他吧？"此时"成人"与"父母"站在了一起，说："这种情况下任何人都会生气的"。"儿童"也许很乐意听从这些劝告，但也有可能像公牛费迪南德一样，自己本不愿被卷入冲突，却又被迫打斗。

心理赠券在用法上与商业赠券具有很多相似性。①

1. 心理赠券是人们在解决问题过程中进行沟通交流的赠品。如夫妻双方的争吵通常是从一些现实问题开始的，这些问题就是"商品"。当"成人"去解决问题时，"儿童"却迫不及待地等着拿赠品。

2. 收集心理赠券的人也有他们自己偏爱的"颜色"，如果给他们其他颜色，他们可能懒得去收。如喜欢表达愤怒的人是不会表露出内疚和恐惧的，他或许会让其他人去收集赠券。其实，在结构稳定的婚姻游戏中，一方如果只收集愤怒赠券，而另一方只收集内疚或无能赠券，那他们就可以实现"双赢"，各自增加他们的赠券数量。然而也有一些人会收集任何形式的赠券。他们非常想要表达情绪，会玩"温室"心理游戏，兴奋地向别人炫耀自己的情绪。心理学家擅长捕捉别人的细微情绪，在团体治疗中，他们也会鼓励患者这样做。

3. 有些人在每晚入睡前会回想当天伤心和愤怒的事；有些人不会经常这样做；有些人在闲来无事时才会这么做。还有些人把这些情绪掩藏起来，直到自己有足够的理由表达"正当"的愤怒或其他强烈的情感时，他们才会把这些情绪爆发出来。有些人喜欢掩藏情绪，有些人则喜欢随时表露情绪。

4. 有些人喜欢和别人分享自己的情绪，一起讨论谁的事更让人愤怒、伤心、内疚和恐惧等。实际上，很多酒吧成了人们相互比惨的地方："你觉

---

① 心理赠券与商业赠券的相似之处确实令人惊讶。可参见：Fox, H. W. *The Economics of Trading Stamps*.Public Affairs Press,Washington,D.C.,1968。几乎所有家庭储户使用商业赠券的情况都适用于那些买卖心理赠券的人。

得你的老婆是不可理喻的——好吧，听听我的！"或者"我知道你的意思。但比起我的悲伤（害怕）差远了。昨天……"或"尴尬（内疚、无能）？我都要钻地缝去了！"

5. 心理赠券兑换店的赠品与商业兑换中心的一样：有小的、稍大的和超大的。攒了一两"本"赠券以后，可以去兑换小的赠品，如"免费"的（指适当合理的）饮酒；攒了一百"本"以后就可以去兑换大奖："免费"放弃（如放弃治疗、辞职）。

6. 有些人知道心理赠券并不是真正免费的，也知道有些情绪是要付出代价的、会导致孤独、失眠、血压升高或胃部不适，因此他们不再收集心理赠券。而有些人却不知道这一点。还有些人是明白的，但他们照旧玩心理游戏，想要得到结局，若非如此，就会觉得生活索然无味。因为无法从自己的生活方式中找到正当的理由，他们不得不退而求其次，寻求一些能够让自己宣泄一下活力的借口来满足自己。

7. 有些人喜欢直来直去，不玩游戏：也就是说，他们不会为了收集心理赠券而做出挑逗行为，也不理睬他人貌似挑逗的行为。他们愿意用节省下的精力在对的时间、对的地点与对的人进行更恰当的交流。（在某些情况下，人们可以毫不费力地收集到心理赠券，而让别人遭受损失。例如，有些青少年做出一些让长辈失望的事，自己却不会感到内疚或有其他不良感受。但是，一般来说，收集心理赠券的人迟早要为他们的行为付出代价。）

8. 有些人会收集"伪造"的赠券，其中以偏执狂尤甚。即使没人挑逗他们，他们也会幻想出自己被人挑逗了。因此，当他们失去耐心时，还没等到现实生活中的某些事激怒他们，他们就已失去了理智。就此而言，偏执狂存在两种类型。一类是"儿童"偏执狂，他们故意收集伪造的赠券，然后说:"看看他们对我做了什么。"另一类是"父母"偏执狂,他们故意收集所谓的正义赠券,然后说:"他们不能这样对我。"事实上,这些偏执狂可以分为自夸型和伪造型。前者从四处收集到非常小的赠券,却把它们一一夸大,幻想自己可以很快得到想要的结局。后者会产生幻听,他们只是在自己的脑海里制造赠券,还认为自己是最仗义的人。①

9. 让患者丢弃积攒一生的心理赠券就像让一位家庭主妇烧掉购买商品获得的所有赠券一样困难。这也是阻碍患者痊愈的一个因素,因此,若想得到治愈,患者不仅需要强行克制玩心理游戏,还需要忘记之前积攒赠券带来的乐趣。"原谅"过去的错误远远不够:如果他真想放弃之前的脚本,必须切断它与未来生活的联系。以我的经验来看,"原谅"只是意味着把心理赠券暂时放到抽屉里,而不是永远丢掉它们。只要事情进展顺利,它们就会被一直留在抽屉里,但如果出现新的刺激,心理赠券就会被再次拿出来,加上之前累积的,去兑换更大的赠品。以一位"原谅"了妻子的酒鬼为例。当妻子再一次疏忽出错时,他不会只是稍稍放纵一下,而是会翻出从她先前过失中收集到的赠券,迁怒他们整个婚姻的不幸,然后继续独自饮酒作乐,最后他可能出现震颤性谵妄。

目前,我们对"好"情绪,诸如具有正义感、获得胜利的喜悦、感到欣喜等,所谈甚少。胜利的赠券闪闪发光,但有品位的人不会去收藏它们,因为那只是镀金的而已。不过,人们可以以此为由,免费举办一场庆祝会,使得正义赠券在为多数人带来乐趣这方面发挥价值。欢乐与

---

① 罗伯特·泽克尼(Robert Zechnich)博士在其论文(*Transactional Analysis Bulletin* 7: 44, April, 1968)中首次提出一个令人深思的现象,即存在"儿童"偏执狂和"父母"偏执狂。斯蒂芬·卡普曼(Stephen Karpman)博士指出,虽然幻觉确实是假的,但错觉并非完全如此。

绝望一样，都是一种真挚的情绪，并不是心理游戏的结局；因此我们称其为金色的欢乐。

关于"好"情绪，临床发现有一类人总喜欢收集"棕色"赠券，即上文讨论的"坏"情绪或"情绪不好"的人，他们往往很难接受"金色"赠券，即别人给予的赞美或"安抚"。他们对熟悉的、不好的、旧有的情绪感到舒服自在，却不知如何安放"好"情绪，所以他们选择拒绝或者假装未曾听到而予以忽略。事实上，一个热衷收集"棕色"赠券的人可能会把别人最真诚的赞美误以为含沙射影的侮辱，甚至不愿意花费时间去拒绝赞美或忽略赞美，他们将赞美误认为是伪造的"棕色"赠券。最常见的例子如一个人说："呀，你今天真漂亮！"他的回应是："我就知道你不喜欢我上周的样子。"又如一个人说："呀，你这条裙子真漂亮！"而她的反应是："所以你不喜欢我昨天穿的那条！"

这样的话语说了几次以后，任何人都会把赞美转化为侮辱，好似在令人愉快的"金色"赠券上喷上一点屎渣，把它变成了令人讨厌的"棕色"赠券。

下面这桩趣闻说明火星人理解心理赠券这一概念是多么容易。一天，一位女士参加完小聚会回到家中，她把会上第一次听到的心理赠券这一概念解释给12岁的儿子听。儿子听完说："知道了，妈妈，我很快就回来。"儿子回来时拿了一卷纸质赠券、一个分割器和一个划分了板块的本子。他在第一页写下："当这一页贴满赠券时，你就可以获得一次免受痛苦的机会。"他完全理解这个概念。如果别人并没有主动激惹你、侮辱你、引诱你或吓唬你，你可以通过和他们玩心理游戏来诱使他们这样做。通过这种方式，你就能得到生气、伤心、内疚或害怕这些心理赠券，几次下来，这页便可以被贴满，因而获得免受痛苦的机会。

心理赠券和商业赠券的另一相似之处在于两者一旦被使用过便会无效，但人们总是喜欢谈论他们之前换来的东西。这里值得注意的一个关键词是"回忆"（recall）。真实的人在日常对话中一般会说："你还记不记得……"而人们谈论起很久之前已经使用过且无效的赠券时，则会说："你能不能回忆起……"如"你还记得我们在约塞米蒂（Yosemite）国家公园的美好时光吗？"这是对往事的怀恋，而"你能回忆起在约塞米蒂国家公园发生了什么吗？你先是把挡泥板撞凹了，接着又忘了……然后，我记得你……另外……"这种说法使对方无可责备，也没有理由发怒。律师在工作时经常使用"回忆"而不是"记住"这个词。他们将原告那已经褪色的、有时甚至将伪造的心理赠券呈献给法官或陪审团。律师其实是心理赠券的收集者和行家，他们会查看别人收集了多少，并且估算它们在法庭这个兑换场中价值的大小。

缺乏信任的夫妻经常会用已经兑换过的或伪造的赠券欺骗对方。如弗朗西斯科（Francisco）发现妻子安吉拉（Angela）与上司有了婚外情，但当上司以暴力威胁妻子时，他却救了妻子。一场激烈的争吵过后，她向他道谢，他也原谅了她。但后来，每当他喝醉（这是常有的事），他都会再次提起这件事，那时事情就变得不一样了。用心理赠券来解释的话，他第一次有理由发脾气，她真诚地感谢了他，他也慷慨地原谅了她。这是一个不错的和解，所有赠券都得到了兑换。

但如上所述，"原谅"的真正含义是把赠券暂时放入抽屉，即使已经被兑换过，等到人们再次需要时，它们还是会被拿出来。在弗朗西斯科这个例子中，他每周六晚上都会把那些已经兑换过的赠券拿出来，在安吉拉面前晃一晃。安吉拉并没有指出这些赠券已经被兑换过，而是羞愧地低下了头，让弗朗西斯科再一次发泄他的怒火。作为回报，她会给他一些伪造的感谢赠券。第一次道谢时，她给他的是真心实意的金色赠券，但这些道谢赠券此后就变成了虚情假意的"愚人的金子"或黄铁矿了，而他在醉醺醺的愚蠢状态下却把它们视为珍宝。当他清醒时，两人可以坦诚相待，认为之前的事已经过去。但当他醉酒时，他们就会相互欺骗。他用伪造的赠券一次次勒索她，她也以虚假的善意还之。

总之，心理赠券与商业赠券具有极高的相似性。虽然每个人接受的家庭教养不同，但人们对待这两者的方式往往是一致的。有些人被教导在兑完赠券后忘掉它们。有些人则被告知要把赠券攒起来，之后再好好享用它们。这些人会把纸质的赠券收集起来，沾沾自喜，期待着在某天攒到足够数量，将它们兑换成大奖。他们也会以同样的方式处理自己的愤怒、伤心、恐惧和内疚，先压抑这些情绪，直到受够了，再将其兑换，即在某一天突然爆发，造成巨大的后果。有些家庭甚至允许欺骗，并把大量时间都花在了欺骗上。

心理赠券以情绪记忆的方式得以储存，它们的表现形式可能与处于持续运动状态的分子模式或若尔当曲线（Jordan curve）① 中一圈圈转动的电流一样。累积的能量只要没有释放，就永远不会耗尽。分子模式或电流消退的速度一部分取决于基因因素，另一部分受到"早期调节"（early conditioning）的影响，用我们的话来说就是父母编制的程序。无论如何，如果一个人反复向他的观众展示相同的赠券，那这些赠券只会显得越发陈旧，观众也会越看越疲倦，并将其视为陈词滥调。

---

① 法国数学家若尔当提出的定理，平面上一条连续的简单曲线就叫作若尔当曲线（简单曲线通俗说来指的是：这曲线它不和自身相交。）——译者注

D. 幻觉

童年期的幻觉主要与表现好就会得到的奖励或表现不好就会得到的惩罚有关。"好"主要是指不生气("注意脾气，注意脾气！")或没有性方面的表现("下流，下流！")，不过表达害怕或惭愧是没问题的。也就是说，耶德既不能表达他的"自我保护本能"（这种表达令其满足），也不能表达他的"物种保护本能"（这种表达在其幼小时便已学会，令其感到非常愉快）；但他可以随心所欲地表达自己的不满意、不愉快。

世上存在很多奖惩机制。除了无处不在的法律制度外，还有宗教制度和思想制度。世界上有一半人是"真正的信徒"，对他们来说，来世最重要。不过，对脚本分析师来说，每个家庭特有的、非正式的、隐性的奖惩制度才更重要。

对于小孩子来说，世界上存在"圣诞老人"，他会观察并记录他们的行为表现。但只有"小孩子"才相信圣诞老人的存在，"大孩子"并不相信，至少不相信他会在每年特定的一天穿着像是化装舞会的服饰过来。事实上，是否相信圣诞老人是区分小孩子和大孩子的标志，而是否了解婴儿从哪儿来是另一个标志。不过，大孩子和成人也有属于自己的圣诞老人，只是彼此各不相同。有些成年人对圣诞老人的家庭比对圣诞老人本人更感兴趣，并且坚信如果他们表现得体，他们迟早会有机会见到圣诞老人的儿子白马王子（Prince Charming），或者他的女儿白雪公主斯奈古罗奇卡（Snegurotchka），甚至是他的妻子（Mrs. Menopause）。其实，大多数人终其一生都在等待圣诞老人或他的某个家庭成员的到来。

此外，有一个与圣诞老人相反的人物。圣诞老人是一个穿着红色衣服、从北极带来礼物的快乐的人，而与他相反的则是一个身穿黑色斗篷、手持长柄刀从南极来的冷酷的人，即"死神"。人类在童年晚期也以此被划分为两类，一类人为了生而生，另一类人则为了死而生，选择生存的人终其一生都在等待圣诞老人，而选择死亡的人终其一生却在等待死神。所有脚本都基于这两个基本幻觉：要么由圣诞老人为胜利者带来礼物，要么由死神为失败者解决一切问题。因此，有关上述幻觉的首要问题是："你是在等待圣诞老人，还是其他什么？"

但在"最终的礼物"（永生）或"最终的解决方案"（死亡）到来之前，还有其他可能性。圣诞老人可能会将一张中奖彩票、一份终身养老金或延长的青春赠予世人。

每个脚本都基于这样的幻觉，打破幻觉虽使人痛苦却是脚本分析师必须要做的工作。想要以最快的速度、承受最少的痛苦打破它，就要直言不讳地指出幻觉。幻觉提供了收集心理赠券的理由，所以在沟通中具有重要作用。等待圣诞老人的人可能会收集赞美，以彰显自己的优秀，或收集各种"痛苦"以博得他的同情。而等待死神的人则会积累内疚或绝望，以展示自己对他的价值，或对他的到来表示感激。但无论将赠券呈现给圣诞老人还是死神，人们都是希望能够通过巧妙的营销手段来获得自己想要的东西。

因此，幻觉与赠券兑换店息息相关，且有两种兑换店，其兑换规则各不相同。耶德可以通过多做好事或忍受持久的痛苦，收集足够多的金色赠券或棕色赠券，在圣诞老人的商店兑换赠品。他也可以通过累积内疚或绝望，从死神的商店兑换赠品。其实圣诞老人和死神并不经营商店，他们更像是流动小贩。耶德必须一直"等待"他们的到来，但却永远不知道他们什么时候会到。这就是耶德必须保存赠券并随时做好准备的原因，如果他错过圣诞老人或死神经过的时机，那下一次就不知是何时了。如果他收集的是快乐，那他必须时刻积极思考，因为圣诞老人有可能正好在他放松的那一刻到来。同样，如果他收集的是痛苦，那他就不能冒险尝试让自己快乐，假如他被圣诞老人逮个正着，也会错失机会。

幻觉指人们总生活在"只要……"或"总有一天……"的世界里。在一些国家，政府彩票为耶德实现梦想提供了唯一的可能性，而其他成千上万的人只能日复一日地等待好运降临。现实情况是，每次抽奖，总有人能够中奖，梦想成真。但奇怪的是，在大多数情况下，这并没有给人带来快乐，很多人让所中之奖从指缝间溜走，又回归原状。这是因为人们把幻觉从产生到实现的过程看作一个奇迹：奖赏不仅奇迹般到来，而且奖赏本身也是奇迹。一个表现良好的孩子知道真正的圣诞老人会在他睡着的时候从烟囱里爬下来，给他留下一辆红色的小马车或一只金色的橘子。但它们并不是普通之物，而是具有魔力的、特别的、镶嵌着红宝石和钻石的东西。当耶德真的得到了红色小马车或橘子，却发现它和其他人所得的一样普通时，他会失望地问："就这样吗？"这让他的父母很困惑，他们以为自己给的就是耶德想要的东西。同样，中了彩票的人发现自己买到的东西和别人买的一样时，也常常会问："就这样吗？"然后将其挥霍殆尽。他宁愿回到过去，坐在树下静待奇迹，也不愿好好享受现在所拥有的。也就是说，幻觉总是比现实更吸引人，即使是最具吸引力的现实也抵不过虚无缥缈的幻觉。

其中最典型的例子是拥有"永不放弃"脚本的这类人。他们最不愿放弃的一件事是排便，因此患有慢性便秘。他们的幻觉是，只要坚持得足够久，圣诞老人就会到来，就算圣诞老人不来，他们至少也能获得一点东西以弥补自己无法得到的礼物。这些人本可以有很好的机会去享受现实带给他们的馈赠，但他们却选择"坐"在家中，等待一些未知人士前来拯救他们。有一位女士即使躺在分析椅（analytic couch）上也会说："我正坐在这里思考。"在家里，她也会花很多时间和便秘抗争。她发现自己很难融入人群，因为无论走到哪里，她心里都装着一个马桶，不论她的"成人"在做什么，她的"儿童"的她总是坐在她最喜欢的位置上。

事实上，"儿童"几乎从未放弃过幻觉。有些幻觉十分普遍，正如弗洛伊德所认为的，它们可能始于出生头几个月，甚至开始于子宫，那是一个神奇的世界，人们在出生后只能通过爱、性或药物再次感受到这种幻觉（邪恶之人不在其内）。弗洛伊德将出生之初的三个幻觉命名为"我永生不灭、无所不能、不可抗拒。"当然，这些最初的幻觉不会持续很长时间，因为婴儿不得不面对现实：母亲、父亲、时间、重力、未知、可怕的画面和声音以及内在的饥饿、恐惧和痛苦的感觉。但它们会很快被条件式幻觉取代，这一幻觉对脚本的形成具有重大的影响，其表现形式为"只要"："只要我行为举止表现良好，圣诞老人就会到来。"

就幻觉来说，全世界的父母都是一样的。如果孩子相信父母具有魔力，其中一部分原因就是父母自己也是这样认为的。几乎所有的父母都向自己的子女传递过这样的观念："如果你照我说的做，一切都会好起来的。"对孩子来说，这意味着："如果我按照他们说的去做，我就会受到神力的保护，我就能美梦成真。"他坚信这一点，而且没有什么能动摇这个信念。如果他的梦想没有实现，他不会怀疑神力消失，而是会归因于自己违背了规则。如果他违抗或放弃了父母的指令，也并不代表他已经失去了对幻觉的信仰。这只是意味着他无法再忍受这些要求，或认为自己永远无法达到这些要求。他们因此也会嫉妒或嘲笑那些遵守规则的人。他们内在的"儿童"仍相信圣诞老人的礼物，但反叛者会说："我能从他那儿批发礼物"，绝望者会说："谁需要他的酸葡萄？死神的葡萄才更甜。"但随着年龄的增长，有些人不再相信幻觉，与此同时也不再嫉妒和嘲笑那些遵守指令的人。

在"父母"的训诫中，最好的表达方式是："做正确的事，灾祸将不会降临于你！"纵观人类历史，这一直都是每个国家建立道德体系的基础，最早可见于古埃及的普塔霍特普（Ptahhotep）所写的箴言录。而在"父母"的训诫中，最糟糕的表达方式是："如果你杀死某些人，这个世界将会变得更美好，你也因此会永生不灭，变得无所不能，获得不可抗拒的力量。"奇怪的是，从"儿童"的角度来看，这两种说法都是爱的宣言，因为它们都是基于"父母"的保证："如果你按照我说的做，我将爱你护你，没有我，你将一无是处。"这种承诺在一些书面文字中清晰可见。《圣经》中有上帝将会爱你、护你的话语，希特勒的《我的奋斗》（*Mein Kampf*）等作品中也有类似话语。但随着拿破仑式的步兵、炮兵及空军的到来，现实摧毁了希特勒及其追随者的幻觉，他们根本不拥有不可抗拒的力量，他们只是终将死去、懦弱无能且可被抗拒的凡人。

粉碎最初的幻觉需要巨大的力量，这种力量常见于战争年代。当托尔斯泰（Tolstoy）的伯爵上战场时，他愤怒地喊道："他们为什么向我开枪？人人都喜欢我啊（＝我不可抗拒）。"条件性幻觉亦是如此："如果我按照'父母'告诉我的去做，一切都会好起来的。"一个毛骨悚然的例子便是用武力打破这种无处不在的幻觉的画面，此画很有名。画中可见一个大约9岁的小男孩站在波兰的一条街道中间，虽然街边站立了很多旁观者，但小男孩看起来孤独无助。他的面前挂着一个已经死亡的骑兵的脑袋。但他脸上的表情无辜地表现出："但是妈妈告诉过我，如果我是好孩子，一切都会好的。"一个人所能承受的最残酷的心理打击就是发现他的好妈妈欺骗了他，德国士兵施加在这个陷入绝境的小男孩身上的痛苦便是如此。

治疗师是仁慈、富有同情心的，在患者明确且自愿的前提下，他们不得不做一些摧毁患者幻觉的类似工作：这不是折磨，而是手术。患者毕生都活在幻觉中，为了让患者好转，治疗师必须摧毁其幻觉，让他们回归到当下真实的世界，而不是总生活在"只要……"或"总有一天……"的世界里。脚本分析师必须完成的但却最为痛苦的工作便是，告知患者生活中其实没有圣诞老人。不过，如果治疗师能够细心准备、一步步慢慢打破患者的幻觉，从长远来看，患者还是会原谅治疗师的。

当耶德得知婴儿是如何而来之后，他在童年晚期深信的另一个幻觉也被撼动了。为了维持父母纯洁的假象，他不得不这样对自己说："好吧，但'我的'父母不会那样做。"

对于理想主义者或脆弱的灵魂来说，他们急需抓住一些东西，以获得精神的滋养。另外，困惑的人之所以感到困惑，是因为他们有自己独有的幻觉。轻则为"如果你每天冲洗结肠，你将获得健康与快乐"，重则为"如果你生病了，就可以避免你父亲死掉。如果他还是死了，那是因为你病得不够严重。"一个常见的例子是："如果我牺牲，我的孩子，我的母亲就会保持健康"，正如上文提到的，后面这种幻觉几乎成了巴黎很多女性的一种常态。

因此，在童年早期，一些虚幻、奇妙的幻觉可以被人接受，而在童年晚期，这些幻觉开始经受现实的考验，但有些部分还是很难舍弃，只能秘密扎根于人的内心，构成了人生的一部分。只有最强大的人才能对荒谬、赌博似的人生不产生任何幻觉。人们最难舍弃的甚至在以后人生中也最难舍弃的幻觉之一即为自主或自我决定。

如图 10 所示。真正的自主区域用 A_1 标示，代表了能够真正理性分析的"成人"，不再具有"父母"的偏见和"儿童"的一厢情愿。这方面的人格在仔细收集信息和细心观察的基础上能够自由地做出"成人"的判断。在商业交易或专业工作中，它可以有效地发挥作用。例如机械师或外科医生可以基于以前的学习、观察和经验做出良好的判断。标记为 P 的区域是指个体受到"父母"的影响，如在食物、衣着、礼仪和宗教等观念和偏好上受到父母的影响。我们也可以将其称为从小获得的"教养"。标记为 C 的区域是指受到"儿童"的影响，包括孩童时一厢情愿的想法或儿时的品位。只有能够识别并区分这三个区域，他才是自主的：他知道哪些是"成人"且实际的，哪些是因受到别人影响而产生的，以及哪些是未经切实思考和理性判断而只是因早期的冲动而决定的。

标记"错觉"（Delusion）和"幻觉"（Illusions）的区域是耶德思想混乱的地方。"错觉"是他自认为根据自己的观察和判断而形成的，实则却是父母强加给他的想法。这些想法根深蒂固，以至于他认为那是他"真实自我"的一部分。同样，幻觉是来自"儿童"的想法，但却被误认为是"成人"的、理性的并可以得到证明的想法。错觉和幻觉都是思想的混乱。自主的幻觉就是认为图 10 中整个 A_1 都是没有受到其他影响、自主的"成人"，但其实它们很大一部分受到"父母"和"儿童"的影响。真正的自主如图 11 所示，是指能够意识到成人自我状态的边界，并能意识到阴影部分属于其他自我状态。

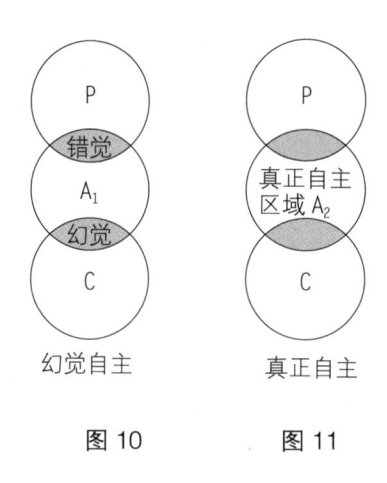

```
        P              P
      错觉
       A₁          真正自主
                    区域 A₂
      幻觉
        C              C

    幻觉自主         真正自主

     图 10           图 11
```

图 10 和图 11 实际为我们提供了一个测量自主的方法。图 10 中的 A_1 面积,除以图 11 中的 A_2 面积,其结果就是"自主的程度"。如果 A_1 大而 A_2 小,说明他有很少的自主性和很大的幻觉。但如果 A_1 很小(尽管总是比 A_2 大),A_2 很大(尽管总是比 A_1 小),那就说明他有很大的自主性,极少拥有幻觉。

E. 心理游戏

孩子在婴儿期是非常率真直接的,坚持"我好—你好"的人生定位。但他很快发现,他的"好"并非无可争议、与生俱来的,而在某种程度上取决于他的表现,特别是他对母亲的回应。在学习餐桌礼仪的过程中,他发现母亲对他无可挑剔的"好"居然有所保留,这让他很伤心。因此,他在回应母亲时也否认了母亲的"好",不过晚餐结束后,他们又会相互亲吻、重归于好。这为他玩心理游戏打下了基础,在如厕训练时就有所体现。孩子在如厕时占据上风。到了吃饭时间,孩子饿了,他对母亲有所诉求。但在洗手间,则是母亲对孩子有所诉求。在餐桌上,孩子必须以某种方式回应母亲以获得"好"的认可；而在洗手间里，母亲必须好好照顾他以获得其好评。这时，母亲与孩子之间已然缺乏坦诚沟通，母亲会利用孩子身上的一些可乘之机为其设置一点骗局，孩子对母亲亦是如此。

到孩子上学时，他可能已经会玩几个比较温和的心理游戏，或者也有可能学会了两三个比较过火的，最糟的情况是他们的生活已无处不是游戏。这取决于他们的父母有多聪明或多严厉。父母越要求孩子"精明行事"，孩子就越不诚实；父母越严厉，孩子就会玩越过火的游戏以获得幸存。临床经验表明，使一个孩子变坏并束缚他的最好方式就是经常违背他的意愿去给他使用灌肠剂，就像使一个孩子变坏并让他崩溃的最有效方法就是在他痛苦哭泣时残忍地抽打他。

上小学时，他终于有机会把在家中学到的游戏在同学和老师身上试验。在与他们的互动中，他在已有游戏的基础上加重了一些或减弱了一些玩法，丢弃了一些没意思的，也学会了一些新的。与此同时，他也有机会检验自己的人生信念和人生定位。如果他认为自己是"好"的，他的老师可以帮他更确信这一点，也可以通过贬低他使其产生自我怀疑。如果他认为自己是"不好"的，老师可以使他更确信这一点（这正是他所预料的），也可以尝试着帮他重塑信心（这可能会让他感到不安）。如果他认为世界是美好的，那么老师在他眼里也是好的，除非老师证明自己是坏人。如果他确定别人是不好的，那么他会通过惹怒老师来证明自己是对的。

无论孩子还是老师，都有很多无法预见或应付的特殊情况。老师可能会玩"阿根廷"这个游戏。"阿根廷最有趣的事情是什么？"她问。"潘帕斯草原。"有人说。"不是。""巴塔哥尼亚高原。"另一个人说。"不是。""阿空加瓜山。"另一个学生说。"不是。"这时他们意识到了问题所在。记住书里的内容或他们感兴趣的内容是没有用的。他们应该猜出她在想什么，这使他们陷入了困境，于是只得放弃。"没人想回答了吗？"她用虚伪温柔的语气问道。"是高楚牧人！①"她扬扬得意地说，同时让全班同学感到他们很愚蠢。但他们无法制止，就连班中最友善的学生也厌恶她这种行为。另外，即使是最有经验的老师，也很难与诸如在家中被强迫灌肠的那类孩子维持"好"的关系。他可能拒绝回答老师的提问，如果老师强迫他必须回答，那就相当于在强奸他的思想，这也证明老师并不比他的父母好多少。但此时，老师对他也无能为力。

每一种较低的人生定位都有其特定的心理游戏。通过和老师一起玩游戏，耶德可以发现老师容易落入哪些心理游戏的骗局，并不断提高自己玩游戏的技巧。在第二种或者是傲慢的人生定位中（＋－），他可能会玩"现在我可搞定你了"，在第三种或者是抑郁的人生定位中（－＋），他可能会玩"踢死我吧"，在绝望的人生定位中（－－），他可能会玩"让老师后悔吧"的游戏。耶德会放弃老师拒绝玩或可以应对的游戏。但他也可以在其他同学身上试用。

第四种人生定位在许多情况下都是最难处理的。但如果老师能够保持冷静，并用恰当的话语安慰耶德，而不是给予其虚假的安抚、责备或道歉，她就有可能带他冲破令人绝望的顽石造成的滞碍，使其尽情沐浴于美好的阳光之中。

总之，孩子在童年晚期会决定保留哪些在家里学到的心理游戏，放弃哪些心理游戏（如果有的话）。其中一个至关重要的问题是："在学校里，

---

① "高楚"即阿根廷的高楚地区，"牧人"就是放牧的人，"高楚牧人"是些骑手与牛仔，他们过游牧生活。——译者注

老师与你相处得怎么样？"接着是另一个问题："在学校里，其他同学和你相处得怎么样？"

F. 人格面具

当个体的童年晚期结束时，一些事情已经定型，并在此过程中解答了这样一个问题："如果你不能坦率地表达自己，那么哪种说话方式才是最舒服的呢？"耶德从父母、老师、同学、朋友和敌人那里学来的一切可以用来回答这个问题。结果就是他形成了自己的人格面具。

荣格将人格面具定义为"特别采取的态度"，是"与个体可觉察的意图一致，同时亦能与其所处环境的要求与主张相符"的面具。因此，"就其真实人格来说，他欺骗了别人，也欺骗了自己。"人格面具是一种社会型人格，大多数人的社会型人格和处于潜伏期的孩子（大约6至10岁）的人格很像。这是因为人格面具确实是在那个期间受到外界环境的影响且在儿童自己的决定下形成的。当成年的耶德表现出善良、顽强、可爱或具有冒险精神等社会品性时，他并不一定处于"父母"自我状态、"成人"自我状态或"儿童"自我状态中（当然也有可能是）。不过，他可能表现得确实很像小学生，为了适应社会环境，他选择接受"成人"的指导、"父母"的限制而变得顺从。这种社会适应就是他的人格面具，与他的脚本一致。如果他手持胜利者脚本，那么他的人格面具将变得非常有魅力，但如果手持失败者脚本，则会令人厌恶反感，除非遇到同类人。人格面具往往是根据他心目中的英雄而被塑造出来的。而真实的"儿童"隐藏在人格面具背后，伺机而动。如果他积累了足够多的心理赠券后，就会理直气壮地丢掉面具。

这里患者需要回答的问题是："你是什么样的人"，或者换种更好的表述,即"其他人怎么看你"。

G. 家庭文化

所有的文化其实都是家庭文化,长到膝盖高的孩子就已经开始学习其文化了。其他细枝末节和技能可以在家庭之外学习,但孩子的价值观是由家庭决定的。脚本分析师凭借一个问题便可探究其本质:"你的家人在餐桌上聊些什么?"通过这个问题,他希望了解沟通的内容和沟通的类型,前者可能重要也可能不重要,但是沟通类型一定是重要的。一些儿童与家庭治疗师甚至会到患者家中吃饭,他们认为这是在短时间内获得大量可靠信息的最佳方法。

脚本分析师的口号之一可能是:"想想括约肌!"弗洛伊德和亚伯拉罕(Abraham)最先阐述了人格结构以躯体孔洞为中心这一思想。[1] 心理游戏和脚本亦是如此。每个心理游戏和脚本通常也是以特定的孔洞或括约肌为中心,有其相对应的生理体征及症状。家庭文化展现于餐桌之上,也常常以"家庭括约肌"为中心。因此,了解家庭最喜欢的括约肌对治疗患者大有裨益。

四个外部括约肌分别是口部、肛门、尿道和阴道,与之相关的内括约肌或许更为重要。另外还有一个假想的括约肌,在精神分析中可称之为泄殖腔括约肌。

虽然嘴巴确实有它自己的外部括约肌,即口轮匝肌,但这并不是与"口腔"科有关的肌肉,尽管有一句箴言确实跟嘴巴有关:"闭上你的

---

[1] 参见:Freud, S. *Three Contributions to the Theory of Sex*. E. P. Dutton & Company, New York;Abraham, K. *Selected Papers*. Hogarth Press, London, 1948.

嘴！""口腔"科主要谈论的是食物，而括约肌主要涉及的是喉咙、胃部和十二指肠。因此，"口腔"科的成员是典型的饮食爱好者和胃部不适者，这也是他们在晚餐时谈论的话题。来自这类家庭的"歇斯底里者"会出现咽喉肌肉痉挛的问题，"身心失调者"会出现食道、胃和十二指肠痉挛的问题，或者他们会表现出呕吐或恐惧呕吐的症状。

肛门是最优秀的括约肌。肛门科谈论的是排便、促便剂、灌肠剂，或者更高级的结肠冲洗。对他们来说，生活就是一团有毒物质，必须不惜一切代价迅速清除掉。他们对排泄物很感兴趣，如果自己或孩子的排泄物又大又结实且形状美观，他们会感到很骄傲。他们可以根据排泄量判断是否腹泻，而黏液性或出血性结肠炎则是他们的兴趣所在，并且他们可以对此做出细致的区分。这种文化与性欲（或反性欲）相关联，如一句箴言提道："夹紧你的肛门，小心被骗。"这表明他们在与人相处中可能面无表情、冷若冰霜，但却很会赚钱。

"尿道"科的人总是喋喋不休，他们的各种想法像流水一样滔滔不绝，这类人只有在快结束时才会结巴几下。不过，他们永远不可能真正结束说话，就好像只要还有时间，他们最后总还能再挤出几滴尿一样。他们中的一些人满口胡言，当被激怒时，这些人就会朝别人乱发脾气。有些儿童为了反抗，会收紧尿道括约肌，使自己长时间憋尿，再从这种不舒服的体验中获得快感，当他们最终尿出来，甚至半夜尿在床上时会获得更大的快感。①

以上这些是括约肌理论，也通常称为性欲理论的常见例子。埃里克森对这一理论进行了最全面、最清晰的阐述。② 他将理论的发展划分为五个阶

---

① 请不要为了让他们不再尿床而殴打他们。

② Erikson, E. *Childhood and Society. Loc. cit.*, Chapter 2.

段，每个阶段都围绕着一个特定的生理区域（口部、肛门或生殖器）。每个区域都有五种不同的"使用"方式，包括吸收式（Ⅰ型和Ⅱ型两种）、保留式、消除式、侵入式。这样，他最终可以得到25种可能的组合。他将这些组合与特定的态度、性格以及个人发展的特定路径联系起来，这与脚本中的人生历程相似。

用埃里克森的话说，"把你的嘴闭起来"这一父母禁令是口部保留式用法；而饮食爱好者是口部吸收式用法，呕吐是口部消除式用法；因此，询问患者餐桌谈论的话题往往可以很准确地定位家庭文化涉及的区域和使用方式。这一点至关重要，因为特定的心理游戏、脚本及其伴随的躯体症状也都是与这些区域及方式联系在一起的。

如僵直型精神分裂症患者可以立刻关闭所有通道，包括嘴巴：他夹紧全部括约肌，不让任何东西进出嘴巴、膀胱或直肠。不过，他不得不定时接受鼻管喂食、用管导尿和灌肠，以此来维持基本的生命特征。他的脚本口号是"宁死也不让它们进来！"这个做法体现了他的"儿童"对控制括约肌最浅层的理解，但其实他们并不了解括约肌的构造和功能。

大多数脚本主要围绕着一个特定的括约肌，其涉及的心理状态与某个躯体部位相关联。这是脚本分析师需要"思考括约肌"的原因。某部位括约肌持续紧张会影响到全身上下的其他肌肉，而肌肉的紧张状况又会影响这个人的情绪态度、兴趣喜好，甚至是人们对他的回应方式。这就是"括约肌感染"理论。

假如耶德的右脚趾由于扎到一个小碎片而受到感染，他就会开始跛行。他的腿部肌肉会受到影响，为了抵消腿部的紧张，他的背部肌肉也会变得紧张，继而他肩膀上的、颈部上的肌肉也会接连受到影响。如果他经常走路，肌肉问题会进一步恶化，最终他头部和头皮的肌肉也会受到影响，如引发头痛。时间一久，走路越发困难，耶德的身体也会变得僵硬，当感染进一步恶化，他的呼吸和消化系统也会越来越吃力。此时，有人可能会说："这种状况很难治愈了，因为已经波及他的内脏、头部和全身的肌肉，导致他整个身体都出现了问题。"但这时来了一位外科医生，他说："我能治好他的一切症状，包括发烧、头痛和肌肉紧张。"他拔出脚趾上的碎片，感染就消退了，耶德不再一瘸一拐，他的头皮和颈部肌肉也放松了，头痛也随之消失，身体处于放松状态，一切恢复了正常。因此，虽然全身都出现了问题，但如果找准小碎片的位置并将其去除便可使人痊愈。这样一来，不仅是耶德，就连他周围的人都如释重负。

当括约肌收紧，会产生一系列类似的连锁反应。为了拉动、支撑这块括约肌，它周围的肌肉就会收缩起来。为了消除这些肌肉的紧张感，距离更远的肌肉也会受到影响，最后牵一发而动全身。这非常常见。如某位读者正坐着看书，当他紧张时，他很快会注意到自己背部下方和腿部的肌肉也会收紧。如果他从椅子上站起来却仍紧张时，他就不得不噘起嘴唇，此举继而又会影响到他的头皮。换句话说，紧张改变了他全身肌肉的状态。这正是那些遵循"紧张，小心被骗"这一脚本要求的人所面临的情况。他们全身的肌肉都受到了影响，包括面部表情的肌肉。而面部表情影响着他人回应他的方式，其实就是对他人"儿童"的引诱。被引诱之人是他人生脚本中的一个重要角色（脚本对手），注定会引起他脚本的转换。

下面是一个具体的例子。假设有一个紧张的人叫安格斯（Angus），他的脚本对手叫拉娜（Lana）。拉娜一直在寻找一个像安格斯这样的人，安格斯也在寻找像拉娜这样的人。当拉娜第一眼看到安格斯时，通过他的面部表情就认定了这正是她想找之人。在后续的交谈中，安格斯表明了自己的态度和兴趣，拉娜证实了自己"儿童"的直觉判断。拉娜在安格斯的脚本中扮演的角色是引起脚本转换。安格斯的反脚本使他在任何时候都要紧张，但实际脚本并非如此。无论他多么努力试图按照父母的指令保持收紧，迟早都会有放松警惕的一刻，这也是脚本发生转换的一刻。此时，安格斯放松了下来，一直等待时机的拉娜以某种方式影响了安格斯脚本的转换，安格斯"被骗"，拉娜完成了使命。只要安格斯试图紧张，就会一次次"被骗"，这就是脚本的运作方式——如果安格斯掌握着胜利者的脚本，那么此后他将会运筹帷幄。

因此，脚本分析师会考虑括约肌的问题，以便更好地帮助患者。放弃脚本的患者会更加放松全身肌肉。如之前紧张的女士不会继续在椅子上扭动；紧张的女士就算坐着，也不再把胳膊紧抱于胸前，把双腿交叠起来，或用右脚紧紧扣在左脚脚踝内侧。

谈及餐桌上占据主导地位的父母，他们教导孩子收紧身体上的哪一块肌肉会影响孩子的未来生活。调查发现这些指令会在童年晚期对孩子产生重大影响。现在我们可以讨论脚本发展的下一个阶段了。

第 9 章　青春期

青春期意味着你即将迈向高中和大学生活，可以考驾照、行成人礼，拥有主动权，干自己想干的事。青春期意味着第二性征的出现，即身体某些部位会长毛发，会长青春痘，女孩儿需要戴文胸，会来月经，男孩儿需要刮胡子，可能还会有一些让你困惑不已、无心做事的青春期烦恼。青春期意味着你要为自己今后的人生做决定，至少知道自己应该怎样度过这一阶段。青春期意味着（如果你想实现青春的意义）你要阅读 300 多本关于某个主题的书籍、一些已经绝版的好书，以及几千篇杂志与科学期刊的论文。而对脚本分析师来说，青春期意味着脚本的预演，或对未来的预测。它意味着你已到真正要回答这个问题的时候了："说完'你好'之后，你会说什么？或"当你的父母和老师不再完全管着你的时候，你会如何自主安排时间？"如果此时你不知道如何回答，那你将漫无目的，难以成功。

A. 闲谈

青春期的孩子经常缄默不语，不过偶尔也会讨论一些诸如汽车或者运动的话题，通常以一种炫耀的方式进行，谁见多识广，谁就占上风。此时，脚本讨论的常常是谁懂得更多或更少，谁取得成功或是遭遇不幸，比如，"我比你好多了"或"我比你还惨。"有些失败者甚至觉得自己的不幸根本微不足道，反正无论如何都赢不了。青春期的孩子还会谈论各自的观念和情绪，比较一下各自的人生观。"我也是这么决定的"或"我不这么认为。"胜利者可能表现得更加高尚、坚强，而失败者可能会感到更内疚和痛苦。非胜利者介于两者之间，平淡无奇。闲谈的第三方面内容是学生间的"家长会"（PTA）："你会如何对待品行不端的教师、家长或男女朋友？"谈论这些话题的人通常是想要寻求更好生存状态的人，他们等待某天会有更好的汽车、球队、机会、老师、父母或男女朋友。而等待死神的那类人则对其不屑一顾，他们会用其他脚本方式度过这段时间。无论耶德属于哪类人，他在说话内容和方式上学会了什么可以说，什么不可以说，以及怎么说。同时，他也会和同龄人去比较心理赠券。

B. 新榜样

通过闲谈、阅读和所见所闻，耶德会将原先脚本草案中来自神话或具有神力的榜样替换为现实中更加可仿效的、健在的或已故的真实人物。他也渐渐了解到社会的险恶以及那些险恶之人的行事方式。同时，在这个阶段，他可能会获得一个绰号或昵称［弗雷德里克（Frederick）、弗雷德（Fred）或者弗雷迪（Freddie）；查尔斯（Charles）、查理（Charlie）或者查克（Chuck）］，这些绰号或昵称能反映出他在别人眼中是什么样的人，以及他要反抗什么或最后成为什么样的人。被称作胖子、马脸、眨巴眼或傻子的人必须要加倍努力才能获得幸福的结局。被称作毛猴的人可能会发现与他人的性爱来得很容易，但是如果他们想要别的会怎么样呢？

C. 图腾

很多人会反复梦到一种动物或某种蔬菜。这就是他们的图腾。对女性来说，图腾有鸟、蜘蛛、蛇、猫、马、玫瑰、香草、白菜等。而男性最常梦见的有狗、马、老虎、大蟒蛇和树木等。图腾以多种形式出现，有时会令人害怕不已，如蜘蛛和蛇总是如此；有时又让人感到亲切，如猫和白菜。如果一位女性的图腾是猫，那她堕胎或流产后很有可能梦到死去的小猫。

在现实生活中，患者对待图腾动物的方式和他在梦中对待它们的方式极为相似。梦中的一些消极图腾在现实中可能表现为患者对其产生过敏反应，而积极图腾在现实中会表现为患者对其非常喜爱，把它们作为自己的宠物，尽管它们也可能引发过敏反应。有些人很羡慕他们的图腾，并试图成为它们。如很多女性经常说她们想成为一只猫。女性在社交场景中的肢体动作通常是模式化的，但通过观察她们头部的动作，我们可以推测她们的图腾是什么。她们可能在模仿猫、鸟或蛇。通过观察对比现实中的猫、鸟或蛇，我们很快便可以证实这一点。男性的肢体活动更加灵活多变，如有些人会像马一样跺脚，有些人会像蟒蛇一样甩出胳膊。这不仅仅是观察者的主观幻想，仔细倾听他们使用的隐喻和他们做的梦也可以证实这一点。

人们通常在 16 岁前会放弃图腾崇拜。如果图腾至青春期晚期仍旧以梦、恐惧、模仿或嗜好等形式出现，这就要引起当事人足够的重视。但如果一个人不是很明确自己的图腾是什么，我们便可以这样询问："你最喜欢的动物是什么？"或"你最想成为什么动物？"通过这两个问题，可以很容易得知患者的积极图腾。而通过询问"你最害怕哪种动物？"便可以得知其消极图腾。

D. 新情绪

手淫是自己决定的事。当他不确定应该如何应对性的感觉或如何将其融入自己的人生计划，便用自己熟悉的情绪即扭曲情绪来应对。手淫会让他承受巨大的痛苦，甚至会影响其身体健康：这是他在某个特定的时刻由自己决定要不要（或应该）做的事。而且一旦做出决定，他自己必须承担其相应的后果。他可能会产生一些个人情绪，如内疚（因为他认为手淫是邪恶的行为）、恐惧（因为他认为这会有害健康），或无能（因为他认为这会削弱自己的意志）。这些情绪源自他头脑中"父母"与"儿童"的对话。另外，他还可能产生一些沟通时的情绪，如伤心、愤怒或尴尬，这取决于他认为别人是怎么回应他的。别人对他的回应可能是真实的，也可能是虚幻的，因为他认为别人有确凿的理由嘲笑他、讨厌他或羞辱他。无论何种情况，手淫能激起他童年时学到的情绪，产生一种新的性感受。

但他也变得更加灵活了。从同学和老师那里取得的"许可"使他能够回应各种情绪，而非仅限于表达父母在家中鼓励的那些情绪。同时，他也学会了冷静：并非人人都会对他父母所操心的事过分担忧。情绪的转变使他渐渐与家人产生间隙，却慢慢拉近了与同龄人的距离。他会根据新环境调整自己的人生脚本，使它更"有模有样"。他甚至可能改变自己的角色，从完全失败者变为部分成功者，从失败者变为非胜利者，至少维持中等水平。如果他是胜利者脚本，他会发现胜利需要一定客观性。在这个竞争激烈的社会，任何人都不会平白无故地获胜，他需要一定的规划和努力。他也学会了即使中途失败也不能放弃的道理。

E. 躯体反应

面对这些压力与变化，以及为了达到目标（或好或坏）而必须保持冷静的情况下，他越来越能觉察到自己的躯体反应了。此时，他再也不能躲在父母的羽翼之下，从另一方面来看，他也不必在父母暴怒、醉酒、数落和争吵时畏首畏尾了。不管家里情况如何，他在外都要独立自主。他现在要做的是在其他同学面前站起来背诵诗歌，在他们审视的目光下独自走过学校的长廊，而他们中的许多人早已看穿他的弱点。所以，有时他会不自觉地冒汗、手抖、心跳加速。女孩子有时可能会脸红、冒汗、胃不适。无论男女，都会感觉到身体各种内部和外部括约肌时有不同程度的放松和收紧，而从长远角度来看，这种括约肌重组可能会决定哪种"身心"疾病在他们的脚本中起主要作用。耶德的心理问题已经括约肌化。

F. 前堂与后室

"前堂"发生的事与"后室"发生的事可能是两回事，正如下面这桩逸事。卡桑德拉（Cassandra）是一个牧师的女儿，她穿着随意，但有种"失败者"莫名的魅力。她的生活亦是如此：随性却有种莫名的魅力。显然，父亲以某种方式教导过她要有魅力，而母亲又没有教她梳妆打扮，她也接受这个事实，所以穿着随意。但她最初接受不了父亲教她如何变得有魅力："他是一个非常受欢迎的人，在道德上极其自律，这是一个牧师应有的样子。"当治疗师和团队其他成员进一步询问父亲对女性的态度时，她说父亲认为她们举止得体，非常认可。不过他在"后室"偶尔又会和几个朋友讲黄色笑话，拿女性在性方面的表现说笑。因此，父亲在"前堂"表现非常得体，但在"后室"却暴露出人格的另一面。换句话说，他在人前展现的是"父母"或好男孩，在人后表现的却是淘气的"儿童"。

孩子在很小的时候就能觉察到父母人格的多面性，但直到青春期，他们才学会对此做出评判。如果孩子在家中既看到"前堂"行为又看到"后室"举止，他会愤世嫉俗，认为世界都是虚伪的。以一位女士为例，她有一个18岁的儿子，当他大学放假回家后，她便带他外出吃饭。在吃饭时，她给自己点了马提尼酒，但告诉儿子不能喝，尽管她知道他不仅喜欢喝酒，而且喝得很凶。治疗小组的其他成员花了几个小时听她抱怨儿子喝酒的问题。之后，他们一致认为，如果她不点酒或干脆让儿子和她一起喝就会更好一些，但如果这样，她又为儿子设定了酗酒的脚本。

用脚本的话说，"前堂"代表的是对立脚本，父母会控制其发展的路径，而"后室"代表的脚本是其真正想要做的事。

G. 脚本与对立脚本

青春期是耶德在脚本与对立脚本之间摇摆、痛苦的时期。他试图遵循父母的教导，但又反其道而行之，最后发现自己还是在遵循他们编制的程序。他发现反叛是徒劳无用的，只能再次遵循父母的指令。当青春期结束，比如，在大学毕业或退伍后，他已做出某种决定：要么稳定下来，走父母安排好的路；要么脱离父母的控制，走向自己想要的脚本结局。他可能会选择自己想要的脚本，直到40岁，他又进入了第二个痛苦期。如果他一直遵循父母的指令，此时他可能尝试摆脱他们：离婚、辞职、逃离，至少会去染个头发、买把吉他。如果他一直生活在自己的脚本中，此时他可能尝试通过参加嗜酒者互诫协会或心理治疗来寻求改变。

但青春期是耶德第一次感到自己可以独立自主的时期：不幸的是，这种自主可能只是一种幻觉。通常，他在遵循其父母的"父母"的指令还是其"儿童"的挑逗之间摇摆不定。青少年吸毒者并不一定是在反抗父母的权威，而只是在反抗"父母"的宣言，但他们在另一方面其实又陷入了父亲或母亲疯狂的"儿童"的挑逗中。"我不想让我的儿子喝酒。"一位母亲边喝边说。如果他不喝酒，他就是个好孩子，遵从了母亲。如果他真的喝酒了，他就是个坏孩子，但其实他也遵从了母亲。"不要让别人掀起你的裙子。"一位父亲一边对女儿说，一边却盯着女服务员的裙子。不管她有没有让别人掀起她的裙子，实际上她也遵循了父亲的指令。她可以在高中就和别人同居，然后改过自新，也可以在结婚前一直保持处女之身，之后又出轨。但无论是男孩还是女孩，他们都可以在某个时间做出决定，脱离脚本控制，以自己的方式生活，尤其是在青春期得到自我决定的许可时，不过，这个许可不是"你完全可以自己做决定（还是要遵循父母的方式）。"

H. 对世界的看法

孩子对世界的看法与父母对世界的看法完全不同。孩子眼中的世界宛如童话，那里有怪物和魔法，且这种看法贯穿一生，构成脚本的原始基础。

举个简单的例子，孩子在半夜可能因害怕而惊醒。如耶德半夜大喊说自己屋里有一头熊。父母的反应是进来打开灯，告之没有熊，抑或生气地让他别大喊大叫，赶紧睡觉。不管父母作何回应，耶德的"儿童"都坚信房间里有或曾经有过一头熊。就像伽利略（Galileo），大喊"它仍然在动。"父母的两种回应方式都不能改变孩子认为有熊的事实。父母对其说教式的回应会让孩子感到在熊出现时父母会前来保护自己，接着熊就会躲藏起来，而父母生气式的回应让孩子感到自己只能独自面对熊。但不管怎样，熊都是存在的。

长大后，耶德对世界的看法和脚本设定会变得更加详尽、更加隐晦。不过，其错觉可以反映出他最初对世界的曲解。同时，从患者的梦中，我们也能看出一些他对世界的看法，也能理解他的一些行为举止。一位名叫旺达（Wanda）的女士深受金钱方面的困扰，因为她的丈夫无论受雇于谁都会陷入严重的财务危机。但当其他治疗小组成员质疑他的能力时，旺达又会生气地为他辩解。同时，她也对家里的饮食质量问题非常担忧。其实她本无须担心，因为她的父母非常富有，她总可以向他们借到钱。两年来，治疗师无法在大脑中建构出一幅完整的画面以剖析在她身上发生的事，直到有一天晚上，她做了一个"脚本梦"。梦中，她"住在一个由山上富人管理的集中营里"，获得足够食物的唯一办法要么是取悦这些富人，要么是欺骗他们。

这个梦使她的生活方式易于理解。她的丈夫与雇主玩的心理游戏是"骗乔伊一把"，从而使自己可以玩"维持生计"这个游戏。如果赚到了钱，丈夫总是第一时间花掉。如此一来，游戏才得以继续。当情况变得非常糟糕时，旺达会帮丈夫一起欺骗自己的父母。然而，让他们感到困扰的是，最后掌控整个局面的人还是他的雇主或她的父母。在治疗小组中，她极力否认以上分析。显然，如果她承认了，游戏就会结束（最终还是结束了）。她的生活就如梦境所呈现的那样，她丈夫的雇主和她的父母成为住在山上的那些富人，共同掌控他们夫妻的生活，他们只能通过讨好或欺骗才能维持生计。

"脚本梦"反映了她对世界的看法。那里的生活与她现实中的生活相似。在她讲这个梦之前，她的治疗取得了明显"进展"。她确实有所好转，不过现在可以明确的是，这些好转只是让她明白"如何在集中营里过得更好"。这可以使她在脚本中过得更舒服一点，但对脚本本身没有任何改变。如果要真正痊愈，她必须离开集中营回归现实，或者完全处理好家庭问题之后，她才能真正舒适地生活。有趣的一点是她和她的丈夫基于互补脚本结为伴侣。丈夫的脚本需要一些住在山上的、能被他欺骗的富人以及一个操心的妻子。而妻子的脚本需要一个让她深受生活问题困扰的骗子。

脚本设定通常与患者的现实生活大相径庭，因此仅仅通过观察或解读脚本根本不足以使人重视。要想清楚地了解它，最佳办法是通过梦的解析。当患者讲出"脚本梦"时，治疗师可以马上分析出来，很多事情也就清晰了。这个梦在内容上与患者的现实生活毫无相似性，但从人际沟通的角度来看，它们完全一致。一位一直在"寻找出路"的女士梦见自己被人追赶，然后发现了一条向下倾斜的管道。于是她爬进管道，追赶她的人便无法进来，只好守在洞口，等待她爬出。然而，她发现在管道的另一端有另一群危险的人在等着她。她进退两难，不敢放松，因为一旦放松，就会落入管道那端等着她的那伙人手里。因此，她必须用手紧紧抵住管道两边，只有这样才能暂时安全。

用脚本语言分析，她生活中的大部分时间都在压抑中度过，就像她保持手撑管道的姿势，受困于狭小的管道之中。从她的态度与过去的经历来看，她的脚本结局是厌倦了苦苦支撑的生活，干脆向下滑落到静候已久的死神手里。在治疗期间，她也取得了相当大的"进步"。不过，这种"进步"只是意味着"如何使自己在受困的管道中撑着更加舒适"。从脚本的角度，要想真正痊愈，她只有逃出管道，回归现实，才能真正舒适地生活。管道就是她的脚本设定。当然，就算只上过心理学入门课的新生也知道，还有很多其他解梦的视角。但脚本视角的解读至关重要，因为它让治疗师、团队成员、患者等了解到他们正在做什么，已经做了什么，并强调取得很大的"进步"是不够的。

梦中管道的场景可能从患者儿时起就存在，因为她此前已反复多次做过这个梦。如集中营的场景显然就是旺达长大后对无法忆起的童年噩梦的改编。基于早期阅读经历和青春期幻想，孩子会以一种更贴近现实、更现代化的方式呈现婴儿期害怕的管道场景，并以此形成脚本背景，构建人生计划。旺达不愿探究丈夫的"把戏"，可见人们在抱怨自己生活得有多么不如意的同时，又是多么禁锢于自己的脚本。

有一种脚本设定可以持续一生，即厕所，上一章中，我们举了一位女士的例子，她的"儿童"生活中所有的时间都花在马桶上，即使她的身体躺在沙发上也不例外。对她来说，进步意味着"在无论去哪儿都携带马桶的前提下，自己能拥有更丰富的社交生活，并享受聚会"。要想真正痊愈，她必须站起来，离开让她有安全感的马桶，而这并非她所愿。另一个女孩抱怨自己在别人面前总是局促不安，脚本使她好似生活在陡峭的悬崖边上。她其实有一个手提悬崖，她走到哪儿，悬崖就会带到哪儿。进步对她来说就是处在悬崖边上也能使自己感到快乐，而真正痊愈则是指她能爬下悬崖与他人共舞、交流。

I. T 恤衫

到目前为止，本章所谈论的内容都可以归为患者与他人互动给他人"留下印象"的行为方式，我们将其称作他的"T 恤衫"。每个人的 T 恤衫上都印有一两句既简洁又独一无二、极具艺术性的话语。经验丰富的治疗师可以从中得出患者最喜欢的闲谈、心理游戏、情绪、昵称是什么，他在"前堂"与"后室"会做些什么，他的精神世界、脚本结局是怎样的，有时也可以看出他以哪个括约肌为中心，以及他的榜样和图腾是什么。

人们通常在高中或大学低年级穿 T 恤衫，那个年龄段大家都这么穿。但随着生活的变化，T 恤衫上的装饰以及上面的话语可能略有改变，不过其核心意义始终如一。

无论属于哪一学派，所有高超的临床治疗师都有一个共同点：他们都善于观察。由于他们都在观察同样的事情——人类行为——所以他们对观察的内容以及如何对其加以分类和解释方面都有相似之处。比如，就一个相似的现象，精神分析称之为"人格防御"或"人格铠甲"，荣格称之为"人生态度"，阿德勒（Adlerian）称其为"生活谎言"或"生活风格"，而人际沟通分析师却称之为"T 恤衫"隐喻。①

T 恤衫上的话语（"地狱天使""失败者""黑豹""哈佛田径队"，甚至

---

① 很多精神分析学家认为心理游戏仅仅是人格防御的同义词，实则不然。"T 恤衫"是人格防御，而心理游戏则属于社会心理学的开放式系统，不属于弗洛伊德所描述的封闭式能量系统。

"贝多芬"等）表明一个人属于哪一群体，同时也暗示了他的人生观以及回应某一刺激的方式，但这并不能确切说明他将如何"欺骗"他人以及预期获得怎样的人生结局。例如，前三个群体中的多数人会同坐于一辆有轨电车，但实际上他们可能并没有那么亲密无间（从临床心理的角度看）。我们很难预测哪些人是真诚坦然的。T恤衫上的话语可以表明他们的群体态度以及共有的心理游戏，但每个人的脚本和结局并不相同。

人际沟通式或脚本式T恤衫是个体通过行为明显表达出来的态度，清楚明了，好比他穿着一件印有自己脚本宣言的T恤衫。如有些常见的脚本式T恤衫上会写着"看我多努力地尝试""走开""我很脆弱"的宣言。而有的T恤衫前面传达一个意思，背面却印有相反的信息。如一位女士在胸前写着"我想找个丈夫"，但当她转身，其背面却清楚地写着："但你不够格。"又如，一位男士在额前写着"我酗酒，我自豪"，其背后则可能写着"但记住，这是一种病"。

还有一些脚本T恤衫展示了一种"俱乐部式"的生活方式。"没有人知道我的难处"（"Nobody Knows the Trouble I've Seen"，NOKTIS）是一个由很多部门组成的俱乐部，忧郁俱乐部便是其中之一。这个俱乐部在火星人眼中是间小木屋，里面零零散散地摆放着一些破败的家具。墙上没有挂画，只有一幅镶框的格言，上面写着"今天你为什么不自杀呢？"木屋中有个小书房，里面有一些悲观主义哲学家的统计报告及著作。NOKTIS的关注点不在于困难的程度，而在于"没有人知道"。NOKTIS也会确保这一点，因为一旦有人知道，他就不能说"没有人知道"了，那么他的T恤衫也就失去了意义。

这种T恤衫隐喻通常源自父母常挂在嘴边的一句话，如"世界上没有人会像你父母一样爱你"。这款低调、前卫的T恤衫能产生一种距离感，将穿着它的人与周围其他人隔离开来。不过稍作改变，它又能拉近人与人之间的距离，将周围的人吸引过来，而非阻隔出去。他们会一起闲谈"这不是很糟糕吗？"并玩"没有人会像父母一样爱我"的心理游戏。吸引他人的正是T恤衫背后的那句话："那么你呢？"

下面，我们将详细探讨两种常见的T恤衫，以证明这一概念在预测人们行为中的重要价值。

你不能相信任何人

有些人很快就会表明他们不会相信任何人。话虽如此，其行动和言语却并不能保持一致。在实际生活中，他们总是"相信"别人，但结果往往很糟糕。T恤衫在概念阐释上比"人格防御""人生态度""生活风格"更好，因为后者只关注事物的表面，而人际沟通分析师习惯于先找到沟通中存有的骗局或自相矛盾的地方，当他发现时通常会感到欣慰而非惊讶。当他看到T恤衫，最先想找的就是这些内容，这也是他的治疗优势所在。换句话说，人格分析师能够有效地分析T恤衫前面的内容，却看不到其背面心理游戏或宣言，至少他要花费很长一段时间才能看到反面，而游戏分析师从一开始就会关注反面。

因此，对于印有"你不能相信任何人"或"如今你不能相信任何人"（"You Can't Trust Anybody Nowadays"，YOCTAN）这一口号的T恤衫，我们不能只看其表面。它并不意味着当事人会因不信任而避免与他人发生纠葛。恰恰相反，它会寻找与他人纠缠的机会，以证实自己的口号，强化自己的心理定位（我好—他们不好）。因此，宣称YOCTAN的人会与一些不值得信任的人签订模棱两可的合约，然后在出现问题时心存感激，甚至非常愉快地收集棕色赠券，从而肯定他的人生定位："你不能相信任何人。"极端情况下，他可能会被那些仔细挑选出来的不靠谱的人反复欺骗。

其他一些穿YOCTAN的T恤衫的玩家可能会抓住机会来证明所谓的"权威"不可信，如逮捕暗杀者的警察。当然，警察也是YOCTAN玩家之一。他们工作的一部分就是不要太信任别人。接下来，一场比赛拉开了帷幕，YOCTAN业余玩家或半专业玩家与专业玩家展开了较量。而且这场较量可能持续几年甚至几个世纪，其中会出现"栽赃""密码""阴谋"等戏码。他们的目标是证明，"霍墨（Homer）不是霍墨，而是与他同名的另一个人""拉苏里（Raisuli）爱上了帕迪卡瑞丝（Perdicaris）""加夫里罗·普林奇普（Gavrilo Princip）不是加夫里罗·普林奇普，而是与他同名的另一个人"。

YOCTAN的T恤衫可以传递出穿着者之如下信息。他最喜欢的闲谈内容是讨论关于欺骗的事。他最喜欢玩的心理游戏是YOCTAN，为了证明其他人均不可信。他最喜欢表达的情绪是胜利："现在我可逮到你了，你这个狗娘养的。"他的昵称是"谨小慎微"，心中的榜样是能够证明"权威"也是不可信之人。他在"前堂"做事温和正直、行为坦荡，但在"后室"却诡计多端，不值得信赖（就像房东太太自以为是地说："现在你不能相信你的任何租户。就在前几天，我翻看了其中一人的书桌，你绝对猜不到我发现了什么！"）。他活在一个自以为是的精神世界里，为了揭发不靠谱的人，他觉得自己做出任何出格的事都是有理由的。

于是，T恤衫正面写着"如今你不能相信任何人了"，其实是对善意的人（如粗心的治疗师）的一种委婉暗示，向他们证明自己是值得信赖的。如果治疗师没有提前注意到这一点，等到一切尘埃落定之后，患者会以胜利者的姿态转身离开，背后写着："现在，你应该相信我说的了吧。"不过，就算能提前留意到这一点的治疗师也不能操之过急，否则患者还是会说："看吧，我甚至连你都不能相信。"接下来，患者继续保有这个信念，选择放弃治疗。患者在这两种情况中都取得了胜利。

不是每个人都……这类人的生活态度类似于："生了麻疹没事，因为每个人都会得麻疹。"可事实上，问题大得很，因为它可能会转变成危重疾病。关于"不是每个人都……"这个问题有一个非常典型的例子，一位参加治疗小组的女士热衷于结肠冲洗。她在小组中开始讲述她在结肠冲洗店的经历，其他人耐着性子听着，直到有人问："结肠冲洗到底是什么？"得知在座的很多人都不去冲洗结肠后，这位女士感到非常惊讶。"不是每个人都……"她的父母这样做，她的大部分朋友也是在结肠冲洗店认识的。在桥牌俱乐部，她们谈论的主要话题就是对比各家结肠冲洗店。

"不是每个人都……"的T恤衫在高中生中最受欢迎，尤其是啦啦队队长、鼓乐队指挥以及急于求成的男生。但如果在这个阶段，家中父母或学校老师对其进行强化，则可能导致不好的结果。这在商业领域也很流行，殡仪从业者会广泛使用它，保险销售人员也会经常使用它。有趣的是，许多股票销售人员使用它时还是会比较谨慎。在这句话中最有影响力的关键词是"每个人"。"每个人"指谁呢？对于穿这件T恤衫的人来说，"每个人"指那些"我认为表现得好的人，我希望也包括我在内。"为此，他们在合适的场合通常有另外两件T恤衫。跟陌生人一起时，他们会穿上印有"不是每个人都……"的T恤衫。而跟崇拜者一起时，他们要么穿上"我表现得怎么样？"的T恤衫，要么穿上"我认识一些名人"的T恤衫。

穿这件T恤衫的人最喜欢的闲谈内容是"我也是"，最喜欢玩的心理游戏是"逐渐发现",事实上并非"每个人"都如此,正如他所知道的那样。因此他最喜欢表达的情绪是(虚假的)因欺骗而感到惊讶。他的昵称是"爱讨好",他心中的榜样是能让大家都遵守规矩的人。在"前堂",他做着"好"人该做的事,对"不好"的人或事避之不及。但是在"后室",他却会做古怪恐怖的事。他生活在被他人(密友除外)误解的世界里。脚本要求他为自己隐秘的罪行付出代价。当结局到来之时,他不会极力辩解,因为他觉得理所应当,这与他的口号一致:"违反了'每个人都……'原则的人,必须受到惩罚。"

与T恤衫接近的概念是墓碑,我们将在下一章进行详细阐述。

第 10 章　成熟与寿命

A. 成熟

可通过以下四个方面判定一个人成熟与否：（1）法律。一个人智力正常且年满 21 岁即被认为是成熟的。按照希伯来律法，男孩年满 13 周岁就已经成年了；（2）"父母"的看法。如果孩子按照父母的方式做事，便已成熟，但如果他按自己的方式行事，便为不成熟；（3）开始会做某些事。如果通过某项考核，则代表他已成熟。在原始社会，这些考核苛刻且传统。在工业社会，拿到驾照通常是成熟的证明。在特殊情况下，可以对其进行心理测试，然后由心理学家证明其是否成熟；（4）生活事件。对脚本分析师来说，可以通过外部事件检测个体成熟与否。当某人脱离别人的监管和保护可以独当一面时，测试便开始。这可能是在大学或实习的最后一年、晋升或假释期又或是蜜月尾声之时。无论何种情况，当外界环境要求他必须通过竞争或合作来取得脚本的成功或失败时，他便成熟了。

从这个角度来看，人生中一般意义上的成功与失败都取决于父母的许可。如果耶德在大学毕业、完成实习、白头偕老、戒酒、晋升方面，又在当选或假释、远离精神病院、通过心理治疗获得治愈等方面得到了父母的许可，那他就是成功的，反之则是失败的。

对于小学、高中或大学低年级的学生而言，他们的有些错误是可以被原谅的，甚至可以无须进少年管教所或工读学校，尤其在我们国家，未成年人通常会被给予一次改过机会。尽管如此，还是有一小部分青少年会选择自杀①、杀人或吸毒，有很多青少年会遭遇车祸和罹患精神疾病。在法制较严的国家，没有上过大学或有犯罪记录真的会影响孩子的一生。然而，在大多数情况下，个体早期的失败只是脚本的预演，等到其二十几岁时，脚本才会真正开始上演。

B. 抵押

为了真正上演脚本、参与测试考核，以及知道自己是怎样的人，耶德必须承担一项抵押贷款。在我们国家，当他为付房子首付，还清生意上的债务以及抚养孩子而去抵押贷款时，他才算是一个真正的男人。而那些没有抵押贷款的人虽被认为是无忧无虑、美好幸运的，却没有实现其人生的真正意义。一些银行家的电视广告告诉了耶德实现的方式：预支未来二三十年的收入来提前买房。但是等他还清贷款时，也到了可以进养老院的年纪。为了避免这种情况发生，可以选择贷更多的款，买更大的房子。世界上有些地方，男人可以通过抵押换取新娘。以我们国家的一些年轻人为例，

---

① 自杀率大致随年龄增长而增加，除青春期早期外，所有年龄段的女性自杀率都低于男性。

如果他努力工作，就可以拥有价值5万美元的房子，在新几内亚，他就可以以此换取值5万个土豆的新娘。如果他偿还得快，还可以拥有更大的房子，换取价值相当于10万个土豆的更好的新娘。

大多安定有序的社会总会以这样或那样的方式为年轻人提供抵押的机会，从而赋予其生活意义。否则，他们可能只知道吃喝玩乐，有些地方的人现在还是如此。在这种情况下，我们很难区分其是胜利者还是失败者。而有了抵押制度，就容易区分了。那些没有抵押勇气的人，肯定就是失败者（对于遵循制度的人来说）。那些大部分默默无闻、用尽一生偿还贷款却还是没能提前偿还完的，也不是胜利者。只有提前偿还贷款的，才是胜利者。

那些对贷款或土豆不感兴趣的人会以另一种方式做抵押——成为瘾君子。那样的话，他们是拿自己的一生去做了永远无法偿还的交易，所以永远逃离不了脚本生活。

C.成瘾行为

成为失败者最简单直接的方式就是犯罪、赌博或吸毒。他们在没有进监狱前尽情享受生活乐趣，但入狱之后便遵照脚本，在牢房中过着单调乏味的生活。如果他们得到释放、假释或因某些法律技术性细则而出狱，很快又会设法重新回到狱中。

赌徒中有些人赢钱，有些人输钱。赢钱的会在赌博过程中谨慎行事，从中赚钱或进行投资，一旦有所盈余，便会停止赌博。输钱的则靠运气和直觉，如果他们偶然赢了，也会尽快花掉，也许是因为受到这样一句著名口号的号召："这可能是骗人的，但这里就只有这一个好玩的游戏。"如果他们获得了成为赢家的许可，就会赢，反之必输。赌徒需要的不是对其赌博原因的分析，这样的治疗鲜有成效。他们真正想要获得的是停止成为输家的许可。一旦获得许可，他们要么停止赌博，要么继续赌博并从中赚钱。

母亲的影响力在某些吸毒者身上表现得最为突出。前面提及吸毒者可能被这样怂恿："如果你真的爱你的母亲，那她给你吃毒品还是食物，对你来说又有什么区别呢？"这类人需要获得的是停止吸毒的许可，亦即摆脱母亲的束缚，为自己而活。母亲传递的脚本禁令是："不要离开我！"

这也同样适用于酗酒者和匿名戒酒会[①]。克劳德·M. 斯坦纳（Claude M. Steiner）分析了酗酒者的行为[②]，劝诫甚至威胁过他们，但没有直截了当地说："不要喝酒！"他们之前与治疗师的交谈基本围绕以下几个话题："让我们分析一下你为什么喝酒""你为什么不去戒酒？"或"如果你继续喝酒，你会伤到自己的。"无论哪种做法，其效果都不同于直接告诉他"不要喝酒。""酗酒"玩家非常愿意花费数年时间来分析自己为什么喝酒，或懊悔自己由此堕落，但与此同时，他们还是会一如既往地喝酒。吓唬他们喝酒会伤到自己是最天真、最无效的做法，因为那恰恰是他们想做的，即正好遵循了他们的脚本禁令"杀死自己！"如此吓唬他们反而能使其从中获得满足感，他们通过这些可怕的详细描述从而获得，比如，他如何走向死亡以及证实他最终将成功走向母亲为他设定好的脚本结局。酗酒者首先需要获得的是戒酒的许可，如果他接受，他需要的是一份清晰的、无条件的"成人"契约，如果他能给出的话。

[①] 1935年成立于芝加哥的国际组织，成员不用全名。——译者注

[②] Steiner, C. M. "The Alcoholic Game." *Transactional Analysis Bulletin* 7:6-16, January, 1968.

D. 戏剧三角形

在成熟期，脚本的戏剧性特征已成型。人生脚本中发生的戏剧性事件就和剧院里的一样，都基于"转换"，史蒂芬·卡普曼（Stephen Karpman）用一幅图简明扼要地概括了这些转换，并称其为"戏剧三角形"，如图 12 所示。[①] 无论在戏剧还是生活中，每个主人公（不管是主角还是反派）一开始都是以下三个角色之一：拯救者、迫害者或受害者。当危机发生时，两个角色围绕着三角形移动，即转换角色。离婚是最常见的一种转换。例如，在婚姻中，假设起初丈夫扮演迫害者，妻子扮演受害者。但只要妻子提出离婚诉讼，角色就会发生反转：妻子成为迫害者，丈夫成为受害者，而他们双方的律师则扮演互相竞争的拯救者。

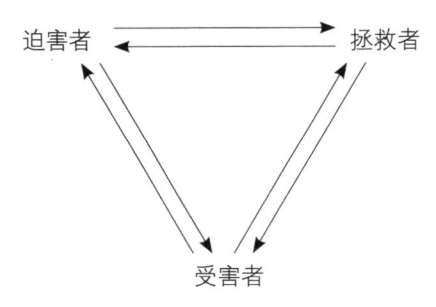

```
迫害者 ←——————→ 拯救者
    ↘           ↙
       受害者
```

图 12　戏剧三角形（经斯蒂芬·卡普曼的许可获得使用）

脚本戏剧中也有一些次要角色，他们是"客串人物"和"糊涂蛋"，也可以扮演上述三种角色的任意一种。"客串人物"指的是为转换创造条件的人，他们通常是为了获利而贩卖酒、毒品或枪支的人，抑或是发挥某种影响力的人，他们对自己的角色定位非常清晰。例如，枪支通常被称作"均衡器"（equalizer），它可以使一个懦夫（受害者）变为一个自夸者（迫害

[①] Karpman, S. "Fairy Tales and Script Drama Analysis." *Transactional Analysis Bulletin* 7: 39-43, April, 1968.

者），或从防守状态转变成进攻模式。"糊涂蛋"是那些上当受骗而去阻止或加速转换发生的人。需要注意的是，此处提及的转换与第二章游戏公式中的转换含义相同。

除了角色转换外，卡普曼在他发展极其完善的理论中还提出了很多有趣的变量，包括空间转换（非公开—公开、开放—封闭、近距离—远距离）和脚本速度（特定单位时间内角色转换的次数）。空间转换可以发生在角色转换之前或之后，也可以引起角色转换。他的戏剧三角可以解释除了上文描述的"酗酒"游戏之外的很多角色，给生活、心理治疗和戏剧等诸多方面提供了真知灼见。

E. 预期寿命

在此，首先需要询问患者的一个重要问题是："你想活多久？"通常，寿命包含一个竞争因素。例如，如果一位男士的父亲在40岁时就去世，那他的"儿童"就可能没有获得可以活得比他父亲还久的许可。在他人生前40年的时间里，他可能一直处于隐约的担忧中。然后他会越来越清晰地感觉到自己在40岁前就会死去，最难熬的时间段是在他39岁到40岁之间的那一年。如果他活过了40岁，他可能会按照以下四种方式中的其中一种去生活：（1）因为度过了40岁的危险期活了下来，所以想要安顿下来而以一种轻松的方式生活；（2）因为没有遵循脚本的禁令而失去母亲的关爱，所以进入了一种抑郁状态；（3）觉得时间是借来的，死神随时会降临，所以陷入一种紧张的生活；（4）觉得死缓是有条件的，如果活得太享受，就会被再次剥夺生命，所以活得战战兢兢。显然，（1）他获得了比父亲活得更久的许可，如果他成功活下来的话；（2）他没有获得许可；（3）他获得了侥幸逃脱的许可；（4）他获得了沟通的许可。

然而，一个有竞争意识的男性会下决心比他父亲活得更久，而且很有可能实现。但比母亲活得久就困难一些，因为很少有男性愿意与自己的母亲竞争。同样，一个女儿会想着比她的母亲活得更久，却不会和父亲竞争。如果她的父亲在较年长时去世，她会觉得自己活不到父亲的岁数。无论如何，一个比他的父母都长寿的人，晚年往往会感到不安。接下来，他要克服的障碍是比自己脚本中的榜样人物活得更久。例如，一位内科医生37岁时前来接受治疗，因为他的父亲在他37岁时去世了，所以他非常害怕自己也是如此。但他刚刚过了38岁生日，就放弃了治疗，那时的他感到自己是"安全的"。当他变得更有竞争力时，他的目标是活到71岁。在很长一段时间里，他自己都不清楚为什么会选择这个岁数。后来治疗师花了一番功夫才知道患者是想追随他的榜样威廉·奥斯勒爵士（Sir William Osler）。威廉·奥斯勒享年70岁。这位患者曾读过他的几本传记，如今回忆起早在多年前自己便决定要比他活得更久。

治疗这种跟寿命有关的神经症非常简单。治疗师只需给予患者比父亲活得更久的许可即可。精神分析在这方面还是有可能取得成效的，但主要原因不在于其解决患者内心的冲突，而在于患者在感到恐惧的关键时段内获得安全感。事实上，真正需要解决的冲突并不存在，"儿童"因比父亲活得更久感到不适并非病态。这只是"生存神经症"（survival neurosis）的一个特例，即几乎所有人在面对别人死去，而自己还活着这种情况下都会产生的一种神经症，只是严重程度不同而已。这也是"战争神经症"（war neuroses）、"集中营神经症"（concentration — camp neuroses）的一个主要影响之一。幸存者因自己存活而他人却在自己身边死去而感到内疚不已。[①] 目睹过死亡的人与那些不曾目睹过的是不一样的，"儿童"无法从这种情绪中得以"恢复"或"治愈"。最好的办法是把这种情绪置于"成年"的控制之下，这样他便可以继续正常生活，并在某种程度上获得享受快乐的许可。

F. 老年

老年人的生命力是否旺盛取决于三个因素：（1）体质强健；（2）身体健康；（3）脚本类型。从何时开始进入老年也受到这三个因素的影响，如有些人在80岁时还充满活力，有些人在40岁便已郁郁寡欢、无所事事。体质强健是不可抗力，无法通过"父母"的编程有所改变。身体残疾有时是因为不可抗力，但有时只是注定的脚本结局。在"跛子"脚本中这两个因素共同起作用。瘸腿一方面由不可抗的身体疾病造成，另一方面只是注定脚本中的一部分，是个体遵循了母亲要求其最终变为残疾人的禁令。这种情况偶尔发生在得过小儿麻痹症的年轻人身上，他们坐在轮椅上说："当我得知自己患了小儿麻痹症时，我是接受的，这就好像我一直在等待的东西终于发生了。"如果他的脚本要求他成为一个跛子，上天可能也不会帮他，而且解决问题的方法非常简单：他可能会遭遇车祸。

老年人同样也会面临中风或心肌梗塞，但原因不同：并非由于这是脚本的一部分，而是因为这些疾病可以抑制他们执行脚本的冲动。疾病的发生会导致他们双腿失去知觉或心肌梗塞。这样，他们的"儿童"便可以对头脑中的"父母"说："你总不能期待一个双腿失去知觉或心肌梗塞的人去

---

① Lifton, R. J. *Death in Life*. Random House, New York, 1968.

执行你那巫婆一样的咒语吧。"面对耶德中风或心肌梗死的状况，只有最冷漠的父母才会对其置之不理、还要与之争执。

如果一个人在年幼时便已残疾，可能由于他完全遵循或背离母亲的脚本。如果其残疾与母亲的脚本一致，孩子就会被当作真正的残疾人抚养，有时还会得到外部机构的帮助，例如致力于帮助残疾儿童（只要他们一直是残疾状态）或帮助弱智儿童（只要他们一直是弱智状态）的机构。（不过一旦孩子康复，政府的资助就会停止。）在这种情况下，母亲要学会"面对"，同时也要教孩子学会接受现实。但如果这完全与母亲的脚本相反，她就无法接受。她会要求孩子跟着自己不断尝试，改变现状，最终成为单腿爵士舞蹈家，或畸形足的跳远运动员，或大脑受损的骨科专家（所有这些都是生活中的真实案例）。帮助残疾儿童和弱智儿童的这些机构也很尽心，如果这些儿童能取得成功（在他们的帮助下），他们也会非常高兴。如果母亲的脚本中并不想拥有身体或智力残疾的孩子，但孩子的残疾很严重而且是永久性的，那么母亲的生活将会陷入一个永远无法实现脚本的悲剧中。反之，如果母亲的脚本想要一个残疾的孩子，但孩子的残疾只是暂时的、可治愈的，那么孩子的人生将会陷入没有必要、受母亲脚本强行干涉的悲剧中。

现在回到老年问题。一个人如果有"开放式"脚本，即使他体质强健、身体健康（或患有点小病，或有疑病症），也可能很早就失去生命的活力。这常见于靠养老金度日的人身上。对他们来说，"父母"的训诫是："努力工作，不要做冒险的事"，结局是"工作退休后却不知道如何生活"。耶德工作二三十年后，圣诞老人为他举办了退休欢送会，被授予了金表，但他随后却不知道要怎样生活。他习惯于遵循脚本指示行事，但现在他的脚本上没有任何计划。因此，他只能坐等，直到某些事情发生，如死神的来临。

一个有趣的问题是：当圣诞老人来了，你会做什么？对有"直到"脚本的人而言，圣诞老人会从烟囱爬下来，给予他自由证书。此时，耶德完成了脚本要求，可以摆脱对立脚本的束缚，自由地做他从小就想做的事。但就像很多希腊神话描述的一样，一个人若要走自己的路，总要面临各种危险。在摆脱女巫或父母的同时，他也失去了保护，而且很容易受伤。这一点在童话故事中也有体现。诅咒使人遭受考验与磨难，但同样也给人戴上了一顶保护伞。施加咒语的女巫确保受害者在接受诅咒的同时依旧可以存活，如睡美人就这样在荆棘丛中被保护了100年。但当她醒来的那一刻，诅咒消失，麻烦也随之而来。拥有双重脚本就能使当事人在生活中一直顺心顺意：从父母的一方获得"直到"脚本，再从另一方获得"之后"脚本。常见的一个例子是："直到你抚养完三个孩子，你才能自由"（来自母亲的脚本），"你自由之后，才能变得更有创造力"（来自父亲的脚本）。这样，佐伊的前半生是由母亲控制和保护的，后半生则是由父亲控制和保护的。对男性来说，双重指令可能与上述相同，但控制和保护的顺序是相反的：父亲在前一阶段，母亲在后一阶段。

在这个国家，按经济状况可以把老人划分为三种类型：那些拥有失败者脚本的人独自住在出租房或破旧的旅馆里，被称为老男人或老女人；那些拥有非胜利者脚本的人拥有自己的小房子，可以在里面做自己喜欢的事，被称为老年人；而拥有胜利者脚本的人则住在有经济补贴的退休房里，被称为资深市民或纳税人先生、夫人，他们在给编辑写信时就是这样署名的。

对于那些没有脚本的老年人，治愈他们的方法就是给予许可，但他们很少对此加以利用。每个大城市都有成千上万的老男人住在小房间里，希望有人为他做饭，与他聊天，听他说话。同时，也有成千上万同样情况的老女人，希望自己能为某人做饭，和某人说话，倾听某人。但即使他们彼此偶遇，也很少会抓住机会，双方都宁可待在自己熟悉的单调环境中，弓着背取茶杯，弯着腰开电视。他们双手交叉坐在那里，静静等待死亡的到来。这正是小时候母亲给他们的指令，即使过了七八十年，他们依旧在遵循。除了赛马或体育竞猜外，他们之前从未冒险，所以现在又有什么理由要将自己置于危险境地呢？因脚本目标已经实现，他们便不再遵循其脚本，但旧有的指令已扎根于其心。当死亡来临时，他们会欣然面对。在他们墓碑的正面，将会刻着"与先人同眠"，而在其反面，却刻着"我一生安稳，从未冒险。"

人们说 22 世纪的孩子将在瓶子里长大，国家和父母会为孩子的生活制订详细的计划，甚至还会被基因编程。但其实我们早已生活在国家和父母制订的详细计划之中，这就是脚本计划。脚本计划比基因编程更易改变，但很少有人愿意更改。如果有人愿意，那他的墓志铭一定更鼓舞人心。在火星人看来，几乎所有虔诚的墓志铭都是同一个意思："在瓶子里长大，并一直待在其中。"墓地里一排排十字架或其他象征符号表达的亦是如此。不过，偶尔也会有一些别样的惊喜："在瓶子里长大，但我最后跳出来了。"很多人不愿意跳出来，即使瓶口没有软木塞。

G. 临终场景

对于死者，死亡不是一种行为，甚至不是一个事件，而对于幸存者而言却是如此。死亡可能是、也应该算是一种人际沟通。在纳粹死亡集中营里，弥漫着个人身体的恐惧与心理恐惧。在毒气室里，人的尊严、自我肯定与自我表达不复存在。他们没有勇气蒙上眼睛、抽支雪茄，无力反抗，不能留下名垂千古的遗言。总之，死者没有人际沟通。而临终者却有沟通刺激，但没有得到杀人者的回应。因此，不可抗力降低了脚本结局的痛苦，从某种意义上说，整个人生就是为临终场景做准备。

关于临终场景，脚本分析师这样询问："临终前谁会陪在你身边，你的临终遗言是什么？"也可以问："他们最后对你说的话是什么？"第一个问题的答案通常是"我想让他们知道"。"他们"指的是父母，对男性来说尤指母亲，对女性来说则是父亲。不过，他们想让父母知道的内容不尽相同，可以是"我想让他们知道我做了他们要求我做的事"或"我想让他们知道我没有必要做他们想让我做的事。"

其实对这个问题的回答正是耶德对人生目标的总结。治疗师可以将其作为打破耶德心理游戏、使其摆脱脚本束缚的强有力工具：

"所以你的整个人生就是在向他们证明，你有权感到伤心、害怕、愤怒、无能或内疚。好吧。如果你一直这样做，那此举将是你人生中最大的成就。不过，你也许想找到一个更有价值的人生目标。"

临终场景是婚姻脚本契约中隐匿的一部分。夫妻一方脑海里可能有一个对方先死的清晰脚本场景。在此情况下，配偶通常会有互补脚本，且乐意这样安排。所以，他们会相处融洽，生活美满。但如果双方脑海里想的都是对方先死，那他们的脚本在这方面就会有冲突，余生也是争吵不断，不能如意。不过，既然他们的婚姻能够延续，其脚本在其他一些方面也是互补的。但当某一方生病或处于痛苦之中，这种冲突会更加凸显。比较常见的脚本是老夫少妻的临终场景。愤世嫉俗者会说她是为了财产嫁给他，但从脚本场景的角度考虑也很重要。在他病危时,她会一直陪在他身边,从好的方面想,她是为了照顾他,但其实她只是不想错过他临终前的遗产交付。如果察觉到了这一点,那么他对彼此婚姻也会缺乏安全边际,因为与一个盼望自己去死的人相处并非易事。年轻小伙与大龄女性的婚姻亦是如此,但是并不常见。显然,在他们最初的脚本草案中,年轻女性嫁给年老男性是把他们当作父亲,年轻小伙娶大龄女性是把她们看成母亲。

H. 绞架上的笑容

真正的死亡要么由不可抗力所致,要么则由脚本指令所致。不可抗力导致的死亡——无论是和平年代的疾病还是战争时期的暴力——完全就是一个悲剧。而由脚本指令引起的死亡常常带以绞架上的笑容或玩笑为标志。临死时还挂着微笑或开玩笑的人受到了脚本驱使,其笑容或言语中传达的意思是:"好的,母亲,我已经遵循了您的指令。我希望您能开心。"十八世纪伦敦的罪犯经常在绞架上开玩笑,他们在临死前会说一些具有讽刺意味的警句来娱乐围观群众,他们之所以会死正是因为遵循了母亲的禁令:"孩子,你最终也会像你父亲一样被送上绞刑架的!"很多名人临死前也会开玩笑,这也是因为他们遵循了母亲的指令:"儿子,你死后会很有名的。"不可抗力导致的死亡就没有那么轻松快乐,因为这与母亲的指令截然相反:"长命百岁!"或"开心地死去!"据我所知,德国集中营里就没有人在绞架上开过玩笑。但也有一种特殊的指令:"死亡只是去另一个世界享受罢了!"即使孩子在临终前开这样的玩笑,母亲也无法承受这样的丧子之痛。玩笑其实只是为了缓解母亲的哀伤而已。

所有这一切都意味着,控制型父母在大多数情况下操纵耶德的寿命及死亡方式，不许他有各种想法与抗争行为，不过他还是愿意遵循父母的指令。

I. 死后的场景

成功者脚本中的死后场景通常具有很好的现实意义。耶德创办了一家大型机构，或造福他人，或子孙满堂，他明白他因此而使自己的生命得以延续，也清楚那些与自己关系密切的人会前往墓地祭拜。

而拥有悲剧脚本的人对其死后场景带有可悲的幻想。例如，空想的"死者"会说"他们会后悔的"，并幻想他们会为自己举办一场充满悲情的葬礼，而实际上或许真有，也或许没有。愤怒的"死者"会说："他们会遭到报应的"，并幻想果真如此，但其实别人可能暗自欢喜，终于没人挡道了。那些"我要让大家都知道我"的"死者"，可能也不会如自己所愿登上报纸头条，他们有的不过是普通的讣告。而那些因绝望或受挫的"死者"本想悄然死去，却因某些不可预见的复杂原因而登上了报纸头条。还有一些人本想通过行为为妻子换取一笔保险费，却因未曾仔细阅读条款而使幻想落空。

一般来说，除了战士和歹徒外，无论自杀还是杀人，都不是解决人生问题的好方法。

J. 墓碑

墓碑跟 T 恤衫一样也有两面。这里要问："他们会在你的墓碑上写什么？"以及"你会在墓碑上写些什么？"一个典型的回答是："他们会说：

'我是个好女孩儿。'而我会说：'我努力了，但我没有成功。'"同样，这里的"他们"通常指代父母或类似父母一样的人。"他们"在墓碑上所写的体现的是父母的对立脚本，而患者自己在墓碑上写下的是父母的禁令，如上述例子的墓志铭是："努力吧，但千万别成功。"墓碑上写的都是死者的好话，一方面说明他执行了对立脚本，另一方面也说明他是一个乖巧的孩子，因为他遵循母亲的脚本指令，无论那些指令起的是鼓舞作用还是打击作用。

如果患者对墓碑的问题避而不谈，说自己不会有墓碑，其回答本身也是有意义的。一个逃避死亡的人其实也是在逃避生活。如果是这样，治疗师可以通过询问以下两个问题，获得墓碑两面的答案："假如你有一个墓碑，上面会写什么？"或者"这里有一个墓碑，你觉得上面是什么内容？"

K. 遗嘱

一个人无论对身后事有何幻想，遗嘱或遗书都是他实现其脚本结局的最后机会。他可能终其一生都在掩饰一个谎言或隐藏一笔财富，直到其死后，真相才被揭露，这就好比向子孙后代开了一个玩笑。历史上有很多这样的例子：当手稿或画布从壁橱中被找到、出人意料的作品从各种文件中被翻找出来时，其创作者被埋没的才华才得以展现。一般来说人们只有在查验其遗嘱时才知晓他生前或者隐藏了财富抑或是掩盖了贫穷的事实。遗嘱是人们常用的揭开真相的方式。最常见的例子前文已有所提及：母亲把大部分遗产留给了"不忠不孝"的女儿，只有极小部分留给了忠孝两全的孩子。又如只有在宣读遗嘱时才曝光当事人犯有重婚罪的事实。这里要问：

"在你的遗嘱中,最重要的内容是什么?你死后,身边的人感到最惊讶的会是什么?"

到此为止,我们伴随耶德了解了他从出生到死亡的整个人生脚本。但在讨论如何治疗前,我们还有很多更有趣的故事。

第三篇

运行中的脚本

人 生 脚 本

第 11 章　脚本的类型

A. 胜利者、非胜利者与失败者

　　脚本通常为人的一生所设计。它们基于儿童时期的决定和父母不断强化的编程。这种强化可能通过日常接触实现，如为父亲工作的男性或每天早晨给母亲打电话闲聊的女性。这种接触或许没那么频繁，但十分微妙，且同样可以达到强化的效果。父母过世以后，他们的指令将比以往更生动地保留在记忆中。

　　如前文所述，在脚本语言中，失败者被称为青蛙①，胜利者被称为王子或公主。父母不在乎自己的孩子成为胜利者还是失败者，因为他们可能希望孩子在自己选择的角色中感到"幸福"，除特殊情况外，他们并不希望孩子转型。抚育青蛙的母亲可能希望她的女儿成为快乐的青蛙，并且不会要求女孩变成公主。（"你以为你是谁？"）抚养王子的父亲也希望他的儿子幸

---

　　① 引自杨（Young, D.）的《青蛙游戏》（*The Frog Game*）。

福，但通常他宁愿看着儿子不幸福，也不愿儿子变成青蛙。（"你怎么可以这样对我们？我们给了你最好的一切。"）

决定脚本的首要问题是确定其结局是胜利还是失败。通过倾听对方的谈话，我们很快就能发现这一点。胜利者会说"我犯了一个错误，但绝不会再犯"，或者"我现在知道正确的做法了"。失败者会说"要是……就好了""我本应该……"和"是的，但是……"接近失败的非胜利者脚本要求他们非常努力地工作，但这不是为了获胜，只是为了保持稳定。他们经常说"至少……"比如，"嗯，至少我没有"或者"至少，我还有这么多值得感谢的东西。"非胜利者可以成为优秀的成员、员工，因为他们忠诚、勤奋、乐于助人，且不会惹是生非。在社会上，他们讨人喜欢，在团队里受人钦佩。胜利者常常明争暗斗并牵连无辜的身边人，有时甚至牵连成千上万的人，间接地给其他人制造麻烦。失败者则会给自己和他人带来最大痛苦。即使他们能出人头地，却仍是失败者，到最后会将其他人一同拖入深渊。

胜利者被定义为与世界、与自己履行契约的人。就是说，他一旦着手做某事，就会致力于此，并持之以恒。他的契约，或者说抱负，可能是节省10万美元，也可能是在4分钟内跑完一千米，或是获得一个博士学位。如果他实现目标，那么他就是胜利者。如果他负债累累，或在淋浴时扭伤脚踝，或在大三时表现不佳，那么他显然是个失败者。如果他节省了1万美元，或4分5秒跑完一千米，或以硕士学位毕业，那么他至少是个非胜利者，而不是失败者。重要的是，他通常根据"父母"的程序设定自己的目标，但由"成人"做出最终的决定。注意，目标是4分5秒且完成这项目标的人仍然是胜利者，而目标是3分59秒却只获得4分5秒的成绩的人，尽管他超过了某些没什么野心的人，却还是个非胜利者。从短期来看，胜利者可能成为球队队长，可能与选美皇后约会，或在扑克比赛中获胜。非胜利者永远拿不到球，只能与亚军约会，或在扑克比赛中打个平局。失败者则无法参加球队，没有约会对象，在扑克比赛中也赢不了。

此外，因为每个人都有权选择自己参加的联赛，并用自己设定的标准来衡量自己，所以亚军球队的队长与冠军球队的队长处于同一水平。举个极端的例子，假设"在没有生病的条件下，花最少的钱在大街上生活"是一场比赛，那么谁完成了谁就是胜利者。而尝试过却生病的人却是个失败者。典型的失败者是无缘无故使自己遭受疾病或损失的人（例如第三章中的黛拉）。

胜利者知道如果失败了该怎么办，但他不会说出来。失败者不知道如果失败了该怎么办，但是会谈论成功时自己会做什么。因此，在赌桌上或证券交易所里，在家庭争吵或家庭治疗中，我们只需要聆听几分钟就能辨别胜利者和失败者。

基本规则似乎是，胜利者的脚本结局来源于其养育型"父母"反脚本的口号，非胜利者的结局来源于其控制型"父母"的禁令。失败者在其父母疯狂的"儿童"的挑逗和诱惑下逐渐走下坡路，唤醒了心中自我毁灭的恶魔。

B. 脚本时间

无论胜利者还是失败者，脚本都是一种构成时间的方式，从第一次在妈妈胸前打招呼开始，到最后一次进坟墓前说再见结束。在人的一生中，总有在做和不正在做的事情，也有永远不做和总是做，之前没做过和之后也不会做，反复做和做到无事可做的事情。于是就有了"从不"和"总是"，"直到"和"之后"，"反复"和"开放式"的脚本。参考希腊神话，我们可以更好地理解这些内容，因为希腊人对这些脚本的感知更为强烈。

坦塔罗斯（Tantalos）代表了"永不"脚本。被打入地狱后，他能看见食物和水，却只能永远忍受饥渴，再也不能进食或喝水。拥有该脚本的人被父母禁止做自己最想做的事情，因此一生都将饱受诱惑。"父母"的诅咒始终伴随着他们，因为他们的"儿童"又害怕得到自己最想要的东西，所以他们确实一直饱受诱惑。

"总是"脚本跟随着阿拉克涅（Arachne），她向女神密涅瓦（Minerva）挑战织布技巧，失败后作为惩罚变成了蜘蛛，只能花费所有的时间来织网。这样的脚本通常来自恶毒的父母，他们会说："如果那是你想做的事，那你就用余生来完成吧。"

伊阿宋（Iason）的故事代表了"直到"脚本（亦称"之前"脚本），他被告知在执行某些任务前无法成为国王。最终他得到了奖励，并幸福地生活了十年。赫拉克勒斯（Herakles）有着相似的脚本：直到第一次做满十二年的奴隶，他才能成为神。

"之后"脚本源于达摩克利斯（Damoklēs）的故事。他被允许享受当国王的快乐，直到他注意到有一把剑被一根马毛悬挂在他的头上。"之后"脚本的座右铭是"你可以暂时享乐，但之后麻烦会接踵而至。"

"反复"脚本的典型代表是西西弗斯（Sisyphos）。他被惩罚在山脚将沉重的巨石推上山顶，但每当要到达山顶时，石头又滚了下去，他不得不重新开始。这是经典的"差点成功"脚本，伴随着一个接一个的"要是……就好了"。

"开放式"脚本一般来自非胜利者或是源于电视剧《空中馅饼》的场景。费莱蒙（Philemon）和鲍西丝（Baucis）因自己的善行在死后得以化身为月桂树，所以他们的故事也是个典型代表。已经完成"父母"指令的老人在一切结束后不知道接下来要做什么，他们只能安静地度过余生，或像树叶在风中"沙沙"作响般闲聊度日。这是许多母亲的命运，她们的子女已经长大成人并定居各地；这也是许多退休人员的命运，他们按照公司的规定和父母的指令完成了30年的工作。如前所述，"老年人"社区到处都是完成了人生脚本的夫妇，他们在生命最后阶段不知该如何安排时间。传闻在天堂，善待员工的人可以开着大黑车缓慢地沿着左车道行驶，而不会被一群粗鲁年轻人的改装车狂按喇叭。爸爸说："我十几岁时也年轻气盛，但是现在……"妈妈又补充道："你不会相信他们……我们一直都在付出我们的……"

C. 性与脚本

所有这些脚本类型都关乎性。"永不"脚本可能禁止爱或性，或两者都禁止。如果他们禁止爱而不禁止性，那么这将成为滥交的许可证，一些水手、士兵和流浪者可对此充分利用，而妓女可以此谋生。如果他们禁止性但不禁止爱，牧师、僧侣、修女和抚养孤儿的行善者会不断涌现。滥交者会渐渐向往忠诚的恋人和幸福的家庭，而慈善家们则不得不纷纷离开教会。

"总是"脚本的典型代表是因犯错被父母赶出家门的年轻人，但通常正是父母对他们说的话促使他们犯错，比如，"如果你怀孕了，就去街头谋生吧"和"如果你想吸毒，那就自生自灭吧"。让女儿落得如此下场的父亲可能从她10岁（10岁？还是8岁？）起就产生了不好的想法，而发现儿子吸毒把他赶出家门的父亲可能在当天晚上喝得烂醉如泥来减轻痛苦。

父母设置的"直到"脚本是最强烈的，因为它通常由直截了当的命令组成："直到结婚，你才能发生性关系；直到你能照顾好母亲（或者直到你读完大学），你才能结婚。""之后"脚本中的父母影响力几乎不言而喻，犹如悬挂的利剑闪烁着明晃晃的威胁："一旦结了婚，有了孩子，你的麻烦就开始了。"从行为层面看，这意味着"把握时机，在结婚前抓紧享受"。结婚后，这句话就缩短为"一旦有了孩子，你的麻烦就来了"。

拥有"反复"脚本的人总是做伴娘，却做不了新娘。即便不断努力，也从未成功。在"开放式"脚本的结尾，上了年纪的人活力不再，却也没有太多遗憾，对自己美好的过去感到知足。拥有该脚本的女人期盼更年期的到来，希望以此解决她们的"性问题"。像她们一样，拥有该脚本的男人则希望能把时间花在工作上，以此摆脱性义务。

更贴切地说，每种脚本都与真正的性高潮有关。当然，"永不"脚本除了造就老处女、单身汉、妓女和皮条客之外，还造就了性冷淡的女人，她们可能一辈子都没有一次性高潮。"永不"脚本还可能造就阳痿男人，这些男人只有在没有爱的情况下才能达到性高潮。弗洛伊德举了一个典型的例子，某男对妻子阳痿，对妓女却不会。"总是"脚本会造就性爱狂，像唐璜（Don Juans）一样，一生都在不断地追求性高潮。

"直到"脚本偏向于那些苦恼的家庭主妇和疲倦的商人，直到家里或办公室里的每一个细节都妥帖，他/她们才能产生性欲。即使产生性欲，也可能在最关键的时刻被"冰箱门"和"记事本"的游戏打断。他/她们不得不立刻跳下床去完成这些小事，如检查冰箱门以确保它已关上，或记下一早上班要做的事。拥有"之后"脚本的人会因为忧虑而干扰性行为。例如，对怀孕的恐惧使女人无法愉快地享受性高潮，并可能导致男人早泄。性交中断（男子通过体外射精来避孕）通常使双方一开始就处于紧张的状态，如果夫妻俩太害羞以至于无法让女性得到满足，通常会使女性受困于兴奋状态。实际上，在讨论这个特殊问题时，我们通常使用"满足"一词，但这并不贴切，因为一次完美的性高潮远比苍白无力的"满足"二字更富有内涵。

"反复"脚本是女性失败者所熟悉的，她们在性交过程中的兴致会越来越高，但在即将高潮时，（可能是在女人的帮助下）男人射精了，然后她只能再次跌回谷底。这种情况可能持续数年之久。"开放式"脚本影响着很多老年人。一旦上了年纪，他们就"太老"了，不能进行性生活，他们的腺体也会因不用而萎缩，皮肤、肌肉和大脑也是如此。他们无所事事，只能消磨时光，直到生命枯竭。为了避免这种枯燥的生活，脚本不应该有时间限制，其设计应该维持整个生命周期，不管周期有多长。

一个人的性潜能、性欲望和性能力在某种程度上取决于遗传和两性的化学反应，但似乎更受制于他在儿童时期所做的脚本决定和导致这些决定的父母程序。因此，在很大程度上，一个人在6岁时就能决定他一生中性行为的许可和发生频率，以及他爱人的能力和意愿。这似乎更适用于女性。有些女性很早就决定长大后要当妈妈，而有些女性则很早就决定要永远做处女，或在结婚前保持处女之身。在任何情况下，父母的意见、成人的预防措施、儿童时期的决定、社会的压力和恐惧都会不断干扰两性的性行为，从而抑制、夸大、扭曲、忽视或玷污自然的欲望和周期。其结果是，任何所谓的"性"都成为了下流的行为。在希腊神话中，奥林匹斯山上的一些简单的行为被演化为充满欺骗和诡计的民间故事，形成了原始脚本的基础，比如，欧罗巴变成了小红帽，普罗塞庇娜（Proserpina）变成了灰姑娘，尤利西斯变成了愚蠢的王子，王子变成了青蛙。

D. 时钟时间与目标时间

第二章讨论了在短时间内进行社交的方式，包括退却、仪式、消遣、活动、游戏和亲密。每种方式都有起点和终点，被称为转换点。在较长一段时间里，脚本也有它的转换点，这通常意味着玩家在戏剧三角中从一个角色转换到另一个角色。

理查德·谢克纳（Richard Schechner）对戏剧中的时间模式进行了细致的学术分析[①]，这同样适用于现实生活中的戏剧脚本。时间有两种最重要的类型，他称之为"设定时间"和"事件时间"。设定时间为时钟或日历时间。动作在特定的时刻开始、结束，或在特定的时间内完成，比如，足球比赛。在脚本分析中，我们称之为时钟时间（clock time, CT）。在事件时间里，像一场棒球比赛一样，无论时间长短，活动都是要完成的。对此，我们称之为目标时间（goal time, GT）。两种时间的结合也同样存在，比如，拳击比赛可以在所有回合结束时结束，也可以在一方被击倒时结束。前者属于设定时间或时钟时间，而后者属于事件时间或目标时间。

谢克纳的观点对脚本分析师很有用，特别是在处理"可以"和"不可以"脚本时。一个正在做家庭作业的孩子可以得到五种不同的指导。"你需要充足的睡眠，所以你可以在九点钟停下来。"这叫作"时钟时间可以"。

---

① Schechner, R. *Public Domain*. The Bobbs-Merrill Company, New York, 1969, Chapter 2.

"你需要充足的睡眠，所以你不可以在九点以后写作业。"这叫作"时钟时间不可以"。"你的作业很重要，所以你可以熬夜完成它。"这叫作"目标时间可以"。"你的家庭作业很重要，所以你在做完作业之前不可以睡觉。"这叫作"目标时间不可以"。两个"可以"可能会减轻他的负担，两个"不可以"可能会激怒他，但没有一个脚本对其做出绝对严格的规定。"你必须在九点钟之前完成作业，这样你才能睡觉。"这里把时钟时间和目标时间结合起来，称为"赶快"。很明显，每个指令都会对他的作业和睡眠产生不同的影响。当他长大后，对他的工作习惯和睡眠习惯也会产生不同的影响。从火星人的角度来看，对孩子脚本的影响可能与父母的表述完全不同。例如，"时钟时间不可以"可能会导致失眠，而"目标时间可以"会在某一天成为泡影。（第六章中的查克有"目标时间不可以"的指令，他选择接受心理治疗而不是甘愿罹患心肌梗塞。其他有相同指令的人则宁愿忍受心肌疾病。）这个划分很重要，因为它有助于解释人们在遵守脚本指令时该如何利用时间。"你可以活到40岁"（"时钟时间可以"）的人通常忙于完成他想做的事情；"你可以活到你妻子去世"（"目标时间可以"）的人可能会花更多时间忧虑如何让妻子活得更久；"在你遇到合适的人之前你是做不到的"（目标时间不可以）的人可能会花很多时间找这个合适的人；"你21岁之前做不到"（时钟时间不可以）的人就可以有时间做其他的事情。这也解释了为什么有些人按时钟行动，而另一些人则以目标为导向。

第 12 章　几个典型的脚本

脚本是限制人们自发性和创造性灵感的人为系统,正如人为设计的游戏,限制人们自发产生亲密关系。人为设定的脚本限制了人类自发创造的愿望,就像人类设计的游戏限制了自发创造的亲密关系一样。脚本好比一块精美装饰的磨砂玻璃,耶德的父母将其放在儿子与世界(和他们自己)之间,然后将其固定并好生保养。耶德透过这块玻璃凝视着世界,世界也回望着他,希望能看到他真正人性的闪现,甚至是迸发。但由于世界透过磨砂玻璃观察,能见度就好比在泥泞河底戴着污浊面罩的两个深水潜水者互相对视。而火星人已经把自己的面罩擦干净,所以能看得更清楚些。下面则是他所看到的一些例子,这可能有助于解释脚本如何在每个案例中给出问题的答案:"说完'你好'后,你会说什么或做什么?"

A. 小粉帽("流浪儿")

小粉帽是个流浪儿,她总是坐在森林里的一片空地上,等待着需要帮助的人经过。有时她会走到小路上，以备有人在森林的其他地方需要帮助。她很穷，给不了太多，但无论她有什么，都会慷慨地分享。当人们腾不出手时，她会帮忙接住东西。她的脑袋充满了父母健在时对她的谆谆教诲。生活中，她也喜欢说些俏皮的话，总是鼓舞那些害怕在森林里迷路的人。因此，她结交了许多朋友。但每到周末，她几乎总是一个人，因为那时其他人都在草地上野餐，单独留下小粉帽一人。有时人们有些担心她独自一人待在森林里，所以邀请她一起去野餐，但是随着她慢慢长大，这种情况也越来越少。

小粉帽过着与小红帽截然不同的生活，事实上，她们相遇的那一次，双方相处得并不融洽。小红帽匆匆穿过森林，正好经过小粉帽所在的空地。她停下来打了个招呼"你好"，然后两人互相注视了一分钟，以为彼此可能成为朋友。因为她们俩看上去有点像，除了斗篷之外，一个是粉红色的，而另一个是红色的。

"你要去哪儿？"小粉帽问，"我以前从没在这儿见过你。"

"我要给我奶奶带些我妈妈做的三明治。"小红帽回答说。

"哦，真好，"小粉帽说，"我没有妈妈。"

"不过，"小红帽说，"我去奶奶家的时候，我想我可能会被狼吃掉的。"

"噢，"小粉帽说，"好吧，一天一个三明治，狼就不会来了。一个聪明的孩子在遇到会吃自己的狼时，马上就能认出它。"

小红帽说："我觉得这些俏皮话一点也不好玩，再见。"

"你怎么那么自大？"小粉帽质问道。但小红帽此时已经离开了。"她一点儿幽默感也没有，"小粉帽自言自语道，"但她可能需要帮助。"于是，她冲进森林，想找一个能保护小红帽不受大灰狼伤害的猎人。最后她找到了一个老朋友，并告诉他小红帽有麻烦了。猎人跟着小粉帽来到小红帽祖母的小屋门口，看到了那里发生的一切。小红帽躺在床上，而狼正打算吃掉她。猎人立刻杀了狼。之后，他一边和小红帽开着玩笑，一边切开狼的肚子，把石头放了进去。然而，小红帽并没有想要感谢小粉帽，这让小粉帽很伤心。一切结束后，猎人和小红帽成了比他和小粉帽更要好的朋友，这让小粉帽更加伤心了。她太伤心了，就开始每天吃活力浆果，可吃完后又无法入睡，所以晚上就要吃有助于睡眠的浆果。她仍然是一个可爱的孩子，也仍然喜欢帮助别人，但有时她认为最能治愈伤心的办法是服用超剂量的睡果。

临床分析

主题：小粉帽是个孤儿，或者有理由觉得自己像个孤儿。她是一个可爱的孩子，谨记父母的训诫，爱说些俏皮的话，但她把对事情真正的思考、组织和贯彻落实交给了别人。她很有责任心，总是乐于助人，因此她有很多"朋友"，但最后却常常被冷落。然后她开始喝酒，服用刺激性药物和安眠药，并经常想到自杀。她说完"你好"之后，说了几句俏皮话，但那只是为了打发时间，直到她有机会问："我能帮你做点什么吗？"因此，在俏皮话说完后，她可以和失败者建立"深厚"的友谊，但与胜利者的关系却没那么好。

临床诊断：慢性抑郁症。

童话故事：小粉帽。

角色：乐于助人的儿童、受害者、救助者。

人物转换：救助者（忠告型、抚育型的"父母"）到受害者（悲伤的"儿童"）。

父母指令："做一个乐于助人的好女孩。"

父母榜样："这是如何帮助别人的方式。"

父母禁令："不要拥有太多，不要得到太多，不然就会失去很多。"

童年时期的口号："恪守本分，不要抱怨。"

心理定位："我不好，因为我有所抱怨。"

"他们好，因为他们可以拥有东西。"

决定："我会因为有所抱怨而惩罚自己。"

脚本：逐渐失去价值。

对立脚本：学习如何帮助别人。

T恤衫：正面——"我是个可爱的孩子。"

背面——"但我是个孤儿。"

游戏："不管我怎么努力。"

赠券：抑郁症。

墓志铭："她是个好孩子。"

"我努力过了。"

对立主题：别再做可爱的孩子了。

许可：利用"成人"获取有价值的东西。

归类

小粉帽是个失败者的脚本，因为她失去了她得到过的所有东西。这是一个"目标结构不可以"的脚本，其标准口号是："除非你遇到王子，否则你永远无法成功。"它基于"永不"计划，即"永远不要为自己谋求什么。"小粉帽通常在说完"你好"后，证明自己是一个乐于助人的可爱孩子。

B．西西弗斯（"我又来了"）

这个故事关于杰克（Jack）和他的叔叔荷马（Homer）。杰克的父亲是一位战争英雄，在杰克小时候就不幸战死沙场。他的母亲不久后也去世了。他由叔叔荷马养大，荷马是一个贫穷的运动员，喜欢吹牛，而且老是骗人。他教杰克各种体育和竞技游戏。但如果杰克赢了，他会勃然大怒，说："你以为自己很厉害吗？"如果杰克输了，他就会友好但又轻蔑地嘲笑他。所以后来，杰克开始故意输掉。他输得越多，他叔叔就越高兴，也越友好。杰克想要成为一名摄影师，但他的叔叔说那是娘娘腔的玩意儿，并告诉他应该成为一名体育英雄。所以杰克成了职业棒球运动员。然而荷马真正想的是让杰克尝试成为一名杰出的运动员，但最终计划落空。

因此，为了让叔叔高兴，杰克在前往超级联赛的路上扭伤胳膊且不得不退出比赛的事并不令人惊讶。正如他后来所说，很难解释像他这样有经验的球员怎么会在春训中出现如此严重的扭伤，毕竟当时大家都很放松，以免在赛季开始前受伤。

再后来，杰克成了一名推销员。他开局很好，接到的订单越来越大，直到最后成为老板的得力干将。接着，他开始偷懒。他总是很晚起床，工作懈怠，以致经常送货不及时。虽然他是个优秀的推销员，即使不用出去卖东西，顾客也会打电话给他，但他常常会忘记给顾客下订单。因此，他不得不与老板共进晚餐，私下进行长时间的交谈，讨论自己出现的问题。每次晚餐后，他会稍加振作，但一段时间后，情况又开始变糟，迟早他会在最后一顿晚餐上被友好地解雇。然后他会另找工作，将整个过程重复一遍。问题是，他觉得推销员总是需要说谎和欺骗，这让他非常烦恼。

经过治疗，杰克摆脱了叔叔的束缚，决定重返学校，成为一名社会工作者。

临床分析

主题：西西弗斯非常努力地工作，且即将抵达成功的边缘。但在那一刻，他放弃了，他停止了工作，失去了他所得到的一切。然后他必须从头开始，重复这个循环。

临床诊断：抑郁反应。

神话人物：西西弗斯。

角色：被遗弃的"儿童"、迫害者、救助者。

人物转换：英雄（成功者）到受害者（失败者）再到救助者。

父母指令："做一个坚强的英雄，而不是娘娘腔。"

父母榜样："偶尔欺骗也是可以的。"

父母禁令："不要成功。"

童年时期的口号："我是英雄的儿子。"

心理定位："我不行，因为我的确是个娘娘腔。"

"他们可以的，因为他们很成功。"

决定："我一定要成为一个英雄。"

脚本：不要成功。

T恤衫：正面——"我是一个超级推销员。"

背面——"但不要找我买任何东西。"

游戏："我又来了""倒霉的人。"

赠券：抑郁症和罪恶感。

最终结局：无能。

墓志铭："他努力了。"

"我没有成功。"

对立主题：不要再听你叔叔的话了。

许可：回到学校，做一个照顾孤儿的社会工作者。

归类

西西弗斯是个失败者的脚本，因为每当他接近山顶的时候，石头又会一路滚下去。这是一个"目标结构不可以"脚本，口号是："没有我，你就不能成功"。它基于"反复"计划，或说"想试就试"。在"你好"和"再见"之间，用"我又来了"这项游戏来填补。

C. 玛菲小姐（"你吓不倒我"）

玛菲（Muffy）每晚坐在酒吧的凳子上，点一杯威士忌酸酒。一天晚上，一个很粗鲁的男人坐在她身边。她吓坏了，但没有逃走。最后，她为了照顾他，也为了能让他创作更好的小说，就嫁给了他。他喝醉了就殴打她，清醒时就用言语羞辱她，但她仍然没有逃离。人们起初非常同情她，对她丈夫的行为感到震惊，但几个月以后，他们的态度发生了变化。

他们会说："从你的小土墩上站起来，做点什么，怎么样？当你告诉我们一个悲伤的故事时，你看起来真的很高兴，所以你的确在玩一个'这不是很糟糕吗'的游戏。"

一天，Q医生问她最喜欢的童话是什么。

"我没有喜欢的童话故事，"她回答，"但我最喜欢的童谣是'玛菲小姐'。"

"所以你才会坐在小土墩上，是吗？"

"是的，他遇见我时，我正坐在一个小土墩上。"

"那为什么他没把你吓跑呢？"

"因为小时候，妈妈告诉我，如果我离家出走，就会遇到比现在更大的麻烦。"

"好吧，那原来的小土墩呢？"有人问。

"哦，你是说便盆？好吧，他们让我坐在那里，他们吓唬我，威胁我，但我太害怕了，不敢站起来逃跑。"

因此，她的脚本就像玛菲小姐的一样，但是她不能逃跑，也不知道能跑到哪里去。而且，她喝的不是乳清，而是威士忌。那群人让她从小土墩上站起来，扔掉乳清，赶紧跑掉。以前，她看上去总是不开心，但现在她开始笑了。

她丈夫知道，向玛菲问好后说一声"呸！"时，她本应该逃跑的。大多数女孩都会，但玛菲没有。如果你对玛菲小姐说"呸！"而她没有逃跑，那唯一要做的就是再说一次"呸！"他就是这么做的。事实上，他对她说的几乎一直都是这些，除了有时候会说"啊呸！"

临床分析

主题：玛菲小姐坐在一个小土墩上等待蜘蛛，她觉得自己快要僵住了，但这是她唯一的希望。当他过来时，他试图吓唬她，但她认为他是世界上最美丽的蜘蛛并想和他待在一起。他继续不停地恐吓她，她却拒绝逃跑。但当他说她的行为反而令他害怕时，她真的吓坏了。她四处寻找另一只蜘蛛，但找不到一只像他这么漂亮的蜘蛛。所以只要她还能帮他织网，就要一直和他在一起。

临床诊断：性格障碍。

童谣故事：玛菲小姐。

角色：救助者、受害者。

人物转换：（环境的）受害者到（男人的）救助者再到（男人的）受害者。

父母指令："不要放弃。"

父母榜样："学会忍受的方式就是喝酒。"

父母禁令："不要离开，否则你会陷入更大的麻烦。"

心理定位："我很好——如果我能帮他创作。"

"他很好——他在创作。"

决定："如果我不会创作，我会找到一个会创作的人。"

T恤衫：正面——"我能应付。"

背面——"踢我吧。"

游戏："踢我吧。""这不是很糟糕吗。"

对立主题：不要坐在你的小土墩上，不要喝酒。

许可：为自己而活。

归类

玛菲小姐是个非胜利者的脚本。她永远不会成功，但至少有一只蜘蛛坐在身边。这是一个"目标结构可以"脚本，口号是："你可以帮助他创作。"它基于"直到"脚本，"坐在那里，直到你遇到一个蜘蛛王子，然后你就可以开始生活"。此时，"你好"到"晚安"之间由争吵、喝酒、爱情和工作填充。

D. 老兵永远不死（"谁需要我"）

麦克（Mac）曾经是个勇敢的军人，很照顾他的士兵。但有一天，许多士兵因为无知自大或不服从命令而牺牲了，麦克感到无比自责。又因疟疾、营养不良和其他一些问题，他的精神一度崩溃。康复后，他一直沉浸在工作里，只有这样，他才不会去想那些死去的士兵，但无论他如何努力工作，似乎从未走出阴影。他想努力摆脱阴影，却总是无法成功。麦克是个宴会承办人，举办过各种各样的婚礼和其他庆祝活动，但他自己从来没有什么值得庆祝的事。他总是一个旁观者，为帮助他人拥有好心情，提供食物、酒、安慰和建议，从而使自己感到被需要，至少他自己是这么认为的。最糟糕的是晚上独处时，他总是思绪万千。而最好的时光是周六晚上，那时他可以酩酊大醉，可以忘记一切，可以跟周围的人一样。

其实这一切早在他参军之前就开始了。他6岁时，母亲跟着一个士兵逃跑了。当得知母亲走后，他就开始发高烧，甚至觉得生活无望，因为这意味着母亲不需要他了。高中时，他每天早起努力工作，但每次刚攒了一点钱，他父亲就会设法把钱骗走花光。如果他给自己买了东西，他父亲就会把它卖掉。他嫉妒学校里的其他男孩，因为他们有母亲，而且可以经常打架。他并不介意在校园里看到打架的人流鼻血，但他不能忍受在战争中看到尸体。虽然他是个神枪手，但他总是为被自己杀死的敌人感到内疚，也没有因为自己的人被杀而对敌人表示不满。为此他非常自责，觉得死去的伙伴们在某处看着他，所以他非常小心，不敢玩得太开心，以免让自己更加内疚。除了他喝醉的时候，那时的开心是算数，还是不算数的呢？他永远不能确定。有一两次走极端，结果确实伤得很重，但还是活了下来。他即使得了支气管炎，也一直自暴自弃。经过长时间的治疗，他和母亲冰释前嫌，这使他感觉好多了。

临床分析

主题：老兵觉得自己不够好，也不被母亲需要，而且辜负了朋友。因此，他的惩罚是永远努力工作却始终停滞不前。他是生活中的旁观者，不能乐在其中。他乐于助人，这意味着要做更多的工作，但这使他感到自己被需要。死亡将是他唯一的解脱，但他不能用自杀来伤害爱他的人。他所能做的就是慢慢消失。

临床诊断：代偿性精神分裂症。

歌曲故事：老兵永远不死。

角色：失败的救助者、迫害者、受害者。

人物转换：（母亲和父亲的）受害者到（人类的）救助者到（环境的）受害者。

父母指令："努力工作，帮助别人。"

父母榜样："学会忍受的方式就是喝酒。"

父母禁令："不要出人头地。"

心理定位："我不好。"

"他们都很好。"

决定："我要工作到死。"

T恤衫：正面——"我是个好人。"

背面——"即使成为好人也会令我丧命。"

消遣：回忆战争。

游戏："我只是想帮你。"

对立主题：停止自杀。

许可：融入社会，走出阴影。

归类

老兵是个非胜利者的脚本，对老兵来说，无法走出阴影是一种荣耀。

这是一个"目标结构不可以"脚本，口号是："除非他们再次需要你，否则你无法走出阴影。"它基于"之后"计划，"战争结束之后，你只能慢慢等待死亡"。在等待的时间里，老兵通过帮助别人和与士兵交谈来消磨时光。

E. 屠龙者（"爸爸最清楚"）

从前有个叫乔治（George）的人，他因屠龙和治疗不孕症而闻名。他像游魂般在乡间游荡——或者说看起来是这样。一个夏日，他慢步穿过草丛，看见远处有烟柱和火叉向上喷射。走近时，他听到一声可怕的咆哮，还有一个遇险少女的尖叫声。他大喊一声"啊哈！"同时举起长矛。"这是不到一周内我遇到的第三条龙和第三位少女。我要杀死这条龙，毫无疑问，我将因为勇敢而得到回报。"过了一会儿，他对龙喊道："住手，你这个傻大个！"然后又对少女说："不要害怕！"龙往后退却，开始用爪子抓地，它期待的不仅是双份的午餐，还有它最喜欢的战斗。这位少女名叫乌苏拉，她伸出双臂喊道："我的英雄！我得救了。"她兴奋不已，不仅是因为自己得救了，还看到了一场精彩的战斗，更是因为想到了要对自己的恩人以身相许。

乔治和龙互相退后，准备冲锋，乌苏拉则在一旁为他们欢呼。此时，出现了另一个身影。他骑在一副银质马鞍上，鞍袋里鼓鼓地装满了金币。

"嘿，孩子！"新来的人叫道。乔治转过身来，惊讶地说："爸爸！见到你真高兴！"他背对着龙，下马去吻他父亲的脚。接着两人热切地聊了起来，乔治说："是的，爸爸。当然了，爸爸。你说得对，爸爸。"乌苏拉和龙都听不到父子俩的谈话，但显然他俩的对话将一直继续。

"哦，看在上帝的分儿上！"乌苏拉厌恶地跺着脚，说道，"某个英雄！一旦爸爸出现，就在那儿鞠躬行礼，根本没有时间照顾可怜又弱小的我。"

"你说得对，"龙说，"这还没完没了了。"于是它停止了喷火，翻身睡着了。

但最后，老人骑着马走了，乔治准备重返战场。他再次举起长矛，等待恶龙站起来冲锋，等待乌苏拉为他加油。而乌苏拉却骂了一句"浑蛋！"便走开了。龙站起来，说："没用的东西！"也离开了。见此场景，乔治大喊："嘿，爸爸！"然后跑着追向父亲。乌苏拉和龙在同一时刻转过身来，对他喊道："可惜他太老了，否则我要他都不要你。"

F. 西格蒙德（"如果这种方法行不通，就试试另一种"）

西格蒙德（Sigmund）决定成为一个大人物。他勤奋努力，一直想成为当权派的一员，这对他来说就像是天堂，但他们不让他进去。所以他决定去"地狱"看看。那里没有任何当权派，也无人倾心于此。然后，他不经意间就获得了职权。他非常成功，一段时间后就成了当权派。

临床分析

主题：耶德想成为一个大人物。虽然人们给他设置了各种障碍，但他并没有毕生与他们正面交锋，而是一直在伺机奋发向上，从而成为一个大人物。

临床诊断：恐惧症。

英雄故事：汉尼拔和拿破仑。

角色：英雄、对手。

人物转换：英雄到受害者再到英雄。

父母指令："努力工作，不要放弃。"

父母榜样："运用你的智慧，找出解决办法。"

父母禁令："成为一个大人物。"

心理定位："我很好——如果我能产出。"

"他们很好——如果他们会思考。"

决定："如果到不了天堂，我就去地狱。"

T恤衫：正面、背面都没有任何文字。

赠券：没有收集。

游戏：没有时间玩游戏。

对立主题：没必要。

许可：已经足够了。

归类

这是一个胜利者的脚本，因为耶德是脚本驱动者，志在必得。这是一个"目标结构可以"脚本，口号是"如果这种方法行不通，就试试另一种"。它基于"总是"计划，即"总是不断尝试"。说完"你好"后，接着就开始工作。

G．弗洛伦斯（"看穿一切"）

弗洛伦斯（Florence）的母亲希望她嫁得好，能跻身上流社会，但弗洛伦斯内心强烈意识到，她的使命就是为人类服务。14年来，她身边的每个人都反对她的决定，但最后她得以成功，开始了护士生涯。她不顾他人反对，经过不懈努力，最终获得了当权派甚至是女王的青睐。她全身心地投入自己的工作中，既不理会他人的诡计，也不理会公众的赞誉。她不仅改革了护理学，还改变了整个英国的公共卫生。

临床分析

主题：弗洛伦斯的母亲希望她热衷于社交，但她内心深处有个声音，说她注定要成就更伟大的事业。她拼命反抗母亲，以求实现自己的梦想。即使他人不断设置障碍，但她没有耗费精力与其周旋，而是迎接更大的挑战，最后成了一名女英雄。

  临床诊断：青少年幻觉危机。

  女英雄故事：圣女贞德。

  角色：女英雄、对手。

  人物转换：受害者、女英雄。

  父母指令："嫁个好人。"

  父母榜样："按照指令行事。"

  父母禁令："不要顶嘴。"

  幻觉禁令（大概是父亲的声音）："做一个像圣女贞德一样的女英雄。"

  心理定位："我很好——如果我能服务人类。"

  "他们很好——如果他们支持我的话。"

  决定："如果我不能以这种方式为人类服务，我会换另一种方式。"

  T恤衫：正面——"照顾好士兵"

  背面——"做得比之前更好。"

  赠券：没有收集。

  游戏：没有时间玩游戏。

对立主题：没必要。

许可：已经足够。

归类

与上一个例子相同，这也是一个胜利者的脚本。在这两种情况下，尽管外界反对，但研究对象都把失败的脚本（如汉尼拔、拿破仑、圣女贞德）变成了胜利的脚本。他们都有备选方案，从而可以避开外界反对，而不是选择正面交锋。这是灵活处事的体现，这样既不会打击信心，也不会降低效率。因此，如果拿破仑和圣女贞德做出了有条件的决定，他们的脚本结局将完全不同。例如，"如果我不能与英国人作战，我将与疾病作战。"

H．悲剧脚本

关于胜利者取得胜利，是因为有胜利的脚本，还是因为有自主的许可，仍然存在争议。但毫无疑问，失败者往往听从父母的计划，受自己心魔的驱使。悲剧脚本（斯坦纳称之为"破坏者"脚本[①]）可能是卓越的，也可能是糟糕的。卓越的悲剧脚本是灵感与经典戏剧的源泉。糟糕的悲剧脚本往往是用同样的演员在同样的场景，重复着同样的情节，场景设置在沉闷的"集水区"。为使失败者获得结局，脚本通常提供以下社会场所：酒馆、当铺、妓院、法庭、监狱、州立医院和太平间。悲剧脚本的结局千篇一律，在这样的人生中很容易发现脚本元素。因此，精神病学和犯罪学书籍中的

---

① 引自斯坦纳《酗酒者玩的游戏》（Games Alcoholics Play）。利德尔（Liddell）和斯科特（Scott）给出了其他几种说法，其中最相关的是 hamartetikos（容易失败），出自亚里士多德《伦理学》的第2、3、7条。

大量案例，是研究脚本的优秀资源。①

糟糕的脚本通常始于孩子受到"法西斯式的嘲笑"，他们坚持"怀旧囚犯"的原则。"法西斯式的嘲笑"历史悠久，故事是这样的。人们听说敌方的国王（领袖）肮脏愚昧，且堕落野蛮，如野兽一般。当他被俘时，他被关在一个笼子里，里面只有几块破布，没有厕所，也没有餐具。大约一个星期后，他被示众。果然，他肮脏愚昧又堕落野蛮，而且随着时间的推移他的情况越来越糟糕。然后征服者会微笑着说："看，我告诉过你的。"

孩子本质上是父母的"俘虏"，可以沦为父母想要的状态。例如，一个女孩被认为是一个歇斯底里、自怜自艾的婴儿。父母知道她的弱点，并在客人面前折磨她，直到她忍无可忍、泪流满面。因此她被贴上了"爱哭鬼"

---

① 针对某类失败者的研究中，最新且最具启发性和说服力的研究之一是路易丝·弗里斯比（Louise V. Frisbie）的《进一步了解加州性侵者》（*Another Look at Sex Offenders in California*）（萨克拉门托：加利福尼亚州心理卫生部，1969）。虽然有理由相信该作者至少知道脚本分析的存在，但按（犯罪学家的）惯常做法，即使她提供了许多脚本行为的明显例子，但仍忽略了脚本分析。例如，一名男子被判缓刑三年，直到缓刑期满前两周才证明自己并没有犯罪。他无法解释为何自己被卷入其中，但因对妓女的"变态行为"而被捕。本·卡普曼（Ben Karpman）在两卷本《犯罪精神病理学研究录》（*Studies in Criminal Psychopathology*）（华盛顿哥伦比亚特区：医学出版社，1933 & 1944）中的研究呈现了判断错误的完整案情，令人着迷。第一本发表于大萧条第一波"触底"阶段，爱德华·达赫伯格（Edward Dahlberg）的同名小说《底层人民》（*Bottom Dogs*）（1930）预见了大萧条的到来，该小说比同时期出版的大多数小说更有趣、更令人信服。当时的底层文学浪潮（也许可以追溯到威廉·巴勒斯（William Burroughs）的《裸体午餐》（*Naked Lunch*）（纽约：格罗夫出版社，1962）更为复杂，但同样沉闷和刻板。从脚本的角度看，在过去的30年里，没有发生任何改变，甚至连风格都没有改变。毕竟，这种风格可以追溯到乔伊斯（Joyce）的《尤利西斯》（*Ulysses*）（1922）或者至少可以追溯到他的《为芬尼根守灵》（*Work in Progress*，又名 *Finnegans Wake*）以及20世纪末转折期出版的其他作品。乔伊斯甚至戴着墨镜，正如他现在的许多模仿者一般（顺便说一句，斯蒂芬·卡普曼是本·卡普曼的儿子，他是第十章中所描述的戏剧三角形的提出者）。

的标签，所以她忍着不哭，可当她真的无法忍受时，情绪即刻爆发。然后，她的父母就说："多么歇斯底里的反应！每次客人来，她都会这样。真是个爱哭鬼！"脚本分析研究的关键问题是："你如何抚养一个孩子，使她长大后会跟这个患者做出同样的反应？"在寻找问题答案的过程中，脚本分析师逐渐能够准确地描述患者的成长过程。

许多在监狱里待久的囚犯会觉得外面的世界冷酷、艰难而可怕，他们为了使自己能重回监狱而再次犯罪。虽然监狱生活可能会很悲惨，但它是熟悉的，他们知道规则，可以避免大麻烦，而且那里还有老朋友。同理，当患者试图打破脚本牢笼时，他发现"外面很冷"。而且由于他不在老地方，又没有老朋友，就不得不结交新朋友，他认为这很可怕。因此，他像一个怀旧的囚犯一样，又回到了过去。

以上所有例子可能使脚本及其结局更易于理解。

第13章 灰姑娘

A. 灰姑娘的背景

对于脚本分析师而言,灰姑娘的故事说明了一切。它包括各种相互关联的脚本、无数可以获得新发现的细节以及每个角色在现实生活中的数百万个对应者。

在美国,灰姑娘通常指"小水晶鞋"。这一说法出自夏尔·佩罗(Charles Perrault)的法语译本,于1697年首次出版,1729年罗伯特·桑伯(Robert Samber)首次将其译成英文。在致格兰维尔伯爵夫人(the Countess of Granville)的献词中,桑伯明确表示,他非常理解这些故事的脚本影响。他说,柏拉图"希望'儿童'能就着牛奶来阅读那些寓言,并建议仙女教母加以教导"。佩罗认为"灰姑娘"被灌输的道德观自然属于"父母"指令。

但那远远胜过一张漂亮的脸,

> 我们称之为美好的恩典；
>
> 其魅力远远胜于一切，
>
> 这就是仙女教母
>
> 赠予灰姑娘的美，
>
> 她悉心教导她，
>
> 使她拥有如此优雅的风采，
>
> 于是她成了王后。

最后三行描述了灰姑娘从教母那里得到的"父母"教导。此外，佩罗暗示第二层寓意，强调如果一个孩子要有所成就，就必须得到"父母"许可。

> 毫无疑问，人类的一大优势
>
> 是拥有头脑、智慧、勇气、天赋和理智；
>
> 但如果上帝不允许，
>
> 或是教母不允许，
>
> 那么，以上所有的丰厚恩典，
>
> 都无法在人生中显现。

安德鲁·兰（Andrew Lang）在他的《朗格蓝色童话》中将桑伯的译本稍作修改，该书是最受孩子们欢迎的童话书，也是孩子们借此第一次看到灰姑娘。在法语版本中，灰姑娘非常善良，原谅了她的两个继姐妹，并为她们找到了富足的丈夫。《格林童话》在美国也很流行，包括德语版的《灰姑娘》。该版本的故事结局十分血腥，姐妹俩的眼睛全被鸽子啄了出来。在很多其他国家，"灰姑娘"的故事也同样流传甚广。①

在上述背景信息下，我们考虑用火星人的视角分析灰姑娘的故事。我们采纳佩罗的版本，这是大多数英语国家的孩子所熟知的。我们将讨论故事涉及的各种脚本，其中许多脚本在现实生活中很容易辨认。火星视角和现实生活告诉我们一件非常重要的事情，即书里的故事结束后，人物会发生什么（如小红帽）。

B. 灰姑娘的故事

佩罗这样写道，从前，一位绅士娶了第二任妻子，她是个寡妇，也是

---

① Thompson, Stith. *Motif-Index of Folk-Literature*. Indiana University Press, Bloomington and London, 1966.

汤普森将灰姑娘式的故事归为"没有前途的女主人公，且通常是，但不总是最小的女儿"。他的参考资料来源于：爱尔兰、美国布雷顿、意大利、土阿莫土群岛和祖尼部落等国家与地区。他还把"没有前途的男主人公"列为男性灰姑娘。他再次重申"前途无量的小女儿"这一观点的参考资料来源于包括印度和中国在内的世界各地。他还提及"饱受虐待的小女儿"和最广为流传的"残忍的继母"。其他常见的角色和行为包括"王子爱上卑微的女孩""女孩给王子传递信息"和"女孩贿赂王子娶她"。在法国、西班牙、意大利、冰岛、美国印第安等地的传说中，灰烬都意为"没有前途的女主人公"。"拖鞋测试"也广为人知。最初，法国版本里的灰姑娘穿的是松鼠皮拖鞋（在纹章学中称为 vair），被误译为水晶鞋。Ash-enputtefs slippers 是金色的。我们所熟悉的灰姑娘（Cinderella），可能起源于意大利的那不勒斯，亦称 La Gatta Cenerentola。在法语中，她被称为 Cu Cendron, Ash Bottom 或 Cinderarse，而在英语中，她有时叫 Cinderbreech。罗西尼（Rossini）有一部歌剧《意大利版灰姑娘》（*La Cenerentola*）和两部芭蕾舞。在德厄兰格（d'Erlanger）和佛金（Fokine）的芭蕾舞中，两姐妹由两名男舞者扮演，这就像其他的俄罗斯芭蕾舞一样，应该是部喜剧。在这方面最著名的芭蕾舞是普罗柯菲耶夫（Prokofiev）的。

参 见：Cf. Barchilon, J. and Pettit, H. (eds.) *The Authentic Mother Goose*. Alan Swallow, Denver, 1960。

有史以来最骄傲自大的女人（毫无疑问，这样的新娘通常如此。此外，她还很冷漠。）她有两个女儿，长得简直和她一模一样。绅士的第一任妻子是世上最好的人，她也生了一个女儿，这个女儿乖巧甜美，继承了妈妈的美好品质。

然而，婚礼一结束，继母就开始虐待灰姑娘。她无法忍受这个漂亮女孩的美好品质，因为这些品质使她自己的女儿越发被人憎恨。这个可怜的女孩默默忍受着一切，也不敢告诉父亲，因为父亲知道后肯定会赶她走，他完全被妻子控制了。女孩干完活后，常常躲到烟囱里，坐在煤渣上，所以人们经常叫她灰笨蛋，或者更客气点，叫她灰姑娘。

一天，国王的儿子举办了一个舞会，邀请所有上流人士参加，其中包括她的两个姐姐。灰姑娘帮她们梳头发、穿衣服，但她们却取笑灰姑娘没有收到邀请。灰姑娘心想，确实如此，这样高贵的场合不是她这样的人可以去的。两个姐姐走后，她哭了起来，此时她的仙女教母来了，承诺灰姑娘也可参加舞会。她对灰姑娘说："到花园里给我拿个南瓜来。"然后她将南瓜挖空，变出了一辆金色的马车。接着，她将几只老鼠变成马匹，其中一只变成一个长着精致胡须的快乐的胖车夫，又将蜥蜴变成侍从。灰姑娘戴上珠宝，穿上一件漂亮的礼服和一双小水晶鞋。仙女教母提醒她在十二点敲钟后离开舞会。

灰姑娘一来到舞会，就引起了轰动。王子带她来到最尊贵的地方，即使老国王也忍不住多看她几眼，并跟王后低声谈论她。离十二点还有一刻的时候，她离开了。两位姐姐回家时，她便假装早已睡着。她们告诉她那个美丽的陌生公主时，灰姑娘笑了笑，说："噢，她一定很美丽。我真想见见她！把你们的衣服借给我好吗？这样明天晚上我就可以去舞会了。"但是姐姐们却说,她们不会把衣服借给灰笨蛋的。灰姑娘很高兴,因为如果她们同意的话,她还真不知道该怎么办。

第二天晚上,灰姑娘玩得太开心了,以至于忘了离开。直到十二点的钟声开始响起,她立刻跳了起来,像小鹿一样敏捷地逃跑了。王子追了上去,但怎么也抓不住她。灰姑娘匆忙中丢了一只水晶鞋,王子小心翼翼地把它捡了起来。几天后,王子吹响号角,宣布他要迎娶能够穿进这只鞋的女人。他派人给王国里所有女人都试穿了这只鞋。灰姑娘的两个姐姐竭力把脚塞进鞋子,但都没有成功。灰姑娘认出了这只鞋,笑着说:"让我试试。"她的姐姐们也笑了,并开始取笑她。被派去试穿水晶鞋的绅士说,他奉命让所有人试穿,因此他让灰姑娘坐下,发现那只水晶鞋很合适,就像是为她量身定做的一般。她的两个姐姐非常吃惊,但当灰姑娘从口袋里掏出另一只水晶鞋穿上脚时,她们更惊讶了。这时,她的教母来了,用魔杖把灰姑娘的衣服换成了华丽的礼服。

两个姐姐看到她是美丽的公主,立刻扑到她面前说:"对不起",灰姑娘则拥抱并原谅了她们。然后她被带到王子身边,几天后便嫁给了王子。灰姑娘给两个姐姐在宫殿里找了住处,并在同一天把她们嫁给了王宫里的两位贵族。

C. 连锁脚本

灰姑娘的故事有许多有趣的特点,只是不知从何开始讨论。首先,演员阵容比开场要大得多。按出场顺序排列,人员如下:

| 父亲 | 教母 | (王后) |
| 继母 | (车夫) | (卫兵) |

姐姐 A	（侍从）	绅士
姐姐 B	（舞会上的人）	两位贵族
灰姑娘	王子	

（母亲） 国王

故事包括九个主要人物、一些没有台词的人物、一些只有一句台词的人物以及许多群众演员。最有趣的是，几乎所有的演员都不诚实，我们很快就会看到。

另一个特点是人物转换清晰，这是多数童话故事的共同点。灰姑娘一开始是个正常人，然后成为一个受害者，接着成为一个"戏弄他人的迫害者"，最后成为一个救助者。继母和她的女儿们从迫害者变成了受害者，德语版本中的灰姑娘更是如此，两个姐姐为了让水晶鞋合脚而砍掉了自己的一部分脚。故事还介绍了"酗酒者"游戏中的另外两个经典角色。教母提供灰姑娘所需要的东西，以此完成串场任务，而受害者是被选中娶邪恶两姐妹的贵族。

现在，我们来分析相关人物的脚本。我们需要些许时间厘清在这个看似简单的故事里，有多少角色拥有自己的脚本。

1. 灰姑娘。她有一个快乐的童年，但后来得忍受折磨，直到某件事情发生。故事关键的场景由时间建构：在午夜钟声敲响前，她可以尽情享受舞会，午夜过后就必须回到以前的状态。灰姑娘显然抵抗住了玩"这不是很糟糕么"游戏的诱惑，即使在父亲面前也是如此。舞会的场景开始前，她只是一个忧郁、孤独的人物。然后，她和王子一起玩"尝试捉住我"游戏，接着她带着神秘的微笑和两个姐姐一起玩"我有个秘密"游戏。高潮出现在扣人心弦的"现在她告诉我们"游戏中，灰姑娘带着戏弄的笑声，取得胜利者脚本的结局。

2. 父亲。父亲的脚本设定中，他失去了第一任妻子，然后抛弃自己的女儿，娶一个专横的（可能是冷淡的）女人，让自己和女儿受苦。但我们很快看到，他有锦囊妙计。

3. 继母。她拿的是失败者的脚本。她也会玩"现在她告诉我"游戏，引诱父亲娶她，然后在婚礼结束后，立即暴露自己真实、邪恶的一面。她指望着女儿过活，希望通过自己的卑鄙行径为女儿们带来美好的结局，但最终却成了失败者。

4. 继姐妹。她们的反脚本基于母亲的指令"照顾好自己，不要给笨蛋平等的机会"，但其结果基于"不要成功"的禁令。因为这也是她们母亲的脚本禁令，从她们的祖父母那里继承而来。她们艰难地玩着"倒霉蛋"游戏，先是把灰姑娘（或称为灰笨蛋）搞得一团糟，然后道歉并得到她的原谅。

5. 教母。实际上，她是所有角色中最有趣的一位。她把灰姑娘打扮得漂漂亮亮去参加舞会的动机是什么？为什么她不跟她好好聊聊，安慰她，而是把她送去光彩夺目的舞会呢？当时的情况是，继母和两个姐姐都去了舞会，家里只剩下灰姑娘和父亲。为什么教母如此急于摆脱灰姑娘？当晚其他人都在外面参加舞会，只有教母和父亲留在家里，"农场的后院"发生了什么？她告诉灰姑娘在午夜前回家，这是一个很好的办法，既可以让灰姑娘在外面待很长一段时间，又可以确保她第一个回家。这避免了其他女人发现教母在家的风险，因为灰姑娘回家可以提醒自己及时飞走。从颇具讽刺意味的角度来看，整个故事听起来像是一场有意的安排，让父亲和教母能共度一晚。

6. 王子。王子是个废物，毫无疑问他婚后得偿所愿。他让灰姑娘连续两次逃走，却不知道其真实身份。即使灰姑娘穿着一只鞋一瘸一拐地逃走，他也无法追上她。他没有亲自找她，而是让朋友来帮他找。最后，在相遇不到一个星期后，他娶了这个自身教养和家庭背景都不确定的姑娘。尽管表面看来，他赢得了灰姑娘，但这一切都指向一个失败者的脚本。

7. 国王。国王看姑娘的眼光很准，有点爱嚼舌根，但他无法保护自己的儿子不受一时冲动的影响。

8. 绅士。他是所有故事人物中最正直的一个。他没有像灰姑娘的姐姐们那样草率或傲慢，没有嘲笑灰姑娘，而是仗义行事。他也没有像一些不靠谱的男人那样，与灰姑娘私奔，而是把她安全地带到王子身边。他是个诚实可靠、尽职尽责的人。

9. 两位贵族显然是受害者，他们虽然对结婚当天才认识的两位粗鄙姐姐一无所知，却也只能迎娶她们。

D. 现实生活中的灰姑娘

重要的是，所有故事人物都可以在现实生活中找到原型。例如，下面就有一个灰姑娘的故事。

埃拉（Ella）的父母在她很小的时候就离婚了，她和母亲一起生活。不久之后，父亲再婚。他的第二任妻子带来了两个女儿，当埃拉来看望父亲时，两姐妹很嫉妒她，也很嫉妒父亲给她钱。几年后，母亲也再婚，埃拉不得不去和父亲一起生活，因为母亲和继父沉迷酗酒，无心养育她。埃拉在新家一点也不开心，因为继母明确表示不喜欢她，父亲也没怎么护着她。无论什么事，她都没有选择的余地，她的姐姐们还经常取笑她。所以她从小就很害羞，青少年时期也很少出门约会，而她的姐姐们过着精彩的社交生活，却从来没有邀请过她。

不过，埃拉有一个优势。她知道一些别人不知道的事情。她的父亲有一个情妇，是个叫琳达（Linda）的离婚妇女。她有一辆捷豹汽车，总是戴着昂贵的嬉皮士风格项链，有时还抽大麻。埃拉和琳达秘密地成了好朋友，经常谈论自己与父亲的问题。事实上，琳达给埃拉很多建议，就像教母一样。她特别担心埃拉，因为她没有太多的社交生活。

一天下午，琳达说："你继母不在，你姐姐要出去约会，你为什么不出去呢？一个人待在家里太无聊了。我把我的车和衣服借给你，你可以去摇滚舞厅，在那里你可以认识很多男孩。六点左右到我家来，我们一起吃饭，然后帮你收拾一下。"埃拉心想，琳达和她父亲要共度一晚，于是她同意了。

琳达觉得埃拉打扮得很漂亮。"不用急着回来。"她边说边递给埃拉她那辆漂亮汽车的钥匙。

在舞厅里，埃拉遇到一个叫罗兰（Roland）的帅气男孩，并开始和他约会。罗兰有个吉他手朋友普林斯（Prince），虽然比较贫穷，但是对埃拉更有好感，很快她就和普林斯秘密约会了。她不想让普林斯到她家来，因为她知道继母见不得他乱糟糟的样子，所以罗兰会来接她和他自己的约会对象，然后他们与普林斯会面，接着四个人一起去了某个地方。这时，她的父亲、继母和姐姐们都认为她在和罗兰约会，但实际上埃拉却和普林斯玩得很开心。

普林斯其实并不穷。他出身于一个富裕的家庭，受过良好的教育，但他想成为一名独立艺人。他开始越来越有名气。成为明星之后，他和埃拉决定在被发现之前把真相告诉大家。这让爱慕普林斯的姐姐们感到十分惊讶，当埃拉宣布她因为丈夫获得如此巨大的财富后，她们更嫉妒了。但埃拉并没有对她们先前的虐待怀恨在心，反而经常赠送她们普林斯音乐会的门票，甚至把她们介绍给他的一些朋友。

E．舞会之后

我们已经看到小红帽童年时期遇见狼（她的外公）的危险经历对她长大后的生活影响深远。

既然我们知道现实生活中人们的行为，就不难猜出灰姑娘结婚后会发生什么。她发现当公主是孤独的。她还想和王子再玩一玩"尝试捉住我"游戏，但王子却觉得没什么意思。当姐姐们来看她时，她即便取笑她们，也不能给她带来太久的快乐，特别是现在她占了上风，而姐姐们在这方面也不太行了。国王有时会神情怪异地看着她，他没那么老，但也没那么年轻。无论如何，她不愿去想这些事。王后对她很好，但只是一个王后应有的样子。至于王宫里的其他人，灰姑娘必须表现得体。在所有人的期待下，她的儿子如期而至。大家都高兴不已，热烈庆祝。但是她只有一个孩子，小公爵长大后由保姆和家庭教师照顾，灰姑娘不久就觉得跟以前一样无聊乏味，特别是她丈夫白天外出打猎，晚上又和朋友们坐在一起打牌输钱的时候。

一段时间后，她奇怪地发现自己最感兴趣的是清洗餐具和打扫壁炉煤渣的女佣们，但她尽量不让别人知道此事。她们干活时，她会找各种借口接近她们，并根据自己长期以来的经验提出各种建议。她也会坐着马车在王国周边转悠，有时带着儿子和家庭教师，有时不带。偶尔也会在城镇和村庄的贫困地区闲逛。她发现王国里有成千上万的妇女在洗碗和打扫壁炉。

她经常停下来与她们闲聊，谈论她们的工作。

不久，她养成了一个习惯，即定期到一些最贫穷的家庭去巡视，那里的妇女工作最为辛苦。她会穿上旧衣服，坐在煤渣上和妇女聊天，或者在厨房里给她们帮忙。她的行为很快传遍王国，王子甚至为此和她争吵，但她坚持认为这是自己最想做的事情，而且还要继续。一天，王宫里的一位女士也很无聊，请求与灰姑娘一同前往。随着时间的推移，其他人也开始感兴趣。很快，几十位贵妇每天早上穿上最旧的衣服进城去帮助贫穷的家庭主妇做粗活，一边和她们闲聊，一边听她们讲各种有趣的故事。

后来灰姑娘有一个想法，就是把所有的妇女聚在一起，讨论各自遇到的问题。她组织成立"妇女煤渣和餐具协会"，自己担任会长一职。现在，每当其他国家的烟囱清理工、菜贩、樵夫、餐具女佣或垃圾清理工经过城镇，都会被邀请到王宫里来，与协会成员探讨各自国家里各行各业的新发展。就这样，灰姑娘在生活中找到了自己的位置，和新朋友们为王国的发展做出了巨大贡献。

F. 童话故事和现实人物

从社会上或个人的临床分析看，我们不难发现灰姑娘故事中的每个人物都有现实案例，从灰姑娘本人和她的直系亲属，到无能的王子和国王，甚至到底层人物满脸胡须的快乐车夫，他从不说一句话，而且一开始以老鼠的身份出场。现实生活中也有些"试鞋者"，看似丑小鸭，实际却是白天鹅。

当治疗师倾听病人的故事时，他可以在脑海中搜索一个与之相吻合的童话，或者回家后翻阅斯蒂·汤普森（Stith Thompson）的《民间文学母题索引》，但更为简单的方法是让病人把自己的生活故事当作童话来讲述。这样的例子确实存在，德鲁西拉（Drusilla）虽然不是病人，但在一次童话研讨会上答应了这一要求。

几代人之前，德鲁西拉的一位祖先发明了一种使用广泛的装置，因此他的名字至今仍家喻户晓。故事从德鲁西拉的母亲瓦妮莎（Vanessa）开始，瓦妮莎是族长的后代，父亲在她很小的时候就去世了。她住在曾叔公查尔斯（Charles）的家里。查尔斯住在洛杉矶附近的一个大农场里，那里有游泳池、网球场、私人湖泊，甚至还有一个高尔夫球场。瓦妮莎在这样的环境中长大，认识了许多国家的人。然而，她并不觉得开心，17岁时，她和一个叫曼纽尔（Manuel）的菲律宾男人私奔了。他们的两个女儿德鲁西拉和姐姐埃尔多拉（Eldora）在那里的一个种植园里长大。德鲁西拉是父亲的最爱，而埃尔多拉有点像个假小子，长得非常健壮，是骑马、射箭高手，也擅长打高尔夫。父亲以前经常打她，但从来没有碰过德鲁西拉。埃尔多拉大约18岁时，有一天，父亲想惩罚她。这时埃尔多拉已经和父亲一样高了，而且比他强壮多了。当父亲向她走去时，她像往常一样畏缩着，但德鲁西拉突然注意到一种奇怪的变化。突然，埃尔多拉站起身来，紧缩起肌肉，对父亲说："你敢再碰我一下试试。"她狠狠地盯着他的眼睛，这时轮到她父亲畏缩退后了。不久后，母亲瓦妮莎和父亲离婚，带着两个孩子回到曾叔公查尔斯的庄园里。

如今，德鲁西拉住在查尔斯的农场里，遇到了一个来自遥远国度的男人。她嫁给了他，并给他生了两个孩子。她总喜欢做东西，所以她成了一名织布工，最后成了一名织布老师。正是因为对编织感兴趣，她才来参加童话研讨会。

德鲁西拉按要求以童话的形式讲述自己的故事，用青蛙、王子、公主、胜利者和失败者、女巫和魔鬼等脚本分析话语。她这样说道：

"从前有一个国王，他征服了许多土地，之后，他的长子继承了这些土地。国王的身份代代相传。由于大儿子继承了王国，其他儿子得到的就很少。其中一个贫穷的小儿子在打猎时死了，他有个女儿名叫瓦妮莎。瓦妮莎的叔叔，也就是国王，把她带到宫殿里一起生活。在那里，她遇到了一位来自陌生而遥远国度的王子。王子把她带到了自己海边的王国，那里森林遍布，生长着许多奇花异草。然而一段时间后，她发现王子曼纽尔竟然是一只青蛙。而曼纽尔同样惊讶地发现，他娶的美丽新娘竟然不是公主，而是个女巫。曼纽尔和瓦妮莎有两个女儿。大女儿是埃尔多拉，跟父亲一样是一只青蛙。他一点也不喜欢她，经常在她小时候骂她，打她。小女儿德鲁西拉是一位公主，曼纽尔确实像对待公主一样对待她。

"一天，一个仙女来到埃尔多拉身边，对她说：'我会保护你的。如果你父亲想再伤害你，你必须叫他住手。'所以下一次曼纽尔想揍埃尔多拉时，她突然感受到一股力量，告诉他再也不能揍她了。曼纽尔非常愤怒，认为是他的妻子瓦妮莎让埃尔多拉背叛他，所以瓦妮莎决定离开。她和两个女儿离开遥远的国度，回到了查尔斯叔叔的王国，开始了幸福的生活。直到有一天，一位王子来了，爱上了德鲁西拉。他们结了婚，有了两个漂亮的女儿。德鲁西拉从此过上幸福的生活，边抚养孩子，边织着漂亮的挂毯。"

参与研讨会的每个人都认为这是个不错的故事。

第 14 章 脚本如何实现

耶德坐在钢琴前,手指在琴键上滑动。那卷打孔纸是他祖先很久以前打出来的,现在正随着他脚踏风箱而缓缓转动。音乐以一种无法控制的态势倾泻而出,时而忧郁,时而欢快,时而刺耳,时而优美。偶尔他会敲出一个音符或一段副歌,它可能会融入所写的曲谱,也可能会打乱命运乐章的流畅。他停下来休息片刻,因为这打孔纸卷比庙里的戒律还厚。它包含了戒律与先知、颂歌与哀歌、《旧约》与《新约》,是爱他却又表现出漠不关心、甚至是厌恶的父母送给他的一份礼物,它看似平庸枯燥、令人厌恶但却高贵至极。他有种幻觉,音乐由他弹奏而出,他的身体见证了这一点,他从一个又一个小时、一天又一天的演奏中慢慢地耗尽体力。有时,在停歇的间奏,他会起身向朋友和亲戚鞠躬致谢或接受欢呼,他们也相信他是在自己演奏曲目。①

人类，凭借自身积累的智慧、自我意识以及对真理与自我的渴望，怎么能允许自己停滞在这种充满痛苦与自欺欺人的机械性生活里？可能是因为我们爱父母，可能是因为这样生活更容易，但也有可能是因为我们还没有从人猿祖先那里完全进化。我们看似比人猿更了解自己，但其实并没有。脚本之所以能实现，是因为人们不知道他们对自己与他人做了什么。事实上，自己意识到的自身行为与脚本设定相反。人的身体、精神和社会功能等方面总会出现某些状况，因为它们受脚本编程影响。这些都通过身边的人严重影响他的命运，而他仍然停留在自我的幻觉中，不过有效的补救办法也还是有的。

A. 可变的面部

人类面部的可变性导致生活成为一种冒险，而不是一种可控的经历。这种说法基于一项生物学原理，它看似微不足道，但具有巨大的社会影响力。由于人类神经系统的构造，面部肌肉的微小动作对旁人的视觉冲击远大于对研究对象的动觉冲击。耶德很难察觉到自己嘴边一块小肌肉有两毫米的运动，但他的同伴却明显能察觉到。这一现象极易在镜子前得到证实。用舌头剔前牙这一平常动作就能证明研究对象无法察觉自己的面部变化。耶德可能会极其轻微地完成这个动作。在他自己的肌肉运动知觉看来，他

---

① 自动演奏的钢琴起源最早可以追溯到19世纪末的欧洲。最初人们尝试在普通钢琴前增加一部可移动的演奏器，演奏器以打孔纸卷（打孔位置与钢琴谱相符）记谱，用脚踏风箱鼓风作为动力，通过纸卷缓缓转动，纸卷上的孔位与驱动机械连动相应的"木手指"击琴键奏出音乐。

几乎没有动过脸。但如果他在镜子前这样做，他会看到舌头轻微的移动实际上会导致他的五官严重扭曲，尤其是下巴，包括颈部肌肉。即使他比平时更注意肌肉运动知觉，他也会注意到这种运动正在影响他的前额和太阳穴。

当他醉心于人际交往时，这种现象可能会无意识地发生数十次：在他看来表情肌肉只是一次小小的游走，但实际上会导致他的面部外表发生巨大变化。另一方面，佐伊（旁观者）的"儿童"，正在（尽可能礼貌地）观察耶德态度、情感和意图的变化。因此，耶德的面部变化总是远超他自己的想象，除非他习惯性地保持面部表情始终如一，看起来神秘莫测，从不喜形于色。然而，一个高深莫测的人会让他人感到不安，难以适应，这就体现了面部变化的重要性。

这就揭示了为何婴儿和幼童拥有感知他人的神奇"直觉"。没人会告知婴儿不能盯着别人的脸看，所以婴儿往往能看到很多别人察觉不到的，甚至连研究对象本人也没有注意到的表情。在日常生活中，佐伊的"成人"往往很有礼貌，不会近距离地看别人说话时的表情，但与此同时，她的"儿童"却一直在粗鲁地"偷看"，以便能准确做出判断。特别是在初遇他人的"前十秒"，在确定如何表现自己之前，她往往会暴露出之后所不想表露的东西。这就是第一印象的重要性。

面部可变性对耶德的社交产生了影响。他永远不知道自己的面部表情暴露了多少内心想法。他试图对自己都隐藏的东西，在佐伊看来却显而易见。当佐伊据此做出反应时，耶德感到非常惊讶。其实，耶德总是无意识地不断发出脚本信号，他人则会对这些信号，而不是对他伪装的外表或表现做出反应。因此，脚本在运行时，耶德似乎无须对此负责。他可以停留在自己的幻觉里，说："我不知道她为什么那样做，跟我一点关系都没有。她们真是搞笑。"如果他的行为过于古怪，其他人的反应方式可能会超出他的理解范围，这样就会造成错觉或加强错觉。

解决上述问题的方法很简单。如果耶德在镜子前研究自己的面部表情，他很快会明白是自己的行为导致了别人的反应。如果他愿意的话，就能进行调整。然而，他可能不想调整面部表情，除非他是个演员。事实上，大多数人更愿意坚持自己的脚本，找各种借口，不想在镜子前研究自己。[①] 举个例子，他们可能会说这个过程是"人为设定的"，这意味着唯一"自然"的事就是机械地跟着脚本，走向其注定的结局。

克拉拉（Clara）是一位极有教养的拉丁美洲女性，她的案例令人同情，证明了面部表情对人际关系的深远影响。她来到治疗小组是因为她的丈夫要离开她。尽管家里有三个成年的孩子，但她说还是"没有人可以说话"。她丈夫不愿意跟她一起来，但她20岁的儿子欣然与之同行。

"我很犹豫要不要和我母亲说话，"他说，"我很难在这里谈论她，因为她很容易受到伤害，有时会表现出一副饱受折磨的样子。我在跟她说话之前，总要想一想她能不能接受，所以我真的不能坦率直言。"

当他讲了几分钟后，他的母亲坐在边上，身体紧绷，双手优雅地叠放在膝盖上，就像她从小被教导的那样，因此她可以活动的部位只有她的脸、头和脖子。听到儿子说的话，她先是惊讶地扬起眉毛，然后皱起眉头，微微摇头，接着抿起嘴唇，伤心地低下头，最后又抬起头来，像是饱受折磨的样子把头歪向一边。儿子说话的时候，她的头和脸一直在做这些动作，

---

① Harding, D. C. "The Face Game." *Transactional Analysis Bulletin*, 6:40-52, April, 1967.

俨然是在上演一部情感电影。

当她儿子讲完后，Q医生问她：

"为什么他说话的时候你的面部表情一直在变化？"

"我没有啊。"她惊讶地反驳道。

"那你为什么把头转来转去？"

"我根本没意识到。"

"好吧，你刚才一直在动。"Q医生说，"他说话的时候，你的脸一直在对他说的话做出反应，这正是他和你说话时感到不安的原因。你告诉他想说什么就说什么，但他一说话，你的反应就会非常明显，即使你一句话都不说，他也会犹豫。你甚至没有意识到你的反应。你儿子已经成年了，还会受到这种影响，想象一下，如果对一个一直观察妈妈表情的三岁孩子来说，这会产生什么影响？这就是他在和你说话之前要先想一想，而你却觉得没有人可以说话的原因。"

"好吧，那该怎么办呢？"她问道。

Q医生建议："当他在家里和你说话的时候，你可以站在镜子前，看看自己的脸是什么样的。但是现在，你怎么看待他说的话呢？"接着，二人对此展开对话。

在这个案例中，克拉拉的"父母"以母亲该有的尊重倾听她的儿子，这正是她目前积极的自我。同时，她的"儿童"对儿子的话做出了截然不同的反应，但她的"父母"和她的"成人"都没有意识到自己的面部动作，因为她自己感觉不到。然而，她儿子完全了解她的"儿童"所做出的反应，因为这些反应就呈现在他眼前。她的"父母"非常真挚，但难以接近，除了她自己以外的每个人都明白为什么儿子不愿跟她坦诚说话。

面部表情的变化原则与上述"母亲的微笑"有关，也与之前提及的"绞架上的微笑"有关。母亲可能完全不知道自己的面部表情，以及它对孩子的巨大影响。①

B．流动的"自我"

可变的面部源于生物学原理，流动的"自我"源于心理学原理，两者对于脚本运行同样重要。人们同样很难意识到自我的流动性。"自我"的感觉是流动的，它可以随时停留在三个自我状态中的任何一个，并且可以在特定情况下从一个跳到另一个。也就是说，"自我"感觉独立于自我状态的其他所有特性，与自我状态下正在做什么或经历什么无关。它就像一个电荷，可以自由地从一个电容器跳到另一个电容器，而不管这些电容器是用来做什么的。"自我"感觉由这种"自由精神贯注"来实现。②

当一个自我状态完全活跃的时候，那个自我状态会在那一刻成为真实的"自我"。当耶德处于愤怒的"父母"时，他觉得那就是他自己。几分钟后，"成人"状态中的他想知道自己为什么要这样做，并感受到成人自我状态下的他才是他真实的"自我"。再后来，如果他因为自己的刻薄感到羞耻，他的"儿童"就会被认为是他真正的"自我"。（当然，所有这一切都基于一项假设，即各种事件都是他真实生活的一部分，而且他扮演的不只

---

① Cf. Spitz, R. A. *No and Yes: On the Genesis of Human Communication.* International Universities Press, New York, 1957. See also Crossman, P. "Position and Smiling." *Transactional Analysis Bulletin,* 6:72-73, July, 1967.

② 关于自由精神贯注结构的更详细讨论，可参见艾瑞克·伯恩的《心理治疗中的人际沟通分析》。

是愤怒的"父母"或悔恨的"儿童"的角色。角色扮演是"儿童"的伪装，不是真实的"自我"。）

为了说明流动的"自我"在日常生活中的作用，我们以一个唠叨的妻子为例。佐伊脾气很好，善于交际且适应性强，但有时她对丈夫非常挑剔，这就是她的"父母"，唠叨不休。然而，她也喜欢玩乐、善于交际、适应性强，那时她的"儿童"，忘记了自己的"父母"对丈夫所说的话。但他丈夫没有忘记，仍然十分在意并保持冷漠。如果她一再转变自我状态，她丈夫就会一直很在意、很冷漠。她的"儿童"很迷人，"我们在一起很开心，你为什么要离开我？"此时她会忘记或忽略自己的"父母"说过的话。因此，一个自我状态并不能很好地说明其他自我状态下所做的事情。她的"父母"忽视了他们相处时的快乐，而她的"儿童"忘记了自己曾对丈夫吹毛求疵。但是耶德的"儿童"（"成人"也是）却记得他的"父母"所说过的话，他生活在长期的恐惧中，担心这种事还会再次发生。

另一方面，处于父母自我状态中的耶德可能会好好照顾她，但他的"儿童"可能也会向她发牢骚。他的"父母"往往忽视或忘记了他的"儿童"的所作所为，可能会责备她忘恩负义，"毕竟他为她做了那么多。"她可能也会感激他，但也会担心他爆发儿童状态下的行为。他的"父母"认为真实的"自我"总是能体贴她，而事实确实如此。但是，爱发牢骚的"儿童"很活跃，那也是他自己，是他真正的"自我"。因此，通过一种自我状态或真正的"自我"忘记其他自我状态或真实自我下的所作所为，耶德可以继续运行他的脚本，而不必为此承担责任。他的"父母"会说："我一直对她很好，也不知道她为什么要这样。我什么也没做。女人真是有意思。"他的"父母"忘了自己是如何激怒她的，但作为受害者的她却未曾忘记。这两个例子解释了第五章 F 节描述的好的人生定位所需要的顽强意志。

既然原理已经清楚了，我们就来讲讲更有趣的例子。这种从一种自我状态到另一种自我状态的漫不经心或不负责任的转变可能被称为"自我之旅"。由于这一词是嬉皮士的俚语，意思是吹牛，那么就让他们保留这个名字，这样会显得更礼貌些，我们为自我状态的转变寻找另一个名字。在此之前，我们将把下面这一趣事称为"阿明塔（Aminta）和马布（Mab）或 PAC（Parent，Adult，Child）的心灵之旅"。

马布和她母亲的关系十分紧张，以至于她周末会去另一个城市拜访她的女性朋友。她母亲打电话给她，说："如果你星期天早上不在家，我就把你锁在门外。"因此，马布在星期天晚上回来时，她母亲拒绝让她进门，并告诉她自己去找个公寓。那天晚上，马布在附近一个朋友家里过夜。星期一早上，她母亲又打电话来向她道歉。马布将这件事告诉了 Q 医生，还说了其他一些她母亲前后矛盾的事例。有些事情讲得不是很清楚，所以 Q 医生决定找马布和她妈妈一起谈谈，看看能否搞清楚到底发生了什么。

她们一坐下，母亲阿明塔就以强硬的"父母"走了进来，理直气壮地批评马布做事马虎、不负责任、吸食大麻，还说了她与 18 岁女儿之间经常发生的其他事情。在母亲说话时，马布先是轻蔑一笑，好像在说："她又来了！"然后她把目光移开，似乎在说："我再也受不了了。"之后她盯着天花板，好像在说："有没有人来救救我？"阿明塔没有理会马布的反应，而是一直激动地唠叨。

讲完这些后，阿明塔改变了她的语调。她开始谈论自己的艰难生活，但不是以一种孩子气的方式发牢骚，而是对自己的婚姻问题做出现实的"成人"的评价，这些是 Q 医生所熟悉的内容。这时候，马布转过身来，用从未出现过的震惊表情直愣愣地看着母亲，仿佛说："她终究还是个有血有肉的人。"当阿明塔讲述的时候，Q 医生根据自己对她背景与经历的细致了解，能随时察觉到她自我状态的转变。在某一阶段，她经历了与"锁门"事件相同的状态变化顺序，先是愤怒的"父亲"（把马布从家里赶出去），然后是温柔的"母亲"（担心她的女儿在镇上四处游荡，没有地方落脚），这时她会做出让步。随后，更多的是"成人"，然后是无助的"儿童"，接着又是愤怒的"父亲"。

阿明塔自我状态的转变如图 13 中的一条线所示。从"父母"的"父亲"（FP，Father Parent））开始，到"父母"的"母亲"（MP，Mother Parent），然后是"成人"（A，Adult），接着是"儿童"（C，Child），最后返回到 FP（Father Parent）。接着往下听，这条线走了图中所示的路线，从 FP（Father Parent）到 A（Adult）到 C（Child），再回到 MP（Mother Parent）。通过这种方式，阿明塔从一个圆圈转移到另一个，从而我们可以追踪她的 PAC（"父母""成人""儿童"）心灵之旅。

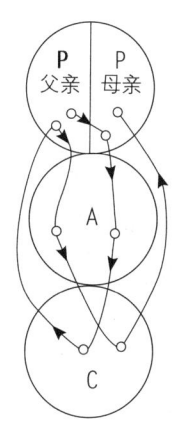

图 13 PAC（"父母""成人""儿童"）的心灵之旅

问题是，图中这条线代表了什么？它代表了阿明塔的"自我"感觉，这种感觉并不存在于任何一种自我状态，而是可以从一个自我状态自由地转移到另一个自我状态，由"自由精神贯注"实现。无论她在何时处于哪种自我状态下，她都觉得那是她"真正的自我"在说话。

"自由精神贯注"的过程或轨迹是一条连续的线，因为阿明塔一直都觉得"这是真实的自我"，所以她没有意识到"她"一直在改变，也没有意识到她的行为一直在改变。因此，当我们说"她"从一个自我状态转变到另一个自我状态（"自然专注"）时，她自身始终觉得那是"真正的自我"。对"她自己"来说，她似乎一直都是这个人，但她从一个自我状态到下一个自我状态的变化如此之大，以至于对另一个人来说，似乎有几个不同的人在那里（在她的脑子里）轮流说话。在马布看来就是这样，这也是她不能应对母亲的原因。她觉得母亲前言不搭后语，无法预测她前一刻与后一刻的行为或反应，因此无法适应自己母亲的情绪。但马布的行为有时在她母亲看来也很任性。

由于阿明塔和马布都了解自己的自我状态，所以向她们阐明情况并不难，此后她们的相处开始有所好转。

如前一节所述，克拉拉的行为从另一个角度证明了不同自我状态之间缺乏认知会对人的一生及其配偶和子女产生深刻的影响。两种自我状态同时活跃时，一个充满同理心地倾听，另一个却在扮鬼脸，二者像可疑的陌生人一样故意忽视对方，尽管它们已经在同一艘"太空内舱"里关了45年。

另一个有趣的现象是一个人甚至拒绝承认自己的行为。因此，一个男人尽管每年至少发生一次严重事故，还有可能宣称自己是个好司机。而一个女人即使经常做出糟糕的晚餐，也有可能坚持说自己是个好厨师。这种现象源于这一事实：在任何情况下，他/她们的"成人"都是一个好司机或好厨师，而事故都是由"儿童"造成的。因为这些人在两种自我状态之间有一个厚实的界限，"成人"对"儿童"的所作所为毫不在意，并且可以肯定地说"我"（我的"成人"的"自我"）从来没有犯过错误。同样的情况也会发生在酗酒者身上，当他们清醒时（是"成人"时）便不那么紧张且表现良好，但当他们喝酒时（是"儿童"时）就会犯错误。有些人甚至在喝酒后昏厥，以致"成人"完全不知道自己在喝醉时做了什么，这样他们就可以以醉酒为由，无懈可击地否认自己的错误。有时相反的情况也会发生，即一个人的"成人"没什么成就，但他的"儿童"就会灵感泉涌。正如"坏"人不理解为何自己的罪恶要受到训斥或批评，"好"人也无法接受因自己的行为受到赞美，即使知道别人的赞美仅仅出于礼貌。当人们说"儿童"的创造弥足珍贵时，"成人"并不理解他们在说什么，因为"成人"被创造时就已无什么价值可言了。

我们之前也讨论过，有钱的女人丢了钱不会变穷，贫穷的男人拿到钱也不会变富。在这种情况下，"儿童"已从脚本中得知自己是富是穷，仅仅是钱并不能改变他的地位。同样，男人的"儿童"知道自己是不是一个好司机，而女人的"儿童"知道自己是不是一个好厨师，几次事故或几顿糟糕的饭菜都不会改变"儿童"的想法。

PAC（"父母""成人""儿童"）心灵之旅后的心理定位通常属于一种平淡的免责声明。"我很好。我的'父母'没有注意到我在做什么，所以我不知道你在说什么。"这种情况明显暗示对方无法接受任何令人不快的行为。这是一件紧急事件T恤衫，正面写着"我原谅自己"，背面写着"你为什么不能原谅我？"

人们在一种自我状态下，经常意识不到其他自我状态下所做的事情，有一个简单的补救办法可以弥补这种意识的缺失。那就是我们的"成人"需要记住，对所有真实"自我"的行为负全部责任。这可以阻止逃避责任（"你的意思是说是我干的？我是疯了才会那样做！"）并将其替换为正面应对。（"是的，我记得我是这么做过，确实是我做的"，或更好的是"我会确保这种情况不会再发生"。）显然，这一建议含有法律启示意义，因为它有助于消除由精神错乱导致的怯懦逃避。（"榆木脑袋"或"你不能因为我所做的事责怪我。"）

C. 迷恋与印刻

对于迷恋与印刻，纳威（Neville）和他的妻子朱莉娅（Julia）之间的难题是最好的例证。纳威的左脸长了一颗痣，朱莉娅的"儿童"对此产生了病态的迷恋。在恋爱过程中，她成功地抑制了这一缺陷引起的轻微反感。但随着时间的推移，这种反感变得越来越强烈，以至于在蜜月结束后，她几乎不能直视他的脸。她没有向他提起过这种不安，怕伤害他的感情。她虽然想建议他把痣切除，但又觉得这只会把痣变成疤痕，反而更糟糕，所以她什么也没说。

纳威是个喜欢挤痘痘的人，当他们裸身躺在一起时，他会检查她的身体，如果发现她的皮肤上有任何微小的隆起，都会感到一种强烈的冲动，想要用指甲把它挤掉。朱莉娅非常讨厌这种行为。有时，纳威很想挤掉她的痘痘，而她又强烈拒绝，最终导致两人不欢而散。

在此期间，他们不幸地发现自己在性爱的喜好上也有所差异，起初看起来微不足道，但后来却成了一个严重的分歧。纳威由西印度群岛的保姆养大，迷恋长袍和凉鞋，而朱莉娅在母亲和姐姐的影响下，喜欢穿得更时髦，喜欢穿高跟鞋。事实上，纳威对凉鞋有一种迷恋，而朱莉娅则相反，她迷恋高跟鞋。她希望男人们对她的穿着感到兴奋。因此，当她为满足纳威的欲望而穿凉鞋时，就丢失了自我，但如果她在家里穿着高跟鞋，纳威就提不起兴致。因此，表面看来，他们似乎是幸福的一对，但实际上他们俩却为早期经历的琐碎小事所困扰。这是特别令人苦恼的，因为他们原本认为自己会成为一对与传统社会和心理标准相匹配的理想夫妇。

迷恋通常发生在低等动物身上，也发生在某一年龄段的幼儿身上。纳威和朱莉娅的"儿童"即使在长大后，仍然对细小的皮肤瑕疵着迷（对他来说是积极的，对她来说是消极的）。印刻研究主要应用于鸟类，它们在刚孵出时会把所有物体都误认为自己的母亲。因此，一张彩色卡纸也可以使鸭子产生"印刻"，它们会像跟着母亲一样跟着卡纸走。

迷恋和癖好往往根深蒂固，有些人深受其折磨，就像吸毒成瘾一样，严重影响了自己的生活。尽管所有"成人"试图理性地控制自己，"儿童"几乎无法抗拒地被特定对象排斥或吸引，为了避免或促成这种情况，他们可能会做出不必要的牺牲。因此，迷恋和癖好可能在决定脚本结果，特别是决定主要角色人选的方面发挥重要作用。这也是削弱个人决定自身命运能力的另一个因素。

治疗迷恋的方法是了解它，说出来，并决定能否与之和平相处。最后一步可以借助"头脑内部的沟通"，即"成人"与"儿童"之间的内部对话。在这种情况下，应该先摒除"父母"，使另外两个自我状态能清楚地了解彼此。之后，再让"父母"发言。如果一个人经过思考后决定，他可以与消极迷恋舒适地生活，比如，迷恋一个身体有缺陷的女孩。如果不能，那么他要么寻求补救，要么寻找一个新的伴侣。如果不对自己的思想和感情进行充分的剖析，他就无法意识到这种事情对自己的影响有多大，这通常是自身的早期经历所致。另一方面，积极的迷恋可能使他失去理性，对此人们应该同样仔细地加以考虑。这也同样适用于那些迷恋男人身上瑕疵的女人。

治疗癖好的方法也与之类似。但由于这种情况下另一个人也在积极参与，所以其他有益的可能性也会出现。双方可相互退让达成协议，且随着时间的推移，癖好可能会快乐地"消失"。

D．无味的气味

除了上述人类的生物学特性（可变的面部、流动的自我、迷恋与印刻）之外，更多难以捉摸的可能性同样存在，它们可能对人类生活产生同样深远的影响。

第一，人类可能拥有一些超感官知觉。如果莱茵博士（Dr. Rhine）[①]的卡片发出的信号无法被现有的仪器探测到，但能被经过适当调试的人类大脑接收到，就算这种现象还未有定论，显然这也是个相当重要的问题。如果这样的信号存在，它的相关检测在一开始就会引起轰动，而且会在周末增刊中大做文章。直到该现象出现，我们才能够预见其后来的发展。毫无疑问，这会引起军方的注意，因为军方已经在这一领域进行研究，尤其是

---

① Rhine, J. B. *Extra-Sensory Perception*. Bruce Humphries, Boston, 1962. Cf. Churchman, C. W. "Perception and Deception," review of C. E. M. Hansel's *ESP: A Scientific Evaluation* (Scribner, New York, 1966) in *Science*, 153: 1088-1090, September 2, 1966, and the interesting "thought coincidence" calculations of L. W. Alvarez in "A Pseudo Experience in Parapsychology," Ibid., 148:1541, June 18, 1965.

如果目标已选定，像远程原子弹和氢弹探测器一样，就可以飞越潜伏敌人的工厂和仓库。

第二，如果心灵感应存在的话，这种信号的意义会更重大。如果一个人的大脑可以向另一个人发送可读的信息，并且可以控制和记录这些信息，这将有助于了解人类行为的许多方面。据报道，"心灵感应现象"似乎最经常和最准确地发生在有亲缘关系的人之间，比如，丈夫和妻子，或父母和孩子，他们可能比其他人类成员更接近彼此。心灵感应将为彷徨的父母提供理想的手段来"控制"孩子的行为，而且如果其存在的话，肯定是脚本分析师最感兴趣的。直觉是"儿童"的一个功能，通常接近心灵感应，因为"儿童"可以用最少的感官线索获悉对其他人来说相对隐晦的事实。

心灵感应的连接非常脆弱，容易被打断，在很大程度上取决于发送者和接收者的思想框架。科学家质疑心灵感应，是因为他们的研究结果似乎表明外部因素会影响甚至消除心灵感应的准确传达。这并不一定意味着心灵感应不存在，而是暗示我们它确实存在。我将提出以下假设，包括一个主要假设和一个次要假设，来解释所有科学发现（大部分是被否定的科学发现）。如果心灵感应存在，那么婴儿是最能够感知到的。随着年龄的增长，这种能力会逐渐削弱，并越来越不可靠，因此成年后只会偶尔在特殊条件下发生。而在结构语言中，如果心灵感应存在，它只会在幼儿的"儿童"出现，很快就会在"父母"和"成人"因受到干扰而削弱或消失。

第三，无味气味的问题尽管更加物质化，但同样有趣且重要。众所周知，雄性蚕蛾在顺风方向能探测到一英里外新出现的雌蛾，大量的雄蛾会逆风飞行，聚集在笼中的雌蛾周围。我们不得不假设雌蛾会发出一种气味，或通过类似气味的东西吸引雄蛾。这里讨论的问题是：雄蛾是否"知道"

它在闻什么气味，或者它是不是"出于本能"对这种化学物质做出反应？很可能它并没有"意识到"发生了什么，只是简单地做出反应，然后向雌性飞去。也就是说，它通过嗅觉系统被一种"无味"的气味吸引。

对于人类来说，关于气味存在以下几种情况：（1）如果他闻到某种气味，比如，花的香味，他会有所察觉并意识到自己被吸引。相关经历可能会留下记忆的痕迹，但仅此而已。（2）如果他闻到其他气味，如粪便，通常会发生两种情况：（a）他意识到这种气味，并有意识地去排斥；（b）他没有任何反应，但他的自主神经系统会受到影响，可能会觉得恶心或想呕吐。（3）我们可以假设第三种情况：在某些化学物质存在的情况下，他没有闻到或意识到任何气味，但他的神经系统受到了微妙的影响。我这里不是指一氧化碳等有毒物质，而是指刺激特定受体、并在大脑中留下特定痕迹或印刻的物质。

此时，我们应该注意几个事实：（1）兔子的嗅觉区包含一亿个嗅觉细胞，每个细胞有6根或12根毛发，因此嗅觉感受器的面积等于动物的总皮肤面积。（2）可以推断，在适应特定气味后，嗅觉系统就会传播电信号；也就是说，尽管气味闻不到，但仍会继续影响神经系统的电活动。相关实验证据虽然还没有完全证实该假设，但非常倾向于这一假设。[①]（3）气味在没有被闻到的情况下也可以影响梦。（4）对人类最具性刺激的香水在化学成分方面与性激素有关。（5）呼吸和汗液的气味会随着情绪态度的改变而改变。（6）嗅觉神经进入嗅脑（大脑的一个"原始"部分），可能与情绪反应密切相关。

---

① Schneider, D. and Seibt, U. "Sex Pheromone of the Queen Butterfly." *Science*, 164: 1173-74, June 6, 1969.

此处假设为：人类不断地受到各种微弱化学物质的刺激却没有察觉，但在不同情境下，对不同的人，他的情绪反应和行为方式都会受到不同的影响。虽然可能有特殊的（到目前为止还未知）受体，嗅束（olfactory tract）本身的结构足以应付这些影响。这种刺激物可以称为无味气味。虽然没有确凿证据表明无味气味真实存在，但如果它们确实存在，我们解释许多行为现象和反应就会方便得多，而这些行为现象和反应在我们目前的知识状态下是很难甚至无法理解的。他们对脚本的影响非常持久，就像迷恋、癖好和印刻一样。刚出生的小猫可能会"闻到"妈妈的奶头却没有"意识"，这种无味气味或类似气味的"记忆"显然会影响它们一生的行为。

E．前置与后燃

前置与后燃类似于人际沟通中的"扭曲"（transactional "rackets"），因为它们主要是（尽管不是完全）受父母的影响所致。它们不同于扭曲，因为它们由内部触发，而不是受他人的特定刺激影响。

前置是指即将发生的事件开始对个体独立行为产生影响的时间段。恐惧症患者对此表现最为明显。一旦出现令人恐惧的事情，如体检或旅行，他们可能会在未来几天受到巨大干扰。事实上，日常生活的前置比对于恐惧的前置伤害更大，从长远来看（我认为）这可能会导致心理疾病。

以Q医生为例，他周二不得不去一个遥远的城市做专题讲座，当即将到来的旅行开始干扰他的日常活动时，前置就出现了。前一周周四，他醒着躺了一会儿，计划着离开前要做什么。为了补上周二的工作，他必须在原本休息的周六去办公室。他在脑海中列出周五必须处理的事情，比如，取票，因为那是他周一乘飞机前的最后一个工作日。因此，周五的日程安排受到影响，病人的预约不像往常那么多，也不像往常那么轻松，因为他必须为周二的缺席做准备。即便周五晚上在家，他也不像往常那么轻松，因为他不得不早睡，以便在周六能够早起上班。周六晚上他稍作休息，因为没有像往常那样进行周末锻炼，也没有在那天去见家人。他已经被第二天收拾行李的计划分散了注意力。尽管列演讲提纲只要15分钟，但从周六晚餐开始，他已经全身心投入准备演讲中。周日下午即使他在海滩上，也并不像往常那样放松，因为他必须早点回家收拾行李，这也扰乱了他平静的周日晚上。周一他坐了飞机，当晚在旅馆很早就上床睡觉了。周二早上他演讲结束就回家了。

在上文的叙述中，最常出现的表达方式是"不像往常一样"，并且夹杂着"由于""因为""但是"之类的限定词。所有这些，尤其是第一个，都是前置词。总之，他为了在周二做一个小时的讲座，本来只需要在家里准备15分钟，但他、他的家人和他的病人都提前几天开始紧张起来：这虽然不严重，但足以严重影响他们的行为。

前置必须与"成人"的计划和准备区分开来。Q医生周四晚上睡前在做计划，计划本身就是一项"成人"的程序。如果他清醒时能不干扰正常日程做好计划，那就不会被称为"前置"。但是由于白天忙碌，他不得不在周四晚上牺牲一些睡眠时间，那就叫作"前置"。他在周五做的一些差事称为"准备"，不叫"前置"，因为他是在午饭时间完成的，但其他一些事影响了他的日常安排，包括他和病人谈话时打来的一个电话，这会打断他的思路。他的思路被重复打断是"前置"的一部分。因此，只要计划和准备与常规模式不冲突，就属于"成人"活动，否则就会成为"前置"的一部分，特别是在"儿童"（比如，变得忧虑）和"父母"（使他忽视常规的职责）

受到干扰的情况下。

每件即将发生的事情都会在某种程度上影响到个人的行为，但它们并不一定独立作用于日常生活。例如，第10章中提到，大多数人期待圣诞老人的到来，但这种期待是他们的生活方式和日常行为中的一部分。同样，即将到来的青春期也会早早影响到儿童的生活，在某种意义上，甚至会影响到个体的子宫发育。通常青春期的临近会明显影响一个12岁的女孩或男孩前一天所做的事情，但它并没有作为独立事件影响其他事情，因此不符合"前置"的定义。

显然，处理前置的方法是"成人"的安排：尽量安排好自己的时间，以便在不干扰日常行程的情况下进行计划和准备。我们也需要规划未来。如果知道去遥远的城市做一个小时的演讲会影响前五天的生活，Q医生可能不会再接受这样的安排，除非计划在演讲后进行五天的休假旅行。

后燃是指过去的事件对个人行为有独立影响的一段时间。在某种程度上，每一个过去的事件都会影响行为，但"后燃"指的是那些在相当长一段时间内扰乱正常模式的事件，它们既没有被同化，也没有被压抑等心理机制排除。

做完讲座回来后，Q医生不得不面对一次"清理"。他必须回复出差不在家期间所堆积的邮件和电话，解决好家人、病人累积的问题。他还得处理报销，整理与旅行相关的凭证。"清理"的大部分工作是"成人"的程序，Q医生能在不干扰正常安排的情况下顺利完成。但是，三周后，当其中一张凭证因为提交了一式两份而不是一式三份被退回时，他感到很恼火，这干扰到了他下一个小时对一位病人的会诊。另外，还有一位难缠的黑人的问题。在讲座后的提问阶段，一位难缠的黑人（由于他不是专业治疗师，所以他本不该去那里）提出了一些问题和看法，使得Q医生在之后几天一直很受困扰。此时，案头工作（只要不影响他的日常工作）属于"成人"的清理工作，而他对退回凭证的不满和与难缠的黑人之间的冲突则是后燃的一部分，因为这些干扰到他的"父母"和"儿童"。

总之，"成人"活动，包括计划、准备、任务本身（讲座）和清理工作，通常要持续12天左右。"父母"和"儿童"的前置和后燃会持续得更久些。后燃通常发生在收到退回凭证的一段时间后，他不得不重新提交，并开始在家里抱怨。

解决后燃的方法是提前做好准备，忍受琐碎的小事，然后忘掉它们。

Q医生是一个典型的前置和后燃的例子。然而，在"父母"的鼓励下，这两种情况都会使人备受困扰，并且影响脚本结局，特别是悲剧式脚本的结局。其中任何一种，夸张地说，都可能导致酗酒、精神错乱、自杀，甚至谋杀。因此，考试引起的前置和阳痿引起的后燃都会导致青少年自杀，而怯场引起的前置会导致演员和推销员过度饮酒。以下是后燃脚本的一个例子。

西里尔（Cyril），23岁，是一名高管，在接受治疗时总是抱怨自己的腹泻问题。一天，他在治疗小组里提到自己晚上总是失眠。他会躺在床上，清醒地回顾自己的决定以及与员工的来往，挑出自己所犯的错误，清点当天收集的内疚、伤害和愤怒赠券。从个人早期经历来看，很明显这一切都是在他母亲的脚本指令下完成的。这种后燃持续一个小时左右，或者在特殊情况下，会持续两三小时，之后他才能入睡。治疗师和小组的其他成员建议他在结束一天的工作后，避免进行"后燃"，想睡觉的时候就直接睡觉，拒绝唠叨挑剔"父母"的要求。此后，他不再失眠。不久之后，不知为何，他的腹泻也好了。两个月后，他结束了治疗。

对于拥有糟糕脚本的人，前置和后燃都会带来麻烦，但在大多数情况下，如果没有严重的后果，还是可以忍受的。然而，如果上一个事件的前置与下一个事件的后燃重叠，这对任何人几乎都有危险。这是最常见的"过度劳累"综合征。事实上，这很好地定义了过度工作。不管工作多忙，只要在没有重叠的情况下完成工作，就不会有（精神上的）过度劳累。如果这种重叠发生，不管这个人的工作负担多小，还是属于工作过度。当天晚上，他的"父母"用内疚和怀疑来干扰他：他不该那样做，别人会怎么看他，为什么他不换一种方式去做；虽然这一切在他脑子里像走气的啤酒一样转来转去；但他的"儿童"还在担心明天：他可能犯什么错误，别人可能会对他怎么样，他想对别人做什么。这些想法夹杂在一起，使他恶心、压抑。举个例子：

佩柏（Pebble）是一名会计，经常为准备年度报表而工作到深夜，可账目收支仍有出入。回家后，他躺在床上还在担心。当他终于入睡，不安的梦境中这些数字仍然飘浮在他面前。第二天早上起床后，他什么也没有解决，前一晚工作的后燃还在。现在他开始担心今天在办公室要做什么，因为同时他的日常工作还得继续做。早餐与家人交谈时，他又被前置掌控。在很长一段时间内，这些危机感是他去年做报表时所犯错误的后燃，他曾为此遭到老板的指责。而对今年年度会议可能发生的事情，他担忧的前置已经在心里翻滚。同时，他的头脑受这些重叠牵制，便没有时间、精力或动力留给他的个人生活，家里的事情开始越来越糟糕。他开始容易发怒、疏忽家人、变得悲观，与家人的关系越来越差。

大多数类似情况下，结果取决于佩柏严格操纵的"父母"和愤怒抑郁的"儿童"之间是否达到平衡。如果他的"父母"占上风，他会在完成工作后崩溃，并因情绪激动而住院治疗。如果他的"儿童"占上风，他会变得行为怪异，在任务完成前就放弃，并且出现精神分裂。如果他的"成人"比前两者都强势，那他可能会坚持到底，然后进入疲劳状态，等休息几天或休假后得到恢复。然而，即使在这种顺利的情况下，如果压力年复一年地持续下去，最终可能导致慢性身体疾病。根据目前掌握的信息，他很可能患有溃疡或高血压。

佩柏的时间分配威胁着他的状态。第10章中提到，安排任务的方式有两种。一种是目标时间，"我会一直工作，直到完成这件事（不管要花多长时间）"。另一种是时钟时间，"我会一直工作到午夜（然后无论如何都要停下来）"。佩柏则是既完成不了，也不能停下来。他处于"赶工"时间。他必须在特定的时间内完成特定的任务，而这种目标时间和时钟时间的强制组合常常产生一个几乎不可能解决的问题。以童话故事为例，女孩必须在黎明前把谷粒和谷壳分开。如果时间足够，她可以完成任务，或者她可以工作到天亮来完成部分任务，但是为了在规定的时间内完成所有的工作，她需要仙女、小精灵、小鸟或蚂蚁的魔法帮助。佩柏没有任何精灵、蚂蚁或其他人的魔法帮助，所以他得到了失败所遭受的惩罚，那就是丧失理智。

如何解决重叠其实是一个算术问题。对于不同的情况，每个人都有各自标准的"前置时间"和"后燃时间"。这些情况包括：家庭争吵、考试或听证会、工作截止日期、旅行、亲戚来访或探亲等。我们可以根据经验，估算每种情况的前置和后燃时间。有了这些信息，避免重叠的计算就简单多了。如果情况 A 的后燃天数为 x 天，而情况 B 的前置天数为 y 天，那么为 B 开始的日期必须至少为 A 日期后的 x ＋ y ＋ 1 天。如果两个事件都可以预见，这就很容易解决。但如果 A 是不可预见的，那么 B 的日期必须推迟。如果不可行的话，第二种选择是加快 B 的速度，以便在尽可能短的重叠间隔内完成 A 和 B，由此达到最佳效果。如果 B 是不可预见的，剩下的唯一选择就是要么努力完成，要么趁早放弃。

大多数情况下，孩子的母亲会选择努力完成，而不是趁早放弃。她们有着惊人的适应力，在日常生活中消化了大量的前置和后燃。如果她们无法适应的话，就会变得烦躁不安，而烦躁的感觉是无法处理重叠的第一个迹象，也是需要休假的第一个迹象。重叠会干扰两性的性活动，起到抑制性欲的作用。但对许多夫妇来说，性爱却是解决重叠极好的方式，一个星期甚至一个周末远离孩子有助于恢复性欲和性能力。之后，前置将被回味替代，后燃将被热身替代。大多数正常的前置和后燃持续六天，因此两周的假期可以消除后燃，之后就是几天无忧无虑的生活，但前置会在毫无防备的时刻悄然而至，再次把情况搞得一团糟。为了消化更多的慢性后燃和更深刻的压抑前置，人们可能需要至少 6 周的假期。以前，去欧洲需要一个月，横跨大西洋则要六七天，这刚好是一段平静的休息期，现在可以坐飞机，但倒时差也让人非常痛苦。

做梦可能是一种调整前置和后燃的正常机制。因此，实验性或惩罚性地被剥夺做梦机会的人最终会进入类似精神病的状态。[①] 因此，正常睡眠

---

① Luce, G. G. and Segal, J. *Sleep*. Coward-McCann, Inc. New York, 1967.

对于避免重叠及其不良影响至关重要。由于巴比妥酸盐等镇静药物会减少快速眼动睡眠，增加其他睡眠的时间，因此不利于对前置和后燃的同化；这可能使未被消化的重叠"沉积"在身体某些部位，从而导致"身心"障碍。① 然而，它有时对长期的严重失眠具有积极的疗效。

许多哲学家建议"过一天，是一天"，这并不意味着只活在当下，或者对未来没有安排或规划。相反，在这些哲学家中，威廉·奥斯勒（William Osler）② 等人做事有条不紊，拥有非常成功的职业规划。按现在的说法，"过一天，是一天"意味着有计划、有条理地生活，每天都睡得很好。因为明天是有计划的，所以就没有前置，而因为昨天是有条理的，后燃也不会出现。这不仅能克服糟糕脚本可能带来的不幸结局，也能实现好脚本及其幸福的结局。

F. 小法西斯

每个人的脑海里似乎都有一个小法西斯。它源于人格的最深处（是"儿童"中的"儿童"）。受制于社会理想与教养，它通常深藏于文明人内心。但正如历史一再表明，在特定的许可和指示下，它会被完全释放出来。而那些不太文明的人，就会暴露自己的天性，时不时等待机会来表现自己。

---

① 目前，这只是一个我通过观察而得到的有趣假设，我还不能给出任何令人信服的证据加以证实。但其可与凯尔斯（Kales）等人的研究发现进行比较："Psychophysiological and Biochemical Changes Following Use and Withdrawal of Hypnotics." In *Sleep: Physiology and Pathology* (A. Kales, ed.). J. B. Lippincott & Company, Philadelphia, 1969; 亦可比较：Rubin, R. T. and Mandell, A. J. "Adrenal Cortical Activity in Pathological Emotional States." *American Journal of Psychiatry*, 123: 387-400, 1966。

② Osier, W. *Aequanimitas and Other Papers*. W. W. Norton & Company, New York, 1963.

在上述两种情况下，小法西斯都是推动脚本的强大力量。在第一种情况下，它是秘密地、巧妙地、假装不知情地推动；在第二种情况下，它是粗鲁地，甚至骄傲地承认推动。但可以说，一个人如果不知道自己人格中的这种力量，就会失去对它的控制。他无法面对自己，也不知道自己要去哪里。以一次"自然资源保护者"的会议为例，在会上，一名自然资源保护者说，他非常钦佩亚洲的某个部落，他们对自然资源的悉心照料"比我们做的好得多"。一位人道主义者反驳道："的确如此，但他们的婴儿死亡率很高。""呵呵。"这名保护者回应道，其他几个人也加入了对话，"这都是好事，不是吗？现在的婴儿太多了。"

法西斯主义者的特征是不尊重生命，并将其视为自己的猎物。对于捕猎中的食肉动物来说，无情意味着效率，饥饿刺激了贪婪。当人类不再受制于生存的需要，就脱离了最初捕猎食物的目标，变成了一种以剥夺他人性命为乐的骄奢与放纵。无情演变成残忍，贪婪演变成剥削和盗窃。猎物的肉，多数已被更适合填饱肚子的食物取代，现在逐渐用来满足心理饥饿。这就成了法西斯主义的本质——一群浪荡者，寻找受害者的弱点，以此来折磨或嘲弄生命。

卑躬屈膝会产生两种效应，它们均对施暴者有利。生理效应是指性快感和性兴奋，受害者甚至需要承受最荒谬的变态行为。酷刑使施虐者和受虐者之间产生一种特殊的亲密关系，使他们对彼此的灵魂有了深刻的洞察，这种亲密关系和深刻洞察往往是两人生活中所缺乏的。另一种效应纯粹属于商业化产物，即能从受害者身上获得贵重物品。当受害者的愤怒平息后，他们被"熔化"为无名氏。

人类胚胎的发育经历了整个进化过程。有时胚胎发育会中断，导致出生时就带有古时的痕迹，如鳃裂。随着孩子的成长，他们会重温人类的史前史，经历狩猎、种植和制造阶段，他们可能会在其中任何一个阶段停止发育，但每个人都会保留些各个时期的退化器官。

每个人身体里的小法西斯都是一个小折磨者，他发现受害者的弱点并以此寻乐。如果是公开行为，他会欺负瘸子、践踏他人、强奸妇女，有时还会找些借口为自己辩护，认为自己坚韧、客观或正当。但是大多数人会努力压制，假装自己根本没有这些倾向，一旦有所显露就为自己辩护，或出于恐惧而对自己加以伪装或掩饰。有些人甚至试图通过假装自己是受害者而不是施虐者来证明自己的清白，基于此，宁可自己流血，而不是他人，但流血是必需的。

这些原动力与脚本的禁令、训诫和许可交织在一起，构成了导致流血事件的"第三度"心理游戏，或称"机体"游戏。假装这些原动力不存在的人就成了牺牲品。他们的脚本始终在证明自己不受原动力的驱使。事实很可能并非如此，因此这是他对自己的否定，从而也是对自己选择命运的权利的否定。像许多人一样，解决办法不是说"这太可怕了"，而是说"我能做些什么，我能用它做些什么"。做一个殉道者总比做一个隐居者好，也就是说，一个拒绝相信自己从类人猿生物进化而来的人，是因为他的进化还没有脱离类人猿生物的水平。

G. 勇敢的精神分裂症患者

人类的生物和心理特征使预设脚本成为个人命运的主宰，除此之外，社会的运作也会使人类无法主宰个人命运。这往往通过人际沟通社会契约实现，其内容是："如果你接受我所表现的自己，那我也将接受你的。"除非是某一特定群体允许的某一特定条款，任何终止契约的行为都将视为粗鲁无礼的表现。其结果是使人不敢与他人对抗，也不敢与自己对抗，因为这项社会契约背后隐藏着三种自我状态。在"父母""儿童"和"成人"相互同意并接受彼此的情况下，即使遇到合适的时机，也并非每个人都有足够的勇气去改变这一契约。

对抗的缺失在精神分裂症患者及其治疗师的案例中体现得最为清楚。大多数治疗师（以我的经验）说精神分裂症是无法治愈的。他们的意思是："我的精神分析疗法无法治愈精神分裂症，而且我绝不会尝试其他方法。"因此他们满足于所谓的"进步"，就像著名的电气制造商一样，宣称进步是其主要产品。但其所谓进步仅仅意味着让精神分裂症患者更加勇敢地生活在自己疯狂的世界里，而非从中脱离，因此世界上充满了勇敢的精神分裂症患者，他们在不太勇敢的治疗师的帮助下，继续运行自己的悲剧式脚本。

治疗师还有两句常用的口号，同样经常出现在普通人口中："你不能告诉别人该做什么"和"我帮不了你，你必须自己帮助自己"。这两句口号都是彻头彻尾的谎言。你可以告诉人们该做什么，很多人会做到，而且会做得很好。你可以帮助别人，他们不一定要自己帮助自己。只是在你帮助他们之后，他们要振作起来继续完成自己的事情。但由于这些口号，社会（我不是指某一特定社会，而是指所有社会）鼓励人们坚持自己的脚本，直到走向悲惨的结局。脚本只是说很久以前，有人告诉他要做什么，然后他决定去做。这意味着你也可以告诉人们该做什么，事实上你一直都在这么做，尤其当你有了孩子以后。因此，如果你告诉人们去做一些事情，而不是他们的父母告诉他们，他们可能会决定听从你的建议或指示。众所周知，你可能诱导人们酗酒、自杀或者杀人，但你也可以帮助他们停止酗酒、停止自杀或者停止杀人。我们当然可以给予人们做某事的许可，或者停止做某些他们在童年时被要求一直做的事情。与其鼓励人们勇敢地生活在不快乐的旧世界里，不如让他们勇敢地生活在快乐的新世界里。

因此，我们列出了七个因素，使脚本得以实现并继续：可变的面部，流动的自我，迷恋和印刻，沉默的影响，前置和后燃，小法西斯和其他人的默许。但同时我们也一一列出了对应的实用补救办法。

H. 口技木偶

精神分析学盛行后，许多以前有价值的工作开始被推到一边。因此，自由联想取代了长达数个世纪的内省传统。自由联想与心灵的内容有关，要求精神分析学家从中找出心灵是如何运作的。但是，只有当心灵出现问题时，我们才能找到它的运作机制。当心灵完美工作时，我们没有办法弄清楚这台封闭的机器（或称"黑匣子"）是如何运作的。只有当它出了错，或因"活动扳手"的扳动导致出错时，我们才能有所发现。因此，自由联想及其后续疗法只适用于实际的心理病理学：转换、干扰、差错和梦境。

换种说法，内省就是取下黑匣子的盖子，让"成人"窥视自己的思想，看看它是如何运作的：他如何拼凑句子、视觉影像来自哪个方向、什么声音在引导他的行为。我认为，费德姆（Fedem）是第一个恢复内省传统，并具体研究内部对话的精神分析学家。

几乎每个人都曾在某一时刻对自己说："你不该那样做！"他甚至可能会听到自己的回答："但我必须这样做！"在这种情况下，"父母"会说"你不该那样做！""成人"或"儿童"会说："但我必须这样做！"这确实再现了童年时期的一些真实对话。现在到底发生了什么？这种内部对话有多个"度"。在第一度，这些对话模糊地穿过耶德的大脑，没有引起任何肌肉运动，至少肉眼看不到或耳朵听不到。在第二度，他能感觉到自己的声带肌肉轻微颤动，因为他在对自己低语，特别是舌头会出现一些微小的动作。在第三度，他大声说出了这些话。第三度可能出现在某些不安的情况下，此时他走在大街上自言自语，人们很可能转头看他并认为他"疯了"。还有第四度，其中一个或多个内部声音是从头骨外面传来的。这通常是"父母"的声音（实际上是他父亲或母亲的声音），这些其实是幻觉。他的"儿童"可能回答，也可能不回答"父母"的声音，但在任何情况下，这些声音都会影响到他的某些行为。

因为"自言自语"的人往往被认为是疯子，所以几乎每个人都有条禁令，禁止去听脑子里的声音。然而，如果得到适当的许可，这项能力可以很快恢复。然后，几乎任何人都可以听到自己的内部对话，这是找到"父母"教诲、"父母"榜样和脚本控制的最佳方法。

一个性兴奋的女孩开始在脑海里祷告，以求能够抵制男朋友的诱惑。她清楚地听到了"父母"教诲："做一个好女孩，当你受到诱惑时，就开始祷告。"一个男人在酒吧里打架，非常注意打架的技巧。他清楚地听到父亲的声音说："不要暴露你的出拳意图！"这是他父亲榜样的一部分："这是如何在酒吧里打架的方式。"他忍不住打了架则是因为他母亲的声音刺激了他："你就像你父亲一样，总有一天会在酒吧打架时打得头破血流。"在关键时刻，一个股市投机商听到心魔的低语，告诉他："不要卖出，买入！"于是他放弃了自己精心准备的投资计划，赔了全部的资本——"哈哈，"他说。

"父母"的声音和口技表演者的声音一样，两者用相同的方式进行控制。它们控制人的发声器官，被控制的人会发现自己说的是别人说的话。

除非"成人"介入，不然他会听从这个声音的指示，他的"儿童"就会像个口技木偶一样。这种暂时失去自我意志的情况，通常发生在没有意识到发生了什么的情况下，让其他人控制发声肌肉和其他肌肉，这也是脚本适时发挥作用的原因。

对此，解决方式是倾听头脑中的声音，让"成人"决定是否听从其指示。这样，他就能从"父母"口技者的控制中解脱，成为自己行动的主人。为了实现这一点，他需要自身的两项许可，但更有效的方式可能来自他人，比如，治疗师。

1. 允许听从内心的对话。
2. 允许不服从"父母"的指令。

这项任务有一定的风险性，如果他胆敢违反"父母"的指令，就可能需要别人的保护。因此，当患者的行为逐渐脱离"父母"口技者的控制，并试图摆脱傻瓜的角色，成为真正的人时，治疗师的工作之一就是保护病人。

补充一点，虽然"父母"的声音告诉他他能做什么，或不能做什么，但"儿童"的想象告诉他他想做什么。欲望来自视觉，而指令来自听觉。

I.更多关于心魔的事

到目前为止，上述所有内容都有助于实现脚本，而且多数是人们没有意识到的问题。现在我们来讨论一个关键问题，它不仅有助于实现脚本，而且起到决定性的推动作用。正是这个心魔，在耶德即将成功的时候，让他穿着溜冰鞋，甚至还不知道发生了什么的情况下，就赤身裸体地滑下山坡，并滑向了毁灭。但回头看，即使他从来没有听到过头脑中的其他声音，通常也记得那个不可抗拒的心魔提示音："去吧！行动吧！"而他确实照做了，尽管其他人都警告他不要去，但劝不动他。这就是心魔，一种突然出现的超自然力量，决定了一个人的命运，这声音来自黄金时代（the Golden Age），低于上帝，但高于人类，或许来自一个堕落的天使。这就是历史学家告诉我们的，也许他们是对的。对赫拉克利特来说，所谓心魔是一个人的品性。但是，这个心魔，据那些了解他/她的人所说，比如，刚刚经历堕落的失败者，它说话的声音不像强大神祇的大声命令，而是用诱人的低语，像一个魅惑的女子，像一个女巫，说道："来吧，行动吧。开始啊。为什么不呢？你还有什么可失去的呢？相反，你将会得到我，就像在黄金时代一般。"

这就是不断驱使人们走向灭亡的力量，弗洛伊德认为这是死亡的力量，或者是阿南刻（Ananke）女神的力量。但他将其归为神秘的生物学领域的问题，毕竟这只是诱惑的声音。问一问拥有它的男人（或女人），他/她们知道心魔的力量。

对付心魔的方法是符咒。每个失败者都应该把符咒放在钱包里，每当成功在望时，危险的时刻就来了。此时把符咒拿出来，一遍又一遍地大声朗读。接着，当心魔低声说"伸出你的手——把所有的钞票都压在最后一次机会上""只喝一杯""现在是时候拔出你的刀""抓住她（他）的脖子，把她（他）扯过来"时，或者在任何即将失败的时刻，请立刻收手，大声而清晰地说："但是妈妈，我更想按照自己的方式做事，我想成功。"

J. 真实的人

生活在现实世界中真实的人与脚本相反。这里真实的人可能指真实的"自我"，可以从一个自我状态转移到另一个自我状态的人。当人们逐渐了解彼此时,就能通过脚本深入真实自我的内心深处,那是真实的"自我"所在,那是他人所尊重和所爱的,在"父母"程序再次介入之前,他们享受片刻与他人真正亲密的时刻。这完全有可能发生,因为多数人在生命中体验过最亲密、最自由的关系:比如,母亲和她的婴儿之间。在哺乳期间,母亲通常会根据自己本能,不去管自己的脚本,而此时婴儿还没有自己的脚本。

至于我自己,我不知道自己是否仍跟着音乐卷纸在转动。如果是,我将满怀兴趣与期待,毫无忧虑地等着下一个音符展开旋律,它或是和谐,或是刺耳。我下一步要去哪里?这时候,我的生命是有意义的,因为我遵循着祖先悠久而光荣的传统,它源于我父母,其旋律或许比我自己谱写的更加优美。当然,我也知道很多地方可以自由即兴发挥。甚至我可能是世界上为数不多的幸运儿之一,可以完全摆脱枷锁、谱写自己的乐章。在这种情况下,我独自一人面对世界,成了一个勇敢的即兴演奏者。但是,无论我是在虚假地弹奏钢琴,还是在用自己的思想和双手的力量弹出和弦,我的生命之歌同样充满悬念和惊喜,就像键盘上弹出的生命乐章,时而高亢,时而低沉——我希望,无论哪种方式,它都会留下轻快的回响。

第 15 章　脚本的传递

A．脚本矩阵

脚本矩阵是用于说明并分析父母和祖父母向当代子孙传递指令的图示。大量信息可巧妙地压缩到这一相对简单的图形中。针对第六章和第七章的部分案例，我们根据已有的信息尽可能准确地绘制了脚本矩阵。在此过程中，如何从"噪音"或前景混乱中区分决定性的父母指示、决定性的行为模式和脚本主题成为一大难点。由于个人自身及其周围所有人都在努力制造干扰，因此要对此加以区分将倍加困难。人们往往会忽视导致脚本结局（幸福或悲伤结局）的步骤，生物学家将其称为"最终结果"。[1] 换句话说，人们极力对自己和他人掩藏自己的脚本，这是极为正常的。回到前面的案例，一个坐在自动钢琴前的演奏者移动着手指，假

---

[1] Hendricks, S. B. "Metabolic Control of Timing." *Science*, 141:21-27, July 5, 1963.

装自己在演奏音乐，他不想让人看到钢琴演奏的真相，而欣赏这一场景的观众也并不想看到真相。

斯坦纳设计脚本矩阵时，①遵循了作者最初提出的方案，即一般情况下，异性父母会告诉孩子该做什么，同性父母会告诉他该怎么做（参见布奇的相关文献）。斯坦纳对该基本方案作了重要补充。他进一步说明了父母的各个自我状态，其假设是父母的"儿童"给出禁令，而父母的"成人"赋予孩子"程序"（我们也称之为模式）。他还添加了一个新元素，即反脚本，来自父母的"父母"。斯坦纳关于脚本矩阵的理论主要源于对酗酒者、瘾君子和"反社会者"的研究，这些人都有第三度的、艰难的、悲剧式脚本（他称之为"有缺陷的"脚本）。因此，他的脚本矩阵能有效应对来自疯狂"儿童"的严厉禁令，但它也可以延展到诱惑和挑逗，这些似乎来自父母的"父母"，而不是来自父母的疯狂"儿童"。（参见图6 布奇的矩阵。）

尽管脚本矩阵中有些问题需要更多的经验来解决，但许多人已经接受图8所示的结构作为一种过渡模式，并且肯定其在临床工作以及发展学、社会学和人体学研究中的巨大价值，我们接下来就会谈到这点。这个"标准"矩阵表明禁令和挑逗通常来自父母的"儿童"，最常见的来自异性父

---

① 目前的脚本矩阵形式由克劳德·M. 斯坦纳博士（Dr. Claude M. Steiner）于旧金山人际沟通分析研讨会上设计，并在他的文章《脚本与反脚本》（*Script and Counterscript*）中首次发表。我认为，它的价值不可低估，因为它包含了整个人类生活的规划，以及如何改变它。这是一项如此重要的发明，在不影响斯坦纳博士的洞察力、独创力和创造性的前提下，我想在其中占有一席之地。它的前身是我《心理治疗中的人际沟通分析》一书中第201和205页上更原始的图表。上述文章也标志着反脚本和禁令概念的首次出版，这是斯坦纳博士真知灼见的又一成果。

母。如果这一点被证明是正确的，那么它将是一个重大的发现，关系到人类的命运以及代际相传的命运。脚本理论最重要的原则可以说是"父母的'儿童'形成孩子的'父母'"，或者"孩子的'父母'就是'父母'的'儿童'"。[1] 借助图表，我们能很容易地理解，即首字母大写（译文中用引号表示）的"儿童"和"父母"表示大脑中的自我状态，而首字母小写（译文中不加引号）的儿童和父母表示真实的人。

如图14所示，空白脚本矩阵可以画在黑板上，应用于团体治疗和脚本理论教学。在分析个案时，我们首先根据患者的性别标出父母，然后沿着箭头用粉笔分别填写箴言、模式、禁令和挑逗。这有助于信息可视化，我们可以清晰地看到关键性的脚本信息，并生成了一个类似于图6、图8和图9的图示。借助图示，我们很快就会发现脚本矩阵中显现出一些从未被发现的内容。

对于拥有好脚本的人，除非他们想成为治疗师，否则一般可能只对脚本的理论分析感兴趣。但对于患者，为了让他们康复，我们必须采用尽可

---

[1] 约翰逊（Johnson）和苏雷克（Szurek）在解释"扮演"时甚至提到了"超我空隙"，也就是说，孩子"扮演"是因为父母"未察觉"什么。这是关于父母如何影响孩子做出"坏"行为的最早理论阐述之一（Johnson, A. M. and Szurek, S. A. "The Genesis of Anti-Social Acting Out in Children and Adults." *Psychoanalytic Quarterly*, 21:323-343, 1952.）我们将问题从"扮演"扩展到现实生活中，并试图涵盖人类行为的所有形式，无论其是否属于"反社会"性质。埃里克森非常接近脚本的概念，但却偏离了方向（Erikson, E. *Identity and the Life Cycle, Loc. cit.*）。如上所述，弗洛伊德认为"宿命冲动"是一种生物现象，没有具体说明其心理根源；而阿德勒主要谈论了生活方式。因此，文中所述的禁令原则可被视为对所有这些作者的补充。参见：Cf. Jackson, D. D. "Family Interaction, Family Homeostasis and Some Implications for Conjoint Family Psychotherapy." In *Individual and Familial Dynamics* (J. H. Masserman, ed.). Grune & Stratton, New York, 1959.

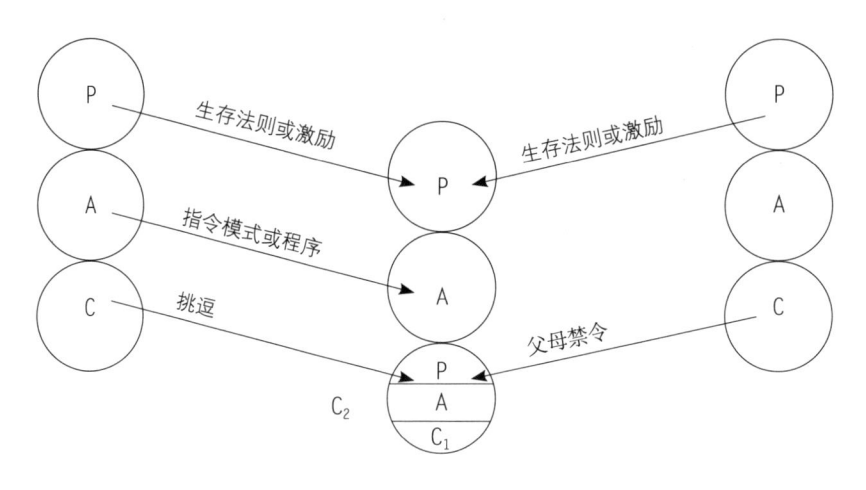

图 14 空白脚本矩阵

能简单的形式剖析指令，而绘制准确的脚本矩阵是开展治疗的有效工具。

获取脚本矩阵所需信息的最佳方式是询问患者以下四个问题：（1）你父母最喜欢的箴言或训诫是什么？这将成为反脚本的关键；（2）你的父母过着怎样的生活？最好通过与患者的长期交往来找到答案。无论父母教他做什么，他都会反复去做，这就造成了他的社会角色："他是个酒鬼。""她是个性感的女孩。"（3）你的"父母禁令"是什么？这是理解患者行为并设计决定性干预的最重要的问题，这种干预将使患者生活得更充实。正如弗洛伊德所说，患者的症状是被禁止的行为所致，也是对禁令的反抗，因此，摆脱禁令也能治愈症状。从"背景噪声"中区分决定性的父母禁令需要经验和敏锐的分析；（4）你必须做些什么才能让你的父母微笑或轻声地笑？这是一种引诱，是被禁止行为的替代选择。以上四个问题中最后一个提供了最可靠的线索。

斯坦纳认为"酗酒者"的禁令是"不要思考！"而酗酒正是不思考的一个好办法。"酗酒"者及其同伴间常见的陈词滥调很好地说明了他们缺乏思考，特别是在戒酒团体治疗中，他们将不加思考的话语强加于彼此。对此，人们说"酗酒者"不是真正的人，不应该被当作真正的人对待，但这是不对的。海洛因甚至比酒精更容易上瘾，也更危险，但海洛因成瘾者也是真实的人。对于酒精或海洛因成瘾者，真正的人都出现在他们阻断其头脑中的诱惑性声音（该声音诱惑使人感染恶习）后，并在特定时刻通过身体需求得到加强。看来镇静剂和吩噻嗪类药物之所以有效，部分是因为它们能抑制"父母"的声音，"父母"的声音往往使"儿童"烦躁不安，或他们的"不要"与"哈哈"往往使"儿童"感到迷惑。

简言之，我们需要在图 14 的空白矩阵填写信息，才能使其看起来像图 6、图 8 和图 9 一样完整。需要填写的信息包括生存法则或激励（PI）、指令模式或程序（AI），以及父母禁令（CI），以及挑逗（CP）。

最强有力的脚本指令出现在家庭戏剧（第三章），该章节一方面强化了父母说的话，另一方面证明了父母有伪善的一面。正是家庭戏剧中的这些场景使孩子深刻地记住了父母所赋予他们的脚本。还应该记住的是，大声说出的话和所谓的"非语言交流"[①]一样，具有深刻而持久的影响。

B．家庭排列

第六章和第七章中的脚本矩阵展示了脚本装置的主要元素（"父母"训诫、"成人"模式和"儿童"脚本控制）是如何从父母双方传递给后代的。图 7 更详细地显示了最重要的元素（禁令）是如何从耶德的父亲或母亲（通常是与自己异性父亲或母亲）传递给他的。图 15 显示了禁令是如何代

---

① Berne,E. "Concerning the Nature of Communication." *Psychiatric Quarterly*, 27:185-198,1953.

代相传的，上述内容都为研究图 15 做了很好的铺垫。这一系列被称为"家庭排列"。在此，五代人被同一条禁令联系在一起。

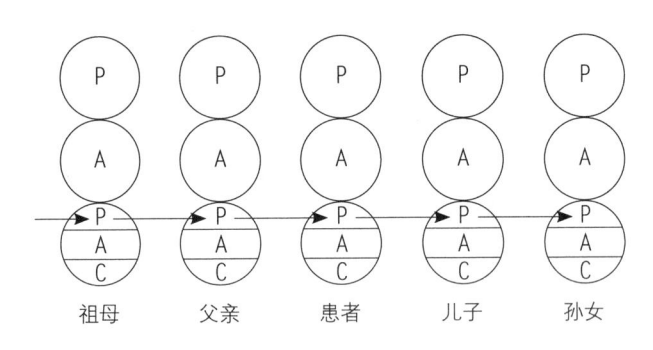

图 15　家庭排列

图 15 所示的情况并不少见。患者听说过或看到过祖母是一个失败者；她非常清楚父亲是一个失败者；她在接受治疗，因为她是一个失败者；她的儿子去诊所，因为他是一个失败者；她的孙女也已经在学校表现出即将成为失败者的迹象。患者和治疗师都知道，这条五代人的链条必须在某个环节被打破，否则可能会延续几代人。这很好地激励了患者康复，因为如果她康复了，就可以撤销对儿子的禁令，否则她可能在每次见面时，都会强化禁令。这将使儿子更容易康复，从而有益于孙女的整个人生，可以推测，对孙女的孩子也有好处。①

婚姻的影响之一是淡化夫妻之间的禁令和挑逗，因为夫妻双方有不同的背景，会对子女做出不同的指示。实际上，子女的结局取决于他们的基因。如果两个胜利者结婚（胜利者往往会这样做），他们的后代更有可能是一个胜利者。如果两个失败者结婚（失败者往往会这样做），他们的后代更

---

① Berne, E. "Concerning the Nature of Communication." Psychiatric Quarterly, 27:185-198, 1953.

有可能是一个失败者。如果胜利者与失败者结合,那么结果会有所不同,其后代可能是胜利者,也可能是失败者。

C. 文化传递

图16说明了训诫、模式和控制在五代人之间的传递。在这种情况下,我们很幸运,有一个"好"的或胜利的脚本,而不是一个"坏"的或失败的脚本。这个脚本可以称为"我的儿子也是医生",我们以南太平洋一个丛林小村庄的世袭医生为例。具体如下:

我们从一位父亲和一位母亲开始。父亲,作为前五代人,出生于1860年左右,娶了一个酋长的女儿。他的儿子,前四代,约1885年出生,也同样如此。他的孙子,前三代,出生于1910年,遵循同样的脚本。他的曾孙子,前两代,生于1935年,遵循的模式略有不同。他没有成为世袭的医生,而是去斐济苏瓦的医学院,成了当地医学助理。他也娶了一个酋长的女儿。他的儿子,第一代,1960年出生,计划跟随父亲的脚步。但由于历史发展原因,他将被称为助理医疗官员,甚至可能去伦敦,成为一名有资质的医疗官员。因此,每一代的儿子都成了下一代的父亲(F),他们的妻子则成了母亲(M)。

每一位父亲和母亲都会从自己的"父母"那里将同样的训诫或激励转移到儿子的"父母"上:"做一个好医生。"父亲的"成人"会将其行业的秘籍传授给儿子的"成人",当然母亲并不知道这些。但母亲知道自己想让儿子做什么;事实上,她很早就知道,她的儿子要么当酋长,要么当医生。由于他显然会成为后者,她便用善意的诱导将自己的"儿童"传递给儿子的"儿童"(将她幼年的决定在儿子小时候就告诉他)——"做一个成功的

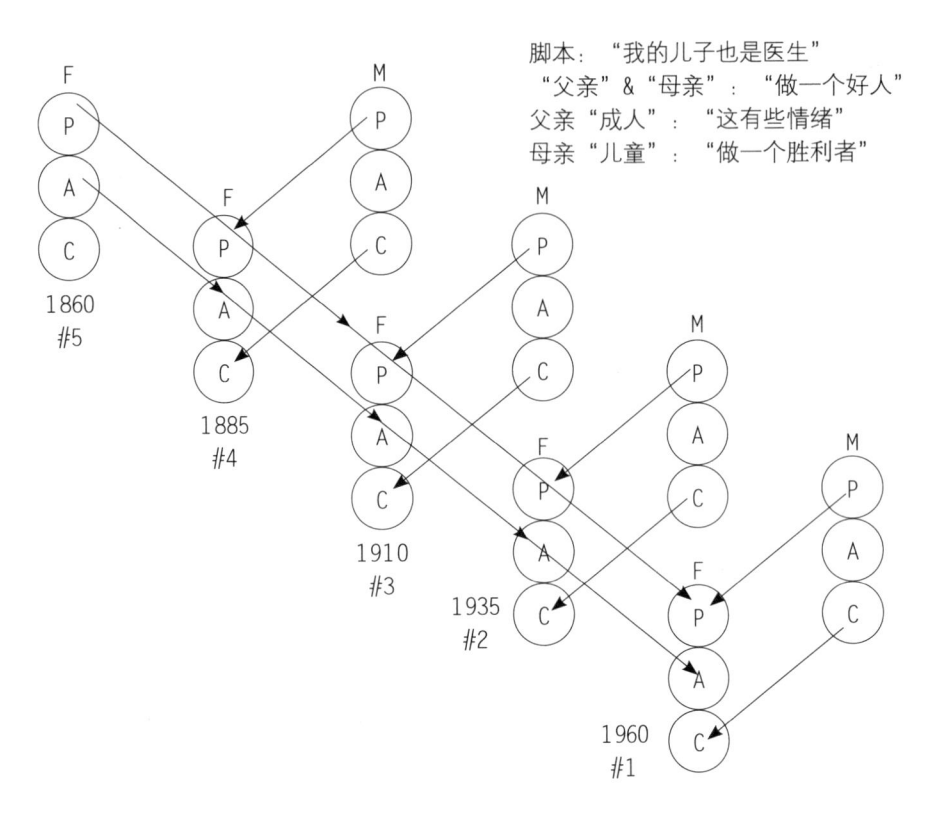

图 16　文化传承

医生"。

图 16 更完整地展现了图 15 的家庭排列。可以看出，从 1860 年到 1960 年，父亲的训诫和指令程序形成了两条平行线，一直延续到几代人。母亲的训诫和禁令（"不许失败"）也是平行的，并且侧面传递给每一代人。这清楚地展示了"文化"在一百年中的传承。在村落社会，我们可以为任一"文化"元素或"角色"绘制类似的图表。

在女儿的家庭排列中，她们的角色可能是"成功医学家的母亲"，其图表看起来完全一样，只是她们的母亲和父亲会互换位置。在村落里，叔叔或婆婆对孩子的脚本也有重要影响，这时图表绘制可能更复杂，但原理是一样的。

值得注意的是，在胜利者的队列中，脚本和对立脚本是一致的，这是确保成为胜利者的最佳方式。但是，如果第三代母亲，碰巧是一个酗酒酋长的女儿，她可能会给儿子一个糟糕的脚本禁令。此时麻烦就来了，她的对立脚本和脚本之间会产生冲突。当她的"父母"告诉儿子要成为一个好医生时，她的"儿童"却更着迷于告诉儿子关于祖父酗酒的愚蠢故事。然后儿子可能会因为醉酒被医学院开除，余生都在扮演"酒鬼"的角色，失望的父亲成了"迫害者"，怀旧的母亲成了"救世主"。①

D. 祖父母的影响

在临床实践中，脚本分析最复杂的部分是追溯祖父母的影响。图 17 对此进行了说明，这是比图 7 更为详细的版本。母亲的 PC 分为两部分，即 FPC 和 MPC。FPC 代表小时候父亲对她的影响（"儿童"中的"父亲父母"），MPC 代表母亲的影响（"儿童"中的"母亲父母"）。乍一看，这种区分可能显得复杂而不切实际，但对于习惯用自我状态来思考的人来说，情况并非如此。例如，患者很快就能区分自己的 FPC 和 MPC。聪明又穿着得体的心理学家说，"父亲喜欢我聪明，母亲则喜欢给我打扮。"一个行为怪癖的中性风格女孩恐惧地说，"父亲说女孩子不好，母亲就把我打扮得像个假小子。"这些女性都非常清楚自己的行为是由父亲的早期影响（FPC）和母亲

---

① 事实上，上述关于家庭排列的描述，部分基于人类学和历史资料，部分基于一些美国医生的家谱。

的早期影响（MPC）引导而成。当她们哭泣、思考或害怕的时候，是为了父亲，当她们看起来性感、穿着得体或是像个假小子时，则是在听从母亲的指示。

回想一下，脚本控制似乎更倾向于来自异性父母，母亲的 FPC 是她的电极，而父亲的 MPC 是他的电极（参见图 10）。因此，母亲对耶德的脚本指令来自她自己的父亲，可以说"耶德的指令来自其外祖父"；父亲对佐伊的指令来自他自己的母亲，可以说佐伊的指令来自其祖母。那么，电极就是耶德头脑里的母亲（祖父）和佐伊头脑里的父亲（祖母）。将这一规律应用于上述两个案例：心理学家的祖母是一位著名的作家；假小子的祖母则是一位捍卫妇女权利的斗士。

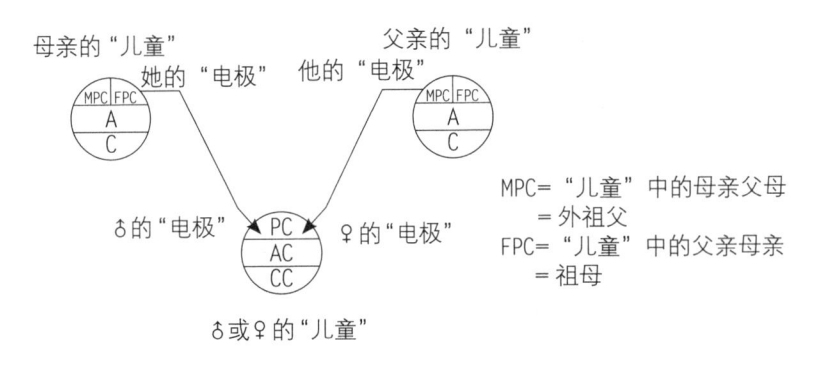

图 17　祖父母的传递

现在我们可以理解为什么图 15 的家庭排列描绘了祖母、父亲、女性患者、儿子和孙女之间的交替传递。图 16 则阐明了在后代皆为男性或女性的情况下，家庭序列的图表可以如何调整。脚本矩阵正是由于具有多种功能，成为如此有价值的工具，甚至超出了设计者的预期。它提供了一种简化的方法来帮助理解诸如家庭历史、文化传递和祖父母的心理影响等复杂问题。

E. 过度脚本

脚本的传递有两个要求。耶德必须有能力、有准备、愿意甚至渴望接受脚本，而且他的父母必须希望把脚本传递下去。

对耶德来说，有能力是指他的神经系统能够接受编程，能够接受感官和社会刺激，并能够将其系统转化为调节行为的模式。随着身体和思想的成熟，他逐渐准备好接受更加复杂的程序。他愿意接受，是因为他需要安排时间和组织活动的方法。其实他不仅愿意，他也渴望，因为他不仅仅是一台被动的电脑。像大多数动物一样，他渴望"结束"，渴望完成已开始的事情。除此之外，他还有作为人类对实现目标的强烈愿望。

刚出生时，他只会随意地摆动，后来才知道打完招呼后该说什么。起初，他满足于工具性的回应，采用埃里克森的术语，"合并、消除、干扰和移动"就是他的目标。接着，我们看到了"成人"技巧的出现，即动作中的乐趣和成功地完成动作：把食物安全地用勺子放进嘴里，或者能独自在地板上走路。起初他的目标是行走，然后是走到某处。一旦走到人们面前，他就必须知道到了那里之后该做什么。人们微笑着拥抱他，他要做得最多的就是拥抱。此时，除了到达某个地点，人们对他没有任何期望。后来人们开始期待着什么，所以他学会了打招呼。过了一段时间，这也不够了，人们期待得更多。所以他学会了给出不同的刺激，以得到他人的回应。因此，他永远对父母给予自身的模式心怀感激（信不信由你）：以何种方式接近别人，从而得到想要的回应。这就是对时间结构的渴望、对行为模式的渴望，从长远来看，就是对脚本的渴望。因为耶德渴望脚本，所以脚本得到接受。

对父母来说，他们有能力、有准备、有意愿，因为他们经历了亿万年的进化，形成了一种养育、保护和教导后代的愿望，一种只能被最强大的内部和外部力量抑制的渴望。如果父母自身拥有正确的"脚本"，他们不仅愿意，而且渴望，并从养育子女中获得极大的乐趣。

然而，有些家长过于"渴望"。抚养孩子对他们来说既不是一种拖累，也不是一种快乐，而是一种强迫。尤其是，他们传递训诫、模式和控制的需要远远超过了孩子们对这种父母编程的需要。这种强迫是一件相当复杂的事情，大致分为三个方面：（1）对永生的渴望。（2）父母自身脚本的要求，从"不要犯任何错误"到"把孩子搞得一团糟"。（3）父母想要摆脱自己的脚本控制，通过把脚本传递给他人来实现自身自由。当然，这种外推的方式是行不通的，所以必须经过反复尝试。

儿童精神病学家和家庭治疗师十分了解父母对儿童心理的持续攻击，并对其采用不同的命名。从脚本分析的角度来看，这是一种"过度脚本"的表现，父母强加给孩子过多的指令，远远超出了孩子对脚本饥饿的渴望。这种脚本称为"过分脚本"或"过度脚本"。通常情况下，孩子通过某种形式的拒绝来逃避这些指令，但也有可能会听从父母的指令，并试图将其传递给他人。因此，范妮塔·英格里士（Fanita English）将过分脚本称为"烫手山芋"，将来回不断传递过分脚本的游戏称为"烫手山芋游戏"。

依据她在原稿中对该话题的论述，包括治疗师在内的所有人都在玩这个游戏。她以一名心理学学生乔（Joe）为例，他母亲给他的脚本结局是"被关进一个疯人院"。因此，他习惯于挑选那些可能进入州立医院的患者，为他们提供无效的治疗，从而成功帮助他们进入州立医院。每当一个病人濒临崩溃时，他便会习惯性地露出微笑。幸亏他的导师看见了，劝说他放弃心理学并停止了所有治疗。他开始从事商业，为自己寻求治疗。他的脚本结局是来自母亲的过度脚本或"烫手山芋"，正如他母亲经常说的那样，她一生都在努力"远离疯人院"。她从父母那里得到被关起来的指令，并试图通过传递给乔来摆脱它，而乔又试图把它传递给他的病人。

因此，父母将脚本传递作为正常育儿的一部分，他们尽其所能地养育、保护和鼓励孩子，向孩子展示如何生活。过度脚本可能由各种原因引起。最病态的原因是父母试图通过传递给其中一个孩子来摆脱过度脚本。过度脚本，特别是一个"有缺陷的"或悲剧式脚本，就像一个烫手山芋，没有人愿意接手。正如英格里士所说，是"教授"（"儿童"的"成人"）在说："谁需要它？"并决定可以通过传递得到解脱，就像童话里的诅咒一样。

F．脚本指令的整合

随着时间的流逝，脚本逐渐融合在人生经历里，脚本控制、脚本模式和生存法则开始整合在一起，难以区分彼此，也难以确定哪个是"最终结果"。它采用的程序和路线综合了上述内容，主要的脚本结局以"最终结果"的形式呈现。如果结局是糟糕的，对于一个有经验的观察者来说，脚本的元素可能非常明显，比如，精神病、震颤性谵妄、车祸、自杀或谋杀。如果结局是好的，剖析脚本指令相对比较困难，部分原因是在这种情况下，大量的权限通常由父母授予，这可能会模糊指令。

下面是一段现实生活中的浪漫故事，摘自一份小镇报纸上的新闻：

X 家族的浪漫史重演

50年前，澳大利亚士兵约翰·X前往英国参加第一次世界大战。他遇见了简·Y并娶了她。战争结束后，他们来到美国生活。25年后，他们的三个孩子来到英国度假。儿子汤姆，娶了来自格瑞特斯诺（英国诺福克的一个村庄）的玛丽，而他的两个姐姐也都嫁给了英国人。今年秋天，汤姆和玛丽的女儿简和一位阿姨在格瑞特斯诺度假，之后宣布与哈利订婚。哈利也住在格瑞特斯诺，而简毕业于当地的一所高中。结婚后，这对夫妇计划定居澳大利亚。

约翰·X和他的妻子简·Y，通过汤姆和玛丽，将训诫、模式、控制和许可传给孙女简，而试图剖析这些成了一个有趣的练习。

脚本编程就像野花野草的生长，是一种自然现象，它与道德或后果无关。有时，脚本和对立脚本相互输入，便会产生最可怕的结局。"父母"指令可能会允许"儿童"对他人造成巨大伤害。从历史上看，这种不幸的结合曾导致战争中的大屠杀，也曾导致个别政治暗杀的发生。

大多数人在其脚本矩阵中安逸地度过了一生。这就像父母为他们做的一张床，他们最多加了些自己的装饰物。床上可能会有虫子，也可能不平整，但这是专属于他们自己的床，从生命初期就已经习惯。因此，很少有人愿意换取更结实、更适合其环境的床。毕竟，脚本在拉丁语中表示"母亲的子宫"，是人们出生后所得到的最亲密、最舒适的东西。但也有人决定自己出击，说"妈妈，我宁愿按自己的方式去做"，此时会出现几种可能性。如果幸运的话，母亲可能已经在其脚本矩阵中设置了合理的禁令解除或咒语消除，在这种情况下，他们可以自己决定一切。另一种情况是让朋友和亲密的人以及生活本身来帮助自己，但这是十分罕见的。第三种情况是通过优秀的脚本分析，从中得到许可，找到自己决定的方式。

G．小结

脚本矩阵是一个图表，旨在说明和分析父母和祖父母传给当代子孙的指令。从长远来看，这些将决定一个人的人生计划和最终结局。目前的信息表明，最具决定性的控制来自异性父母的"儿童"。同性父母的"成人"则给孩子一种模式，决定他在执行人生计划时的兴趣和人生历程。同时，父母双方，通过其"父母"，赋予孩子生存法则、激励或箴言，从而形成孩子的反脚本。反脚本处于脚本运行过程中的暂停状态。如果他做出适当的举动，就可能会接管和控制脚本。下表（来自斯坦纳的发现）以拥有"酗酒"脚本的人为例。第一列列出父母发挥作用时的积极的自我状态，括号中的字母表示孩子接受的父母状态，后面一列表示指令的类型，最后两列无须特别说明。

母亲的"儿童"（C）	禁令和引诱	脚本	"不要多想，喝酒吧。"
父亲的"成人"（A）	程序（榜样）	人生历程	"既要喝酒，也要工作。"
父母的"父母"（P）	生存法则（箴言）	反脚本	"要努力工作。"

即使脚本指令的来源（但可能不是中途植入）因个体情况不同而不同，脚本矩阵仍然是科学史上最有用和最有说服力的图表，它将人类生活的整个计划及其最终命运压缩为一个简单、易于理解和易于检查的图表，同时也表明了如何做出改变。

H．父母的责任

沟通分析和脚本分析的动态口号是"想想括约肌"。其临床原则是在团体治疗的每时每刻观察每位患者每块肌肉的每个动作。他们的座右铭是："沟通分析师是健康、快乐、富有和勇敢的，他们能够周游世界，遇见世界上最善良的人，即便在家治疗病人时也是如此。"

就目前而言，勇敢意味着解决人类命运的所有问题，并利用动态口号和临床原则找到解决办法。脚本分析是人类命运问题的答案，它告诉我们（唉！）我们的命运在很大程度上是先天决定的，而关于命运的自由意志对大多数人而言只是一种幻觉。例如，R. 艾伦迪（R.Allendy）[①]认为，对于每个选择自杀的人来说，自杀都是一个孤独、痛苦和显然自主的决定。然而，无论每个人经历了什么，自杀的"比率"每年都保持相对稳定。（达尔文主义者）能理解这一点的唯一方式是将人类的命运看作父母编程的结果，而不是个人的"自主决定"。

那么，父母的责任是什么？脚本编程不是他们的错，最多算一个遗传的缺陷，如糖尿病或畸形足，或是遗传的音乐和数学天赋。他们只是在传递父母和祖父母的显性和隐性基因。因为孩子需要父亲和母亲两个人，所以脚本指令在不断地改组，就像基因一样。

另一方面，脚本装置比基因装置灵活得多，会在外部影响下不断修正，比如，人生经历或他人介入的禁令。很少有人能预测一个局外人何时说了什么或做了什么能改变一个人的脚本。这可能是在狂欢节或走廊上无意中听到的一句话，也可能是一段正式关系（如婚姻、学校或心理治疗）的结果。最常见的是，配偶之间逐渐影响彼此对生活和他人的态度，而这些变

---

① Allendy, R. *Le problème de la destinée, étude sur la fatalité intérieure*. Librarie Gallimard, Paris, 1927. 另一方面，正如宗教学家所看到的那样，迪·努依（L. du Nouy）将更多的注意力放在外力的影响上（*Human Destiny*. Signet Books, New York, 1949）。

化体现在面部表情和手势等方面，这样他们就变得有夫妻相了。

如果一个家长希望改变自己的脚本从而不会像他自己的家长一样对他的孩子给予相同的指令，他就首先应该熟知"父母"自我状态和头脑中的"父母"声音，孩子们通过适当的触发行为以此学会"控制"。由于父母更年长，可能在某些方面比子女更有智慧，因此控制自身"父母"行为是其责任与义务。只有把"父母"置于"成人"的控制下，他才能做到这一点。否则，他就会和自己的孩子一样，都是"父母"教养的产物。

这里有一个问题，儿童代表着复制和永生。每个父母看见孩子用自己的方式行事时，即使孩子模仿了他最坏的品性，都会直言开心或暗自窃喜。如果他希望自己的孩子能比自己更好地适应太阳系及其行星内的生活，他在"成人"的控制下绝不应有这种喜悦。

现在我们来思考一下，当耶德（或任何人）想要改变脚本设计，改变头脑中"父母"的声音，改变他人设定的程序时会发生什么。此时，他会成为一个特别的人——帕特，患者。

第四篇

临床实践中的脚本

人　生　脚　本

第 16 章　初步阶段

A．引言

由于脚本的影响在出生前就已开始，而"最终结果"或最终结局直至死亡或死后才能显现，因此临床医生很少有机会能从头到尾追踪脚本。律师、银行家、家庭医生和神职人员，尤其是那些在小城镇执业的人，最有可能在如此长的一段时间里知晓一些人生活的所有秘密。但由于精神病学的脚本分析本身只有几年的历史，事实上还没有一个对完整的生命历程或脚本进行临床观察的例子。对此，最好的方法是查阅人物传记，但这些书通常缺少许多重要情节。前面几节提到的问题很少能从一般的学术或文学传记中找到答案。与脚本分析最接近的第一次尝试是弗洛伊德关于列奥纳多·达·芬奇（Leonardo da Vinci）的书。[①] 下一个里程碑是欧内斯特·琼

[①] Freud, S. *Leonardo da Vinci: A Study in Psychosexuality*. Vintage Books, New York, 1955.

斯（Ernest Jones）对弗洛伊德本人的传记①，琼斯曾有机会亲自了解他的相关事迹。埃里克森曾研究马丁·路德·金（Martin Luther King）和圣雄·甘地（Mahatma Gandhi）这两位成功领导人的人生计划和人生历程。②利昂·埃德尔（Leon Edel）关于亨利·詹姆斯（Henry James）的续传③和泽利格斯（Zeligs）研究希斯（Hiss）与张伯伦（Chamberlain）关系的传记④也揭示了不少脚本元素。但在这些著作中，大多数早期指令只能凭借猜测。

对脚本研究最接近科学的方法出自麦克利兰（McClelland）的著作。⑤他研究孩子们听到和读到的故事与其生活原动力之间的关系。多年后，鲁丁（Rudin）追随他继续他的研究工作。⑥

鲁丁研究了那些受故事影响而死的原因。因为"成功者"必须是"好的"，他们会努力控制情绪，而且经常患溃疡或高血压。他将这一群体与那些渴望"权力"并在行动中表现自己欲望以获得权力的人进行了对比，发现这一群体的高死亡率与我们称之为"脚本"因素有关：自杀、杀人和酗酒导致的肝硬化。"成功者"的脚本基于成功的故事，而"掌权者"的脚本

---

① Jones, E. *The Life and Work of Sigmund Freud*. Basic Books, New York, 1953-1957.

② Erikson, E. *Young Man Luther*. W. W. Norton & Company, New York, 1958. *Gandhi's Truth*. W. W. Norton & Company, New York, 1969.

③ Edel, L. e.g., *Henry James: The Untried Years*. J. B. Lippincott Company, Philadelphia, 1953.

④ Zeligs, M. *Friendship and Fratricide*. The Viking Press, New York, 1967.

⑤ McClelland, D. C. *The Achieving Society*. D. Van Nostrand Company, Princeton, 1961.

⑥ Rudin, S. A. "National Motives Predict Psychogenic Death Rate 25 Years Later." *Science* 160: 901-903, May 24, 1968.

基于冒险的故事，鲁丁告诉我们，他们将以何种形式死亡。这项调查持续25年，很容易与脚本分析框架相契合。

即使有此类研究，脚本分析也无法达到老鼠心理学或细菌学的精准性和确定性。脚本分析师在实践中需要阅读人物传记，追踪其朋友的成功和敌人的失败，了解大量患者的早期程序，并熟悉和推测长期接受临床治疗的患者的过去和未来生活。例如，一个临床医生已经从事临床工作二三十年，他通过定期探视甚至用圣诞卡片与以前的患者保持联系，并逐渐掌握脚本分析。这样，他能更清楚地知道如何处理目前接受治疗的患者，以及如何尽快、尽可能地获得新患者的信息。针对不同的情况，治疗师越能快速、准确地理解脚本，就越能快速、有效地运用脚本的对立来避免浪费时间、精力和生命，避免对下一代造成不良影响。

精神病学的实践，就像医学的其他分支一样，伴随一定的死亡率和致残率。不管治疗师取得什么成效，其首要目标必须是减小这两项数据，绝对避免突发的药物自杀以及长期的酗酒或高血压自杀。治疗师的口号一定是"先好起来，再分析"，否则，他"有趣"和"富有洞察力"的病人便可能成为停尸房、州立医院或监狱里最聪明的人。第一个问题：在治疗过程中出现的"脚本符号"是什么？他应该知道要找什么，到哪里去找，找到后要做什么，以及如何判断他的做法是否有效，这些就是我们将在下一章讨论的问题。第二个问题：检查他对患者的观察和印象，并进行系统的整理，以便和他人讨论。出于这些目的，第23章的脚本检查表应该对此有所帮助。

很多患者会在见了其他治疗师后，来找沟通分析师。如果只见其他治疗师，对沟通分析师来说，他们只是经历治疗的"初步"阶段。因此，临床脚本分析清晰地划分为两个阶段：初步阶段和脚本分析阶段。无论使用哪种治疗方法，都会出现类似的阶段，它们不是脚本分析所特有的。脚本分析师可能看到其他治疗师的失败，但看不到他们的成功。相反，其他治疗师看到了脚本分析的失败，但也通常看不到他们的成功。

上面的章节中，我们研究了人类整体的发展，并试图找出其共性，这个研究对象是耶德。我们会继续这样称呼他，除非他真的在办公室或病房，那么我们会叫他帕特，他的治疗师则是 Q 医生。

B．治疗师的选择

几乎所有治疗师都愿意相信患者选择他和他的职业时，是理性、明智和有辨别能力的，尽管患者在其他方面可能非常糊涂。这种因为职业水平和个人优势而被选择的感觉，是有利于健康的，是我们职业的一种回报。因此，每一位治疗师都会沉浸其中、尽享美好，这种感觉持续五到七分钟。之后，他就应该把它与其他奖杯和证书一起束之高阁，如果他想治好患者，就要把它完全忘掉。

Q 医生可能是一位非常优秀的治疗师，他的学历和声誉，患者可以证实这一点。他可能认为这就是病人来找他的原因，或者病人可能会这样告诉他。然而，想到那些不选择他的患者，他应该清醒过来。根据现有的统计数据，42% 的患者首先求助于牧师，而不是精神科医生，其余的患者几乎都求助于家庭医生。[①] 而且，需要进行精神病治疗的患者中，只有五分之

[①] Gurin, G., Veroff, S., & Feld, S. *Americans View Their Mental Health*. Basic Books, New York, 1960.

一的人在医院、治疗中心或私人诊所接受治疗。[1]换句话说,每五个精神失常的人中,有四个没有选择精神病学去治疗自己。对所有患者来说,即使没有其他精神病治疗场所,他们也可以在州立医院进行治疗。此外,大部分患者故意选择次等的治疗师,而不是最好的,还有很大一部分选择最差的。同样的事情也发生在医学的其他分支中。众所周知,很多人花更多的钱在酗酒、吸毒和赌博上,结果毁了自己,而用于也许可以拯救自己的心理治疗的钱却很少。

如果可以自由选择,患者将根据脚本的需要选择治疗师。但在一些地区,患者别无他选,只能求助于当地的巫医、萨满等。在其他地区,患者可以选择传统医生或现代医学,并根据当地习俗和政治压力选择传统医学或现代医学。[2]在印度,传统方法和现代方法经常结合在一起,如在马德拉斯(Madras)的一所精神病院,阿育吠陀医学、瑜伽与现代精神病治疗相结合。[3]还有不少情况下,患者迫于经济压力没有选择。

在美国,大多数患者没有自由选择治疗师的权利,而是由各种"权威机构"推荐或指派给以下专家:精神病医生、心理医生、精神病社会工作者、精神病护士、咨询师甚至是社会学家。这些专业人士可能会被指派给诊所、社会机构、精神病院或政府医院的患者。一个中小学男生会被送到

---

[1] Gorman, M. in *Mental Health Statistics*, National Institute of Mental Health, Washington, D.C., January, 1968.

[2] 关于这方面的冲突,我们可以在沃夫·萨克斯(Wulf Sachs)所著的《黑色哈姆雷特》(*Black Hamlet*)(1937)一书中发现一个有趣的例子,书中的一名现代心理治疗师有一位病人竟是非洲巫医。

[3] Berne, E. "Some Oriental Mental Hospitals." *American Journal of Psychiatry*, 106: 376-383, 1949.

学校咨询师那里，一个缓刑期犯人会被送到一个可能根本没有治疗训练的缓刑犯警官那里。如果患者之前对心理治疗没有任何了解或想法，并且对自己的第一位治疗师满意，那么如果在其他地方寻求治疗，他通常会根据第一位治疗师的专业水平进行选择。

在个人实践中，自由选择确实存在，而且"脚本"的选择开始出现，特别是在精神病学家、精神分析学家、心理学家和精神病社会工作者之间的选择，以及这些职业中能力强和能力弱的成员之间的选择。例如，如果基督教科学派成员去看医生，往往会选择一个能力较差的医生，因为他们的脚本禁止被医生治愈。在这些职业中也有分支和流派可供选择。例如，在精神科医生中，有些通俗地称为"休克治疗者""药品提供者""心理医生"和催眠师。如果病人自己做出选择，他会选择适合自己脚本的类型。如果他是通过家庭医生介绍，医生很可能会选择一个适合自己脚本的类型。当患者寻求或被转而介绍给催眠师时，这种情况最为常见。如果患者打电话给精神科医生要求催眠，而精神科医生拒绝使用催眠，那么随后的谈话就会变得很不顺畅，因为患者坚持认为必须先让他睡觉，然后才能有所好转。有些人自发（通过脚本指令）去梅奥诊所（the Mayo Clinic），有些人则去门宁格诊所（the Menninger Clinic）。同样，在选择精神分析师时，有些人出于脚本的原因，可能选择最正统的一个，有些人则倾向于更灵活的选择，还有些人选择分支学派的"分析师"。有时，出于脚本原因，治疗师的年龄或性别很重要，比如，需要引诱或害怕引诱。反叛者经常去找反叛的治疗师。拥有失败脚本的人会选择最糟糕的治疗师，比如，背部按摩师或十足的庸医。[1] H.L.门肯（H. L. Mencken）曾经说过，达尔

---

[1] Steiner, L. *Where Do People Take Their Troubles?* Hough-ton, Mifflin & Company, Boston, 1945.

文自然选择理论在美国仅存的遗迹是背部按摩师（每个人都得到了该职业人员的"照顾"），因为他们的执业范围越广，经他们治疗后，无法适应的人类就会越快被淘汰。

有明确的迹象表明，以下三个方面由患者的脚本指令决定：（1）他是否寻求帮助，还是任由疾病发展；（2）如果可以选择，如何选择治疗师；（3）治疗是否注定会成功。因此，一个拥有失败者脚本的人，要么不去看治疗师，要么可能会选择一个不称职的治疗师。在后一种情况下，当治疗失败时，他不仅是一个失败者（如他的脚本所要求的那样），还可以从自己的不幸中得到其他各种各样的慰藉。例如，他可以责备治疗师，或者因为成为"最糟糕"的病人而获得英雄式的满足，或者夸耀自己在X医生那里进行10年的治疗，花费数千美元却没有任何好转。

C.魔法治疗师

对于患者的"儿童"来说，治疗师是某种魔术师，很可能是小时候就认识的那种魔法人物。在有些家庭里，受尊敬的是家庭医生，而在另一些家庭里则是牧师。有些医生和牧师是严肃的悲剧人物，如忒瑞西阿斯（Tiresias），他们会告诉人们坏消息，然后给人们咒语、护身符等来保命；而有些医生和牧师像是快乐的绿巨人，用自己巨大的肌肉保护儿童免受伤害，安慰他们，让他们安心。当耶德长大后，他通常会向这样的人寻求帮助。然而，如果这次经历并不愉快，他可能会反叛，并找到其他的魔法治疗师。有个不解之谜是，为什么人们会选择心理学家来扮演他们脚本中的角色？因为到目前为止，相对而言，很少有人在幼儿时期有一位友好的心理学家邻居作为家庭魔法师。从童话故事的角度来看，治疗师很有可能是给予耶德魔力，帮助他实现目标的小矮人、女巫、鱼、狐狸或鸟，他们能给耶德七联靴、隐形斗篷、变出金子的魔法箱、装满蛋糕和美食的桌子或某种能驱除邪恶的幻术。

大致来讲，患者在选择治疗师时可以在三种魔法中任选其一，他可以为成功也可以为失败而选择其一。如果脚本要求的话，他也可以使用一种魔法对抗另一种魔法。这三者被称为"科学""鸡汤"和"宗教"。任何职业都可以提供这三种，但典型的是，某种类型的心理学家提供"现代科学"，某种类型的精神病社会工作者提供"鸡汤"，而某种类型的牧师顾问提供"宗教"。这些职业中任何一位训练有素的治疗师都愿意在必要的时候提供其中任何一种服务，有些甚至还提供两种服务。对于寻求一种以上魔法的患者来说，科学与宗教，鸡汤与科学，或宗教与鸡汤，是常见的组合。一方面，"科学""鸡汤"和"宗教"与科学的、鸡汤的、宗教的治疗方法之间的实际区别在于是否知道何时停用。使用前三者的治疗师并不知道什么时候停用，因为每个人持有的魔法都是自己脚本的一部分，而使用后三者的治疗师知道什么时候停止，因为他们知道自己在做什么。前者在玩"我只想帮助你"的心理游戏，而后者则是真正在帮助别人。

D. 准备

在初步的治疗过程中，患者会玩"坏躺椅"的心理游戏，不论从字面意义还是比喻意义，这都意味着他学会躺下玩患者的游戏，还学会了玩治疗师的游戏，以此让医生开心。这在精神病住院病房中最为常见，在那里，病人被教会充分掌握了精神病的规则，以便在以下三种情况中随意选择：

(1)无限期住下去(只要家庭经济可以承担);(2)转移到要求较低的环境,如州立医院;(3)随时准备回家。他还学会了该如何表现,才能再次被医院接收。

在医院住了几次之后,这些患者就可以熟练地"训练"年轻的治疗师和心理医生了。他们知道如何迎合医生的喜好,如解释梦境,以及如何表现出沉迷于自己的特殊爱好,如"制作有趣的东西"。所有这些证实了一个基本假设,即患者十分擅长玩游戏。不过,也有一些例外。有些人拒绝玩病房游戏或医生游戏,他们坚称自己没有精神疾病。另一些人固执地或生气地拒绝康复,即使他们承认有什么不对劲或总是抱怨着什么。对其中一些患者,可以要求他们好转之前先休息一两个星期来缓解。有一小部分患者想成为优秀的游戏玩家,但不幸地对皮克氏病等器质性疾病或"过程性"精神分裂症、躁动性抑郁症或躁狂症等准器质性疾病束手无策。然而,一旦他们接受了足够剂量的药物,如吩噻嗪类、二苯并氮杂卓类或锂类药物,就会变得温顺。悲惨的是,一些医院采用休克疗法对顽固的患者进行治疗。

总之,在精神病患者住院治疗的第一阶段,患者、护理人员和临床医生都应该参加病房会诊,讨论可行的治疗方案。如果明白心理治疗的目的不是让病人出院,而是让他们康复,那么参加会诊的人可能都会提出有价值的建议。如果所有人以正确的态度参加病房会诊,那么不少游戏会很快"短路",而且"取得进展"的目标也会被放弃,取而代之的是恢复健康和保持健康,但会有上述例外情况。此外,几乎所有患者都对这种坦率的治疗方法心怀感激。会诊后,一些患者总会走上前和治疗师握手,也许还会说:"第一次有医生把我当成真正的人,并且坦率地跟我说话。"患者会这么做是因为他们绝不是"无意识地"玩医院游戏,他们很清楚自己在做什么,为什么要这么做,他们感激通情达理的治疗师,感激不参与游戏的治疗师。就算医生在第一次尝试时否认这一点,患者也会心存感激,因为这种方法减轻了传统心理治疗的单调乏味。

对于那些认为患者"自我状态软弱"的治疗师,我会说,在与精神病住院患者(即使是狂躁不安的患者)第一次见面时,我会毫不犹豫地为他们阅读以上段落,只要经过很短时间(比如,30分钟)的准备和熟悉。它的好处显而易见,因为在这种情况下,我已经多次实践过。

若患者以前去过一个或多个治疗师或精神病医院,之后作为一个门诊患者或私人患者来到沟通分析师处,正确的流程应如下所示:第一次会面时,治疗师要确保尽可能自然地了解脚本背景,并根据患者的谈话进行修改;之后如果发现有遗漏的地方,要注意进行补充。首先,治疗师需要询问患者的病例和精神病史。在这个过程中,他要求患者做一个梦——任何梦都可以,因为这是了解患者的脚本草案和世界观最快的方式。然后,治疗师需要询问患者以前的每一位治疗师:为什么患者去找他,是如何选择的,从他那里学到了什么,在什么情况下离开了,以及为什么离开。从这些询问中,脚本分析师得到了许多线索。接着,他又问了一些其他的活动:帕特是如何选择工作或配偶的,他是如何辞职或离婚的,以及为什么这么做。如果治疗师操作得当,患者不会像之前那样过早终止治疗,早前的治疗师往往担心患者转移情绪,将恐惧隐藏在扑克脸、仪式礼节或录音机后面。只有治疗师的职业能力是最让人放心的。

一种常见的情况是,患者显然在收集治疗和其他方面的失败例子,以证明精神病或自杀脚本的结局是合理的,然后玩"现在他告诉我"的心理游戏来退出,也就是说,患者在没有事先讨论的情况下引发一些重大情况,并在没有通知的情况下退出。例如，第三十次会面结束后，一切似乎都进展顺利，帕特正在"好转"，他可能会在起身准备离开时随口说："顺便说一句，这将是我最后一次来访，因为今天下午我要去州立医院了"——这是他事先没有提到的。如果Q医生仔细研究病史，会在第三次治疗时说："我认为你现在的目的是来这里治疗半年或一年，然后突然离开。"如果帕特否认，Q医生便回复道："但你对前两份工作和前三位治疗师就是这么做的。如果你还想继续，我没问题，因为我可以同时学到一些东西，但如果你真的想痊愈，我们得先谈一谈这点，否则你只会浪费生命中的半年或一年时间。但如果我们现在能解决这个问题，你就能省下大量时间，我们就可以继续治疗。"酗酒者渴望绝对控制或完全屈服，他们最有可能在游戏结束时大发雷霆，而希望康复的患者则会心存感激。如果患者点头或大笑，则表明预后很好，治愈概率很大。

E. "专业患者"

曾长期接受治疗或多次接受治疗的患者，通常为"专业患者"。专业患者的标准有三点：一是帕特爱用冗长的词句，并进行自我诊断；二是他将自己的病理学表现称为"幼稚"或"不成熟"；三是他在整个会面过程中看起来都很严肃。第二次会面结束后，如果他是专业患者，医生应告知他，并指导他停止使用冗长的词句。如果他很清楚这种情况，医生就只需要说："你是个专业患者，我认为你不应该这样。不要使用长句，好好说英语。"如果做得好，他很快就不再使用长句，开始说英语，但慢慢地，他开始说些陈词滥调。然后他被告知停止使用陈词滥调，像个真正的人一样说话。这时他看上去不再那么严肃，偶尔会微笑甚至大笑。然后他被告知不再是一个专业患者，而是一个有些精神症状的真实的人。此时，他也应该明白，他受

"儿童"控制，而不是用呆板词汇表现出"幼稚"或"不成熟"，同时他也感到困惑，解开困惑后展现的是一个真正的孩子所具有的吸引力、自发性和创造性。我们应该注意到他的好转：从玩"坏躺椅"的早熟"儿童"到陈词滥调的"父母"再到直言不讳的"成人"。

F. 作为真实的人的患者

用脚本分析的话说，我们希望患者在治疗期间"脱离脚本"，表现得像个真实的人一样，通俗地说是"真正成为人类的一员"。如果他旧病复发，单独治疗的治疗师或团体治疗的其他成员就会告诉他。只要他能远离自己的脚本，就能客观地审视脚本，脚本分析就可以继续进行。主要困难是克服脚本的引力，有点像弗洛伊德的"本我阻抗"。专业患者之所以接受该角色，是因为他们很小的时候就在父母的影响下决定成为精神病患者，以往的治疗师对此可能也有推动作用。这通常是一个家庭脚本，兄弟姐妹和父母也可能在进行治疗。一个典型的例子是一个哥哥或姐姐住在精神病院里，不断地"进行表演"（如工作人员所说）或"行为疯狂"（帕特如今学会的说法）。帕特有点生气，坦率地说，他嫉妒住院治疗的哥哥或姐姐，而他却只能接受门诊治疗。正如有个人所说，"为什么哥哥在东海岸的一家豪华精神病院里，而我却只能待在这个糟糕的治疗团体里呢？以前我是专业患者的时候可过得享受多了。"

虽然这些话看似开玩笑，但确实是抗拒康复的核心阻碍。首先，帕特逐渐失去了在医院里的所有优势，失去了表现疯狂的所有乐趣。但更重要的是，他坦率地说（当他开始理解自己的脚本之后），他的"儿童"害怕康复，无法接受治疗师和其他团体成员的许可。因为如果他接受了，他（头脑中）的母亲就会抛弃他。他认为，尽管恐惧、焦虑、困扰和身体症状会给他带来痛苦，但这些还是比独自一人在这个世界上没有"父母"保护他要好。在这一点上，脚本分析进入与精神分析几乎无法区别的阶段。他的脚本草案成了调查的对象，另外还要仔细审查早期那些影响导致他失常的精神状态和生活方式。此时，他开始显现自己作为一个精神病患者、偏执型精神分裂症患者、瘾君子或罪犯的自豪感，像许多先前的患者那样，他可能会展示日记或谈论写自传的计划。有些人的"精神发育迟滞"，即使以后治愈了，也可能会怀念自己以前的状态。

第 17 章　脚本迹象

对于团体治疗师而言，无论采用何种理论疗法，其首要职责是在团体治疗时，时刻观察每位患者每块肌肉的每个动作。为了做到这一点，他应该将治疗团体限制在 8 名患者以内，并采取其他任何必要的措施，确保能够履行职责，尽可能达到最好的效果。① 如果选择脚本分析作为治疗方法，最有效的团体治疗方式是观察和倾听具体的脚本迹象，这些迹象表明了患者的脚本性质及其以往经历和父母编程的来源。只有当患者"走出自己的脚本"时，他才能成为一个具有自主性、生命力、创造力、充实感和公民意识的人。

A. 脚本信号

每个患者都有一个特有的姿势、手势、习性、抽动或症状，表明他"活在脚本里"或"已进入"脚本。只要上述"脚本信号"存在，不管患者

---

① 参见艾瑞克·伯恩《团体治疗的原则》。

取得多大程度的"好转",都无法真正康复。他可能没有那么痛苦,也可能更快乐地生活在自己的脚本世界里,但他仍然在那个世界里,而不是在现实世界里。他的梦、他的生活经历以及他对治疗师和团体其他成员的态度也能证实这一点。

通常情况下,治疗师的"儿童"①可以(前意识地,而不是无意识地)率先感知脚本信号。接着,有一天,他的"成人"完全明白了脚本信号。他立刻意识到这一直是患者的特征,不明白为什么以前从来没有真正"注意到"。

中年男子阿伯拉德(Abelard)抱怨自己总是心情沮丧,行动迟缓。在Q医生对其脚本信号有一个模糊的概念之前,他已经加入治疗团体三年,并取得了相当不错的"进展"。在得到可以开怀大笑的"父母"许可后,他一有机会就会放声大笑,但他没有被允许讲话。在讲话前,他会经历一个复杂而缓慢的过程。他拿着一支烟,咳嗽,慢慢地从椅子上站起来,若有所思地低哼着,然后开始说:"嗯……"有一天,当大家讨论生孩子和其他性问题时,Q医生第一次"注意到"阿伯拉德在发言前把手伸进了皮带下面。Q医生说:"阿伯拉德!把手从裤子里拿出来!"所有人,包括阿伯拉德自己,都笑了起来,他们突然意识到他一直都这样,但以前从来没有人"注意到",其他成员、Q医生和阿伯拉德本人也都没有。很明显,阿伯拉德生活在一个脚本世界里,那里严格禁止说话,否则他的睾丸就会处于危险之中。难怪他从不说话,除非别人问他一个问题并让他回答!只要这个

---

① "儿童"的感知通常出现在梦境中,是白天感知的延续、梦境化或象征:"成人"未感知到的被记录了下来。这些感知是直觉判断的基础。参见艾瑞克·伯恩的《论治疗的本质》(*Concerning the Nature of Diagnosis*)。

脚本信号存在，他就不能自由地讲话，也不能解决其他困扰着他的问题。

另一种类似的脚本信号出现在女性中，且更为常见。它可能在很长一段时间后被感知，然后被完全意识到。然而，出于经验，治疗师很快就学会更加快速地发现并做出评估。有些女性一开始放松地坐着，然而一旦性话题出现，她们就交叉膝盖，将脚背上部缠绕在脚踝下面，并将双臂交叉放在胸前，有时还向前倾斜。这种姿势形成了一种三重或四重的保护，以防止她们脚本世界里的侵犯，其实与现实世界中的治疗团体无关。

因此，患者有可能听到："太好了！你的状态好多了，而且在好转，但是你只有停止……才能康复。"此时，脚本信号介入。这是试图得到"治愈"契约或"脚本"契约而不是"好转"契约的开场白。接着，患者可能会承认，她来治疗团体是为了摆脱自己的脚本，并不是为了在恐惧和痛苦时寻求陪伴和获取如何变得快乐的建议。着装是发现脚本信号的沃土：比如，除了鞋子之外，全身衣着讲究的女人（依据自身脚本，她将遭受"拒绝"等）。其他的脚本迹象包括眨眼、咀嚼、收下巴、抽鼻子、拧手、转圈和跺脚。关于这些言语和手势方式，费尔德曼（Feldman）在他的著作中作了充分的阐释。[①]

姿势和仪态也很能说明问题。"乞讨者"和"流浪儿"脚本中，歪头是最常见的脚本信号。多伊奇（Deutsch）在其文章中对此进行了深入的讨

---

① Feldman, S. S. *Mannerisms of Speech and Gestures in Everyday Life*. International Universities Press, New York, 1959.

论[1]，齐利格（Zeligs）给出了精神分析的解释[2]，特别是针对沙发疗法中出现的脚本信号。

脚本信号多数是对某些"父母"指令的反应。为了消除脚本信号，我们必须找到"父母"指令，这通常十分容易。但我们还必须找到精确的对立主题，这可能更为困难，特别是在脚本信号对错觉做出反应的情况下。

B. 生理因素

某种症状的突然出现通常也是一种脚本迹象。朱迪思（Judith）的脚本要求她像姐姐那样"发疯"，但她拒绝这项"父母"命令。只要她的"成人"处于主导地位，她就是一个正常的、健康的美国女孩。但是，如果她周围的人表现"疯狂"或她觉得自己要"疯"了，她的"成人"就会消失，她的"儿童"也将失去庇护。此时，她会马上感到头痛，并请求离开，从而摆脱这个脚本情境。在治疗沙发上，类似的事情也会发生。只要Q医生跟她说话或回应她，她的状态就很好。但如果Q医生保持沉默，她的"成人"就会淡出，"儿童"开始产生疯狂的想法，于是马上感到头痛。有些患者出现过相同的犯恶心的情况，但是他们的"父母"指令是"生病"而不是"发疯"，或者用成人的话来说，是"患神经病"而不是"患精神病"。焦虑症患者突然出现心悸发作、哮喘或荨麻疹也是一种脚本信号。

当脚本受到威胁时，可能会爆发相当严重的过敏症。例如，罗丝（Rose）从小就爱好徒步旅行，而且从未对野葛过敏。但当她的精神分析师

---

[1] Deutsch, F. "Analytic Posturology." *Psychoanalytic Quarterly*, 21: 196-214, 1952.

[2] Zeligs, M. "Acting In: Postural Attitudes Observed During Analysis." *Journal of the American Psychoanalytic Association*, 5:685-706, 1957.

跟她聊离婚的事情时，她受到了严重的打击，不得不住院治疗，并终止精神分析。治疗师并不知道的是，虽然离婚是她的脚本要求，但这必须发生在孩子们长大之后。这样的时刻也可能会引发严重的哮喘，患者需要在氧气帐里住院治疗。我认为，充分了解患者的脚本可以防止这种严重的疾病爆发。溃疡性结肠炎和胃溃疡穿孔有时也会发生。举个例子，一个偏执狂在没有充分准备和"保护"的情况下，摆脱自己的脚本世界，开始融入现实世界。不到一个月后，他的尿液中出现糖分，患上了糖尿病。这是通过"失败的、生病的"脚本，用一种缓和的方式让他回到"安全"的状态。

"想想括约肌"的口号也是脚本的生理因素。嘴巴紧闭的人与（尽可能）同时吃、喝、抽烟及说话的人是典型的"脚本角色"。

括约肌是展示脚本最终结局的器官。当然，括约肌问题的真正"原因"几乎总是在于中枢神经系统。然而，沟通方面的问题并不是源于"起因"，而是源于结果。例如，无论中枢神经系统早泄的"起因"是什么，早泄都会影响到男性和配偶之间的关系，因此早泄是由男性的脚本引起的，或者是男性脚本的一部分，或者导致男性的脚本形成，而该脚本在其他领域通常也是"失败"脚本。

"想想括约肌"的重要性还在于括约肌的沟通作用。迈克（Mike）的"儿童"很快就能根据直觉感知不同的人想如何用括约肌来对付他。他知道这个男人想猥亵他，还有个女人想在他身上吐痰，等等。[①] 如果他和这些人中的任何一个长时间交往后，就会发现自己几乎总是对的。

事实就是如此。当迈克第一次见到帕特时（在他们初次见面的前 10 秒，最多 10 分钟），迈克的"儿童"能准确感知帕特的"儿童"。但帕特的

---

① Berne, E. "Primal Images and Primal Judgments," *Psychiatric Quarterly*, 29: 634-658, 1955.

"儿童"在"成人"和"父母"的帮助下，很快形成一层厚厚的烟幕，像神仙逐渐化为人形一样，帕特开始戴上伪装面具。然后，迈克开始忽视和隐藏"儿童"的直觉，转而接受帕特的伪装。因此，帕特得以欺骗迈克，并展现自己的伪装角色，使迈克失去准确的认知。迈克接受了帕特的伪装角色，是因为他也正忙着用烟幕来欺骗帕特。他如此专注，以至于忘记了"儿童"对帕特的了解，也忘记了自己对自己的了解。我在其他章节更详细地讨论了初次见面的前10秒。人们忽略自己的直觉，去接受对方的角色，因为这是礼貌的做法，而且是他们的心理游戏和脚本所需。这种相互接受被称为"社会契约"。[1]

括约肌的脚本意义在于，每个人都会寻找并依据直觉发现一个拥有互补脚本的人。他们会在前10分钟相互吸引，或多或少再花些时间掩饰彼此从括约肌角度的吸引，如果他们继续下去，最终会满足对方的脚本需求。

如果这听起来不可置信，请看些更常见的例子，在这些例子中，脚本需求立即得到了满足。一个经验丰富的追爱男人走在任何一个城市的街道上，通常能准确地认出自己想要的女人：她不仅能满足他的性需求，而且能陪他玩自己的脚本游戏。他可能会被训斥，会付出代价，会喝醉，会失去理智，或者会结婚。但无论哪一个，都源于他脚本的要求。对很多人来说，文明人或有教养的人学会忽略或抑制自己的直觉，不过在适当的条件下，这些能力可以得到恢复。

C. 如何倾听

前面描述了一些可视化的脚本信号。我们现在谈谈倾听的艺术。治疗师可以闭眼听患者说话，在某个时刻向患者确保自己一直在听，并通过复

---

[1] 参见艾瑞克·伯恩《组织与团体的结构与动力学》。

述听到的内容鼓励患者继续诉说。治疗师也可以听一段团体治疗的录音，最好还是闭着眼睛，这样可以排除视觉干扰。几乎所有孩子都会收到一项脚本信息，就是观察旁人不要过于仔细，不要闭着眼睛倾听，以免听到太多。因为出于妈妈的要求，所以这项禁令并不容易克服。

即使从未见过这些患者，起初对他们的病史也一无所知，经验丰富的脚本分析师也可以从治疗团体10~20分钟的一段录音中了解到大量的信息。从零信息开始，他只需听一段谈话录音，就可以非常详细地描述这位陌生患者的家庭背景、最喜欢的心理游戏和可能的命运。30分钟后，由于疲劳，对录音的回应将逐渐减少，因此每次播放录音的时间不得超过半小时。

对于如何倾听，总是存在进步的空间。这是一种禅宗的主张，因为它在很大程度上取决于听者头脑中发生了什么，而不是外面发生了什么。"教授"，即"儿童"的"成人"，决定了倾听是否有效。"教授"掌握着直觉的力量，而直觉最重要的一点与沟通中的括约肌行为有关：其他人想用什么括约肌行为来对付我，又想让我用什么括约肌行为对付他们？这些欲望从何而来，又往何处去？当这些古老的或"原始的"信息渗透到听者的"成人"那里，它们可能会被细化成一些更具体的东西，即关于患者的家庭背景、本能驱使、工作职位和脚本目标等信息。那么，我们有必要知道如何让"教授"最有效地完成工作。其规则如下：

1. 听者应身体状况良好，头一天晚上睡眠良好，①也不应受到酒精、药物或影响精神状态的药物的影响，其中包括镇静剂等。

---

① 这可能意味着快速眼动睡眠。通常情况下，如果治疗师整夜躺在床上辗转反侧，会在第二天早上发现自己的直觉比平常更敏锐。这一假设是，他的"成人"由于缺乏慢相睡眠感到疲倦，而他的"儿童"则因为充足的快速眼动睡眠状态良好。

2. 他必须让自己的思想不受外界事物的影响。

3. 他必须抛开所有"父母"的偏见和感情,包括"帮助他人"的需要。

4. 他必须抛开对患者的普遍偏见,也必须抛开对他正在倾听的患者的特殊偏见。

5. 他不能让患者通过提问或提出其他要求来分散他的注意力,他应该学会用不伤害患者的方式来避免这种干扰。

6. 他的"成人"倾听患者诉说的内容,而"儿童"的"教授"倾听患者诉说的方式。在电话交流时,他的"成人"听信息,而他的"儿童"听噪声。① 在听录音机时,他的"成人"听节目,而他的"儿童"听机器如何工作。因此,他既是一个听众,又是一个修理工。如果他是一名咨询师,他就能够成为一名倾听者,但如果他是一名治疗师,他最重要的工作就是帮助病人康复。

7. 当他开始感到疲倦时,就不再倾听,而是开始观察或说话。

D. 基本的声音信号

在学会如何倾听之后,就必须学会倾听什么。从精神病学的观点来看,有四种基本的声音信号:呼吸声、口音、声音和词汇。

呼吸声

最常见的呼吸声及其通常含义如下:咳嗽(没人爱我)、叹气(要是……多好)、打哈欠(快滚开)、咕哝声(你说过的)和抽泣(你伤害我了);以及各种各样的笑声,如哄笑、轻笑、窃笑和傻笑。最重要的三种笑,通俗地说是"吼吼,哈哈,呵呵",对此我们将做进一步讨论。

---

① Berne, E. "Concerning the Nature of Communication." *Loc. cit.*

口音

文化与脚本关系不大。在每个社会阶层和每个国家都有胜利者和失败者,他们以几乎相同的方式在全世界实现自己的命运。例如,任何群体中精神疾病的患病率几乎是一样的。[1]

不过,外国口音对脚本分析师来说确实具有一定的意义。首先,它有助于对早期的"父母"训诫进行猜测,这正好与文化相关:在德国是"要听话",在法国是"要安静",在英国则是"不要淘气"。其次,它代表脚本的灵活性。一个德国人在美国生活了20年,但仍然带有浓重的口音,而一个丹麦人只在美国待了两年,就能说一口流利的美式英语,相比之下,前者的人生计划可能不如后者的灵活。最后,脚本是用"儿童"的母语写的,如果治疗师熟悉这门语言,脚本分析会更快、更有效。一个外国人在美国实现他的脚本,就相当于在歌舞伎剧院里用日语上演《哈姆雷特》。如果评论家手头没有原著,很多东西就会被丢失或被误解。

母语的口音也能提供信息,特别是口音产生干扰时。一个带着布鲁克林口音的男人,时不时也会冒出波士顿或百老汇口音,这表明他脑子里受英雄式或父母式人物的影响。治疗师必须追踪这个人物,因为他可能对患者各方面都有影响,即使患者并不承认。"她一直等着你,你不应该先走"或"你要去哪儿?最好哪儿都别去,"清楚地表明了"父母"指令的分歧。

声音

每位患者至少有三种不同的声音:"父母""成人"和"儿童"的声音。

---

[1] Cf. Berne, E. "Difficulties of Comparative Psychiatry: The Fiji Islands." *American Journal of Psychiatry*, 116: 104-109, 1959.

他可能会长期把其中一种，甚至两种声音小心地藏起来，但这些声音迟早会溜出去。细心的听者通常在15分钟内至少能听到其中两种声音。患者可能会说一整段"父母"的话，其中只有一句"儿童"的牢骚，或者说一整段"成人"的话，其中只有一句"父母"的责骂，但是警觉的听者会听到关键的短语。其他患者会在句与句之间转换不同自我状态下的声音，甚至在一句话中转换两种或三种声音。

每种声音都会透露出一些脚本信息。在跟另一个人说话时，"父母"的声音会使用父母的箴言和训诫，并复制相同情况下父亲或母亲会说的话："不是每个人都这样吗""看谁在说话""你要专心点""你为什么不更努力些？""你不能相信任何人"。一种坚定的"成人"的声音通常意味着"儿童"被"父母"命令压制着，这些命令倾向于一些无聊的迂腐模式，其中也许夹杂着一些"官腔"或玩笑。这表明"儿童"会因此找不到恰当的表达方式或周期性地爆发，导致非适应性行为的产生和精力的浪费，从而成为失败者。"儿童"的声音代表其脚本角色：例如"小可爱""小老头或小老太""黏人的爱哭鬼"。因此，"父母"的声音表现反脚本，"成人"的声音则给出脚本模式，"儿童"的声音代表脚本角色。

词汇

每种自我状态可能都有自己的词汇。"父母"的词汇，如"坏的""愚蠢的""怯懦的"和"荒谬的"，告诉耶德最害怕成为什么样的人，并尽量避免。"成人"不断讲述的专业性词汇可能只是一种逃避他人的方式，就像在工程、航空和金融行业常见的那样，其脚本指令是"要做大事，但不要亲自参与"。而"成人"的"助人式"词汇（家长教师协会、心理学、精神分析学、社会科学）可能出现在一场理智的"春之祭"表演中，受害者被肢解的心灵散落在地板上，理论上这些碎片最终会结合在一起，并变得更加丰满。这个脚本的故事情节是："我要把你撕成碎片，记住，我只是想帮助你。但你必须自行重组，没人能帮你做这件事。"有时患者是他自己最喜欢的牺牲品。"儿童"的词汇可能是表现反叛的下流词汇，可能是表现顺从的陈词滥调，也可能是可爱纯真的甜言蜜语。

三种声音在同一个人身上出现的典型情况是"父母"甜言蜜语，"成人"冷静分析和"儿童"口出污言。例如，"我们每个人都有起起伏伏；我认为你处理得很好。当然，你必须从你对母亲的认同中分离出你的自我。毕竟，这是个糟糕的世界。"

E. 词语的选择

句子由"父母""成人""儿童"组成，因此它们都可以根据自身需要在句子中插入单词和短语。为了解患者的所思所想，治疗师必须将句子拆分成几个关键的部分。这种做法被称为人际沟通解析，与语法解析有一定的区别。

词性

形容词和抽象名词可以用来骂人。当遇到具有"被动依赖型人格"或"无安全感的反社会人格"的患者时，恰当的回应可以是"小时候父母是怎么骂你的？"诸如"攻击性表达"或"性行为"等的委婉表达，应通过问"你小时候把这些称作什么？"来避讳。

"表达性攻法"（expressive aggression）纯粹属于生造词汇，它意味着帕特参加过现代舞蹈课或已接受过格式塔治疗师的治疗。

使用副词使表达显得更加个人化，更有亲密感。不过，使用副词的确切心理学意义还有待阐明。

代词、动词和具体名词是最真实的词性，"实事求是地说"表明患者已做好痊愈的准备。因此，对性行为有恐惧心理的女性经常会强调形容词和抽象名词："我有过这种体验。"经过治疗后，她可能会强调代词和动词："我们真的兴奋了。"某位女士第一次去产科是为了获得"产科经验"。第二次，她是去生孩子。患者会"对权威人士表达敌意"。患者常以反抗权威来表达不满，而当他们痊愈后却只是咒骂几句或撕纸泄愤。从治疗师的角度来看，一位报告称"会谈前我们进行了友好的问候。然后，患者讲述了他通过对妻子施暴来表达敌意"的治疗师，要比另一位称"患者说完你好，然后告诉我他打了妻子"的治疗师面临更多困境。在某个案例中，治疗师认为一位男孩"在私人场地开办的寄宿学校上学"，男孩则表示他只是"上了寄宿学校"。

脚本语言中最重要的词是"但是"，它意味着"根据我的脚本，我没有得到这样做的许可"。真实的人会说，"我会"或"我不会"，"我赢了"或"我输了"；而"我会，但是……""我不会，但是……""我赢了，但是……"或"我输了，但是……"这些表述实则都是脚本语言。

被认可的词语

听录音的原则是：如果你听不清患者在说什么，不要担心，因为他大概并没有说什么。当他有话要说时，不管环境多嘈杂，录音质量多差，你都能听清他的话。从临床角度看，有时质量差的录音比质量好的录音效果更好。如果每个词都能被听清，听者可能会受内容的干扰，失去更重要的脚本指示。例如，"我在酒吧遇到一个男人，他对我调情。后来他太过放肆，我就对他说：'你以为你是谁'，好让他看出我是一位淑女，可他还坚持这样做，过了一会儿，我便训斥了他。"尽管这仅仅是个相当无聊、毫无启发意义、平庸无奇的故事，但这段不太清楚的录音更能透露关键信息，它是这样说的："嗯……对我调情……放肆……看出我是位淑女……训斥了他。"这里能听清的词就是被认可的词语。这位患者在母亲的指示下训斥男人，以此来证明她是位淑女，只要她能收集足够的"赠券"或"通关证"来证明自己（作为一位淑女）在这种情况下理应生气。母亲的指示是"记住，男人向淑女调情时，淑女是会生气的。"父亲补充道："酒吧里有很多放肆的男人，这点我清楚。"于是她到酒吧证明自己是个淑女。

接受一段时间的精神分析治疗后，她的录音变为，"嗯……施虐的男人……受虐的我……表达我一贯的矜持……"她用一些新的"被认可的词语"代替了原先的"被认可的词语"。如果她遇到一位人际沟通分析师，她的录音会变为，"……他的'儿童'……我的'父母'……玩'挑逗的游戏'"。一个月后，她不再支支吾吾，即使录音质量再差，我们也能清楚地听到"自我不去酒吧后，我遇到了一些很好的男人"。

被认可的词语比故事本身更能说明问题。传统疗法可能要花数月才能使一位女毕业生讲述清楚她的倒霉经历，但如果录音是，"……努力学习……好成绩……但是……后悔莫及"，那几个响亮的被认可的词语已经清楚地讲述了她的人生故事，即"你被要求努力学习并取得成功，可惜有些事注定会出问题，你最终会很难过"。被认可的词语响亮而清晰地陈述了她的脚本指令。

上一节提到的被认可的词语来自"父母"的训诫、榜样和威胁。训诫：如"做个淑女""努力学习"，让淑女和学习成为被认可的词语。"否则将会有严重的后果"的威胁，让"严重的后果"成为被认可的词语。当患者接受心理治疗时，治疗师的词汇会成为被认可的词语。实际上，这是患者正在被治愈的标志之一。她说出受虐、敌意、"父母""儿童"等词汇，因为在这个阶段，治疗师替代了他的父母，他的被允许词汇替代了她童年所习得的。被认可的词语是指患者的父亲、母亲、治疗师或其他父母式人物认可的词汇。

脚本词汇

我们应该记得大部分脚本控制是由父亲或母亲的"儿童"发出，而这些依赖于另一套词汇，即脚本词汇和短语，通常与被认可的词语截然相反，其中有些甚至会互相矛盾。在对立脚本中使用非常淑女的被认可的词语的女士，脚本语言可能非常粗俗。因此，清醒时她可能会称自己的孩子为"我可爱的少年们"；而当喝醉时，她可能会称他们为"那些浑蛋"。脚本词汇为脚本角色和脚本场景提供了重要信息，这些对于重构脚本世界（或者称之为患者的"儿童"生活世界）非常重要。

在男性的脚本中，女性常见的角色是女孩、淑女和女人。在女性的脚本中，男人的角色通常是男孩、男人和老男人。更具体地说是"小姑娘"和"糟老头"。他们互相吸引，尤其是在酒吧里。男人称他遇到的女人为"漂亮小姑娘"。女人将她遇到的男人称为"糟老头"。他的脚本需要一位小姑娘，而她的脚本需要一位糟老头，他们见面时，就会展开行动，他们知道说完"你好"之后该说什么。很多女人生活在"色狼""野兽""骗子""猫""爬虫""吸盘"和"卑鄙小人"的世界，男人们视她们为"小菜""小妞""婆娘""妓女"。这些都是在谈话或团体治疗中出现的脚本词汇。

脚本场景通常围绕家中的一个或几个房间：婴儿房、浴室、厨房、客厅和卧室，与这些位置关联的表达主要是："足够喝""都是废话""常规的盛宴""都是那些人""胖揍他们"。每个房间都有专属词汇，困在某个脚本场景的人会反复使用相应的表达。另一个常见的场景是工作室，代表语言是"给我滚"。

反脚本词汇也可以在与自己的脚本对抗者身上发现。第12章提到的杰克，是一位西西弗斯式的人物，成了职业棒球选手，一方面出于他的天赋，另一方面出于叔叔的强迫。某日，当Q医生听他讲述时，他第一次注意到杰克经常说的"不"字，蕴含着巨大的力量，而当他说"别的东西"时，没有那么强有力却依然具有重要影响。他敏锐地察觉到这两个词背后的含义。每当杰克说"不"时，他都在投球；而每当杰克投球时，他的"儿童"在说"不"——"你击不中的！"每当他说"别的东西"时，他都在投一垒；而每当他投一垒时，都会说"别的东西"——"如果我不能让你三振出局，我们就试试别的东西。"杰克不仅证实了这些直觉，还告诉Q医生他的投球教练用不同的语言跟他说过类似的话。"放松！如果每次投球都这么用力，你的肩膀会受伤的！"杰克最后确实受伤了。就像Q医生一样，教练根据他的直觉和经验，察觉到杰克在愤怒地投球，而且知道这样不好。

杰克的对立脚本是成为一名棒球选手，在他专业的投球背后，是对叔叔命令他成为失败者的极大愤怒。因此，他每次投球都在与自己的脚本对抗，试图打破自己的包袱，从而取得成功。这使他拥有惊人的速度，他的对立脚本也使他拥有超强的控制力，但他唯独缺乏冷静，缺乏适应击球顺序和竞技状态的能力。最后，他无法适应比赛，愤怒导致他一直试图避免的结局发生了，他不得不退出比赛。治疗师"儿童"的"成人"（"教授"）

的直觉是最有价值的治疗工具。Q 医生一生只参加过一场职业棒球比赛，但他却察觉到了这一切，这证明一位经过专业训练的教授的敏锐性。不过他曾在许多沙地垒球比赛中投过球。

隐喻

脚本词汇与隐喻密切相关。玛丽有两套不同且彼此独立的隐喻词汇。在其中一套中，她仿佛置身大海，看不清任何事物，难以将头浮出水面，过着暴风雨般的日子，情绪跌宕起伏。在另一套中，她的生活仿佛一场盛宴，她可能言而无信，品尝众多美味，也可能尝到酸味或苦味，因为那是她的人生被毁的滋味。她嫁给了一位水手，抱怨自己的肥胖。当她感觉置身大海时，她所有的隐喻都与海相关；而当她暴饮暴食时，隐喻又与烹饪相关。就这样，她在大海和厨房之间来来回回，而治疗师需要做的是让她脚踏实地。隐喻是脚本场景的延伸，隐喻的变化意味着场景的变化。在她的案例中，暴风骤雨的海洋原来是一片怒海。

安全短语

有些人在说话前必须做某些仪式或姿势，以保护自己或为说错话而道歉。这些仪式指向他们的"父母"。之前举过阿伯拉德的例子，他在说话时总是将手滑到腰带下。很明显，他在保护他的睾丸，因为在他觉得与别人说话放松警惕时，会有内部攻击者来攻击他，所以总在开口前就有所防范。其他一些例子中，安全措施融入了句子结构。在回答"你是否对妹妹发过脾气？"这样的问题时，可以看出不同程度的保护。"可能有过"暗示"父母"的指示是："不要轻易承认。""我觉得我可能做过"暗示了"父母"的两个指示："你怎么能确定？"以及"不要轻易承认。"第一种通常来自父亲，第二种则来自母亲。"我觉得或许可能有吧"包含三重保护。安全短语主要具有预后作用。对治疗师来说，穿透一层安全措施比穿透三层要容易得多。"我觉得或许可能有吧"类似于伯克利虚拟语气，同样旨在保护和掩饰一个幼小脆弱的"儿童"不让任何人轻易靠近。

虚拟语气

虚拟语气，俗称"伯克利虚拟语气"，包括三个内容：一是短语"如果（if）"或"要是（if only）"；二是虚拟语气或条件从句，如"将会（would）""应该（should）"和"可以（could）"；三是非承诺词，如"指向（toward）"等。伯克利虚拟语气在大学发展最为迅速。经典短语是"我应该；如果可以的话我一定会，但是……"变体是"要是他们……我会……我或许应该，但是……"或"我应该；我可能可以，但是那样他们会……"

虚拟语气逐渐正式化，出现在书籍、论文和学生作业的标题中。常见的例子有"……中涉及的一些因素"（=要是），或"指向……的理论"（=如果可以，我会以及我知道我应该）。举个极端的例子，其标题为："关于……理论数据收集过程中所涉及因素的初步评论"——这是个非常谦虚的标题，因为该理论可能要过两百年左右才能发表。显然该作者的母亲告诉过他不要冒险。他的下一篇论文标题可能是："关于……的中期评论"，接着是"关于……的最终评论"。写完评论之后，他的后续论文标题可能会越来越短。四十岁时，他会去掉绪论，撰写第六篇文章《指向……理论》，但实际的理论还未出现。第七篇论文才会是这个理论本身，那么在第八篇论文里他会是："哎呀，不好意思。回到上一篇。"他总是在路上，却永远无法到达下一站。

对治疗师而言，治疗一位写这样论文标题的患者并不轻松。帕特也会抱怨无法完成论文，无法集中注意力，在性和婚姻方面存在问题，抑郁，甚至有自杀冲动。除非治疗师能找到改变脚本的方法，否则治疗将完全按照上述八个阶段进行，每个阶段持续六个月到一年甚至更久，治疗师将代替患者写最后的论文（the Oops one）。在脚本语言中，"指向"的意思是"无法到达"。没人会问："这架飞机是飞往纽约的吗？"也有很多人不愿乘坐飞行员说"是的，我们飞向纽约"的航班。要不他飞往纽约，要不你换乘另一班飞机。

句子结构

除了常用虚拟语气者，还有一些人无法完成任何事情或发现主要问题，所以他们说话时往往"信口开河"。他们的句子通常以连词串成："昨天我和我丈夫坐在家里，然后……然后……然后……"指令通常是"家丑不可外扬！"于是他们不停地围绕着这个秘密说话，但不会将其泄露。

有些人说话非常注意平衡，如"天正在下雨，但太阳很快就会出来。""我头疼，但我的胃好多了。""他们不太友好，但看起来很开朗。"

这种情况下的指令似乎是"不要过于仔细地观察任何事物"。关于这个问题，最有趣的例子是一位从5岁起就得糖尿病的患者，他被教导要极其注意均衡膳食。当他说话时，他也仔细斟酌每个词，非常谨慎和准确地平衡每句话。这些防范使他的话难以理解。他一生都在为疾病带来的不公平限制而愤怒，当他愤怒时，他的言语变得很混乱。（这对糖尿病心理学的影响有待进一步研究。）

另一种句子结构是悬置语（dangling point），即自由使用"等等"和"诸如此类"。"我们去看了电影……然后我吻了她……然后她偷了我的钱包……"不幸的是，这种表达往往隐藏着对母亲的愤怒。"我想告诉她我对她的看法，诸如此类。""'诸如此类'是什么？""我真想把她骂得体无完肤。""诸如此类呢？""没有了，这就是'诸如此类'。"句子结构是一个引人入胜的研究领域。

F. 绞架沟通

　　杰克：我戒烟了，已经一个多月没抽烟了。
　　黛拉：那你重了多少，嘿嘿嘿？

除了杰克和Q医生，所有人都被逗笑了。

　　Q医生：嗯，杰克，你真的好转了。你没有上当。
　　黛拉：我也想好起来。说这话我真该咬掉舌头。这话其实是我母亲对我说的。
　　唐（新会员）：这有什么好介意的？只是开个玩笑。
　　黛拉：前几天母亲来看我，还想再对我说一次，但我阻止了她。她肯定很生气。她说："你肯定又胖了，哈哈。"我本来应该笑着说："是啊，我吃多了，哈哈。"但我却说："你自己也挺重的。"于是她转移了话题，说："你怎么能住在这种破房子里呢？"

显然，对于体重超标的黛拉来说，让母亲开心等于发胖并自嘲，这是她人生的悲剧，不自嘲就是无礼，会让母亲不开心。

绞刑架上的笑声是临终者开的玩笑，或是著名的遗言。如前所述，十八世纪泰伯恩或纽盖特刑场上的围观群众曾赞美笑着死去的人。"看吧，我就是绞刑犯，"丹尼尔（Daniel）接着说，"我们已准备好被杀，但是出了点状况。别人都跑了，只有我被抓了，哈哈哈！""哈，哈，哈，"当绞刑开始时，众人哄笑，这就是"死亡游戏"。丹尼（Danny，Daniel的昵称）看似在笑上天对他开的玩笑，但他内心深处知道谁是罪魁祸首，他真正想说的是："妈妈（或爸爸），你曾说我会死在绞刑架上，现在我就在这，哈哈哈。"同样的事在每个治疗团体中都或多或少存在。

丹尼是家中四个孩子中的一位，他们都没有获得成功的许可。父母都有点不诚实，不过在社会可接受的范围内，每个孩子都把这种倾向"发扬光大"。一天，丹尼讲述了他在大学里遇到的麻烦。他功课落后，因此请人代笔。当他讲述如何与枪手谈判时，大家都饶有兴致地听着，枪手还答应为丹尼的一些朋友代写论文，并且他们都已提前付款。其他成员问这问那，直到最后丹尼才说到重点。那位枪手已卷款逃去欧洲，一篇论文也没留下。听了这话，大家哄堂大笑，丹尼也跟着一起笑。

他们认为这个故事有趣的原因有两个：一是丹尼讲故事的方式，就像是他希望他们笑，如果不笑他就会失望；二是因为丹尼做事的方式很烦琐，而不是直截了当、老老实实地履行自己的义务，所以他们预料到，甚至可能希望这种事情发生在丹尼身上。他们都认为丹尼注定失败，有趣的是看他为失败付出多少努力。他们跟着丹尼一起笑，就像以前一样。接着他们都会为此感到沮丧，尤其是丹尼。他笑着说："哈，哈，哈，妈妈，只有我失败时你才爱我，现在我又失败了。"

"儿童"的"成人"，即"教授"，从小就有一项任务，就是让母亲满意，使她能够陪伴并保护他。如果母亲喜欢他，并且予以微笑，那么即便面临困境，甚至面临死亡的危险，他也会感到安全。克罗斯曼（Crossman）对此进行了更为详细的论述。她说，在正常的母爱中，母亲的"父母"和"儿童"都喜欢孩子。所以，当母亲微笑时，她的"父母"和"儿童"都会对她的子女感到满意，他们之间会相处融洽。但很多时候，母亲的"父母"对儿子微笑是因为她应该这样做，而她的"儿童"其实对他感到生气。他可以通过做她的"父母"不赞成的行为，站在她"儿童"一边，并以这种方式获得微笑。例如，通过表明自己是"坏的"，他可能会得到"儿童"的微笑，因为他证明了自己不被允许，这能取悦母亲的"儿童"，也就是我们之前所说的"巫婆母亲"。由此，克罗斯曼得出结论，脚本和对立脚本都是唤起母亲微笑的尝试：对立脚本为母亲（和父亲）的"父母"的赞许的微笑，脚本为母亲的"儿童"的微笑，他承受着婴儿的痛苦或不快。

绞刑架上的笑出现在丹尼"发现自己"脖子上挂着绳子时，他的"儿童"说："我不想就这样死去。我是怎么走到这一步的？"然后妈妈（在他脑海中）露出微笑，他意识到是她骗了他。接着他要么发疯，杀了她，然后自杀；要么大笑。这时，他也许会羡慕选择去精神病院的哥哥，或者选择自杀的妹妹，但他目前还没有准备好接受这两种结果。

绞刑架大笑或绞刑架微笑发生在一种特殊的刺激和反应之后，亦被称为"绞刑架沟通"。举个典型的例子，一位酗酒者六个月没有喝酒（这件事团体成员都知道）。一天他来了之后，与其他成员一起聊天。当他们将心中的烦恼倾诉完后，他就有了可以发挥的舞台。他说："猜猜周末发生了什么？"一看他微笑的表情，他们就知道发生了什么。他们也正要微笑时，其中一位释放出绞刑架沟通的信号，问道："发生了什么？""我喝酒狂欢了三天三夜。"——这时他笑了，他们也笑了。斯坦纳是第一位解释清楚这些现象的人，他说："以酗酒为例，怀特（White）告诉其他人上周的狂欢，而其他人（可能包括治疗师）则笑成一片。听众'儿童'的微笑类似于并强化了巫婆母亲或食人魔的微笑，后者在怀特服从命令（'不要想喝酒'）时感到愉快，实则勒紧了怀特脖子上的套索。"

"绞刑架之笑"（由绞刑架沟通导致）指的是：如果患者笑着讲述一件不幸的事情，尤其是当其他成员也跟着笑时，这个不幸正是患者脚本中悲剧结局的一部分。周围人的笑强化了这种结局，加速了他的厄运，并阻止了他的康复。

就这样，父母的引诱实现了，哈哈。

G. 不同类型的笑

公平地说，脚本分析师和治疗小组成员比任何人都更有乐趣，即便他们能忍住"绞架上的笑"以及忍住不笑某人的糗事。在脚本分析中，有几种笑值得关注。

1. 脚本式的笑

a. "嘿嘿嘿（Heh Heh Heh）"是巫婆母亲或食人魔父亲的"父母"笑声，他们引导某人（通常是自己的子女）走上被嘲笑和失败的歧途。"你重了多少，嘿嘿嘿？"（有时是"哈哈"。）这是脚本式笑声。

b. "哈哈哈（Ha Ha Ha）"是"成人"无奈且幽默的笑。就如丹尼的情况，这表示一种肤浅的洞见。从自己的经历中，丹尼学到了不能相信枪手，但他对自己和自己的弱点还不够了解，而这些弱点将使他反复掉进类似的陷阱，直到结局上演。这是绞刑架之笑。

c."呵呵呵（He He He）"是"儿童"打算骗人时的笑声。他打算玩"让我们欺骗乔伊（Joey）"的游戏，他被怂恿去骗别人，但最终自己却沦为受害者。例如，当枪手向丹尼说明他如何可以蒙混过关时，丹尼发出了"呵呵呵！"的笑声，到最后丹尼发现自己才是受害者。这是游戏式笑声。

2. 健康的笑

d."吼吼吼（Ho Ho Ho）"是"儿童"努力争取成功时"父母"发出的笑声。就目前而言，这是怜悯、仁慈和鼓舞的笑声。发出这种笑声的人参与度不高，会把最终责任推给他人。它给孩子的非脚本行为以奖励。这是祖父或圣诞老人的笑声。

e. 另一种"哈哈哈"更为真心和有意义。这表明"成人"真正察觉到自己是为"父母"和"儿童"所骗，并非他人。这类似于心理学家所说的"顿悟体验"（除心理学家外我从未听过其他人在这种场合说"顿悟"）。这是洞察之笑。

f."哇哦哇哦（Wow Wow）"是"儿童"纯粹快乐的笑声，或是年长者的捧腹大笑。它只适用于那些没有脚本或不受脚本约束的人。这是健康的人发自内心的笑。

H. 祖母

但凡见过祖母的人都不会是无神论者，即使她本人是无神论者，因为所有祖母，不论善恶，都在远处（通常是天堂）看着自己。在团体治疗时

（有时也在打牌时），她会在天花板的某个角落徘徊。如果某位患者的"儿童"无法充分信任他的"父母"，必要时，他仍可以信任祖母，因此他会凝视祖母所在的天花板方向，从她无形的存在中得到保护和指引。祖母甚至比母亲更有力量，即使她们很少出现。但当她们出现时，却拥有最终决定权。这一点读过童话故事的人应该很清楚，女巫可以给小王子或小公主祝福或诅咒，坏仙女或仙女教母无法将其夺走，只能将其削减。因此，在《睡美人》中，老巫婆诅咒公主死去，但善良的仙女将其改为沉睡一百年。她已尽其所能，正如她所说："我无法彻底解除长辈的指令。"

因此，无论善恶，祖母都是最终审判者，如果治疗师成功打破了母亲对患者的诅咒，他还需要处理祖母的。因此，好的治疗师必须学会处理对抗性的祖母以及母亲。在治疗中，祖母们总认为自己是正确，有道理的。治疗师必须坚定地对她们说："你真的希望佐伊是个失败者吗？如果你说出事实，你真的觉得总部会接受你的抱怨吗？事实是我没有引诱你孙女做坏事，我是给她快乐的许可。无论你告诉她们什么，记住精神病医生也来自总部，在那儿也能被听到。佐伊不能代表她自己反对你，但我可以替她说话。"

在多数情况下，祖母决定了耶德打扑克时能得到哪张牌。如果他和她相处融洽，他就不会输。如果他得罪了她，他肯定会输。但他必须记住，其他玩家也有祖母，并且可能和他的祖母一样强大。此外，他们和祖母的关系可能比他和祖母的关系要好。

I. 抗议的形式

抗议的形式主要是愤怒和哭泣。大多数团体治疗师认为这两种形式

"表达了真实感受",而"笑"是出于某些原因,不被高度重视,有时也会被认为没有表达"真实感受"而被轻视。

约有90%的愤怒是由"父母"刺激的一种"宣泄",所以真正的问题是"愤怒有什么好处?"愤怒使我们无法做好任何事,而且可能会导致四到六小时的代谢紊乱及数小时的失眠,付出这样的代价并不值得。愤怒后燃的关键点是当耶德不再对自己或朋友说"我本应该……"(用过去时态),而变成"我想……"(用现在时态)。这种递进式愤怒基本是被误导的。递进式愤怒的规则与递进式智慧的规则相同。"如果你当时没有说出来,事后就不要再提起,因为直觉往往是准确的。"最好的办法是等到下次,如果你真的准备好了,你会做得更好。

一般现在时"我想……"的过程很短暂,并且很快就会被将来时取代:"下次我会……",这预示着从"儿童"向"成人"的转变。我坚信(虽然没有任何化学证据),从过去到将来的转换与化学物质的新陈代谢同步,且仅仅是某些复杂的荷尔蒙物质中的微小自由基的轻微变化——一个简单的还原或氧化过程。这是对自主性幻想的另一种抨击。某人在愤怒中从过去转向将来时,他认为"我正在冷静",或者有人说:"现在你更理智了。"但事实上,他既没有"冷静",也没有"理智",只是对化学物质的微弱变化做出了反应。

大多数的愤怒是"终于逮到你了,你个狗娘养的"游戏的一部分。("谢谢你给了我一个生气的理由。")事实上,耶德很高兴被冤枉,因为他从小就背着愤怒的包袱,合理的发泄是一种解脱。("在这种情况下,谁不生气?")这里的问题是发泄是否有益。弗洛伊德很久以前就说过发泄并没有用。然而,如今对大多数团体治疗师来说,这是"好的"团体治疗的标志,发泄愤怒可以活跃团体治疗的气氛。当某位患者"表达愤怒"时，每个人都感到高兴、振奋和宽慰。那些鼓励患者这么做，甚至要求患者这么做的治疗师，瞧不起那些一板一眼的同事，并坚信发泄愤怒是有效的。这种态度的反证法在这位幻想症患者的陈述中得以体现："我乘公共交通上班，决定今天要对上司表达真实想法。"于是他冲老板大喊大叫，把打字机扔出窗外。老板开心地说："很高兴我们终于有所沟通了，你正在自由地表达你的敌意。我们这里就需要这样的员工。我注意到你不小心砸到了一位站在窗下的同事，但我希望这不会让你有罪恶感，因为那将影响我们的交流。"

要区分宣泄的愤怒和真正的愤怒很简单。患者在宣泄愤怒之后可能会微笑，而在真正的愤怒之后通常会流泪。在任何情况下，患者都应该明白，他们不能在团体中乱扔东西、攻击或殴打他人。任何这样的尝试都会受到惩罚，除非有特殊情况，否则做了上述任一行为的患者应该退出团体。然而，有些治疗师会允许患者用身体表达愤怒，并且有适当的设施和人员来处理可能的并发症。

哭泣在大多数情况下也是一种宣泄，甚至可能是一种戏剧性的骗局。其他团体成员的反应是判断这一点的最佳方法。如果他们感到生气或过度同情，那他的眼泪可能是假的。真正的哭泣通常会导致肃静和如同对亚里士多德悲剧的同情。

J. 你的人生故事

著名的神秘主义者彼得·乌斯宾斯基（P. D. Ouspensky）所著的《伊凡·欧索金的奇异人生》(*The Strange Life of Ivan Osokin*) 是脚本分析师所写的最有教育意义的故事。伊凡·欧索金获得了一个重新开始生活的机会，但预言是他将重蹈覆辙，重复所有他后悔的行为。他本来觉得这并不奇怪，因为他会失去所有记忆，因此无法避免犯错。但给出的条件是，他可以记住所有事情，但仍会重蹈覆辙。在这些条件下，他接受了，而且可以肯定的是，即使他能预见他给自己带来的每场灾难，他仍会重蹈覆辙，正如乌斯宾斯基巧妙又令人信服地证明了这一点。乌斯宾斯基将这种现象归结于命运的力量，脚本分析师也同意他的观点，只是补充道，这种命运是父母在他幼年时安排在他身上的，而不是来自形而上学或宇宙的力量。脚本分析师的立场与乌斯宾斯基一致：每个人都被脚本强迫，一遍又一遍重复相同的行为模式，不管他对其结果有多么后悔。事实上，后悔本身就是重复这些行为的动机，而重复它们，就是为了积攒悔意。

上述画面可以通过加入另一个故事 ——埃德加·爱伦·坡（Edgar Allan Poe）的《瓦尔德马先生病例之真相》(*The Strange Case of M. Valdemar*) 来完善。M. 瓦尔德马先生在临死前被催眠，之后又活了很久。最终，他从催眠状态中被唤醒，在惊恐的旁观者的注视下，立刻化成了一具腐尸，正是他被催眠当天本应该死亡的状态。也就是说，他"追上了自己"。从脚本的角度，这种情况每天都在发生。"儿童"实际上是被"父母"催眠，进入某种生活模式。只要有可能，他将保持生命力，直到他的脚本宿命完成。在那之后，他可能会迅速土崩瓦解。实际上，许多人是被他们的脚本"支撑"着的，一旦脚本完成，他们就会垮掉。正如前文所述，这是世界上很多老年人或"退休"人士的命运。（不仅发生在"我们的社会"，而是一种普遍现象。）

脚本本身受到希腊必然女神的庇佑，弗洛伊德称她为"崇高的阿南刻"。用精神分析语言说,即脚本受强迫重复驱使,一遍又一遍地做同样的事。因此,一个短脚本可能会在一生中反复出现(一个女人一次又一次嫁给酒鬼,每次都以为会有所不同;或者一个男人一次又一次娶到体弱多病的妻子,因此一次次地经历丧妻之痛)。此外,脚本还有一种弱化的形式,脚本(因失望而导致的圣诞节抑郁)可能每年都在整个人生脚本(因极度失望而导致最终自杀)的大框架内重复。它也可能会在每个月重复(如经期失望),或者以一个更小的规模每天重复。从更微观的角度,可能每小时重复。例如,如果治疗师懂得观察脚本,那他将会从每周的团体治疗中发现患者以弱化的形式不断重复的脚本。有时仅仅几秒就可以揭示"患者的生活故事"。我曾在其他地方举过一位最常见的例子,即"匆忙绊倒"及"迅速恢复"。①

塞耶斯夫人(Mrs. Sayers)把胳膊伸到卡特斯夫人(Mrs. Catters)胸前,伸手去拿茶几上的烟灰缸。当她把手缩回来时,失去了平衡,差点从沙发上摔下来。她立刻回过神来,不以为意地笑笑,喃喃道"抱歉!"然后坐回去抽烟。这时,卡特斯夫人把注意力从特洛伊(Troy)先生身上移开,喃喃道:"不好意思!"

塞耶斯夫人将自己的人生故事浓缩成几秒钟。她试着小心谨慎,但却还是很笨拙。她总是差点受伤又及时获救。她表达歉意,但随后就会有其他人承担过失。人们大概可以想象她的父亲让她摔倒,或者推她(脚本),而她的母亲总是在关键时刻救她(反脚本)。之后,她礼貌地为自己的笨拙道歉。(她从小就知道,要维持父亲对她的爱,就必须做个笨手笨脚的人,

---

① 参见艾瑞克·伯恩《心理治疗中的人际沟通分析》。

因为那是他所希望的。另外，这也给了她一个表达歉意的机会，这是他为数不多的倾听她并承认她存在的时候。）接着脚本发生转折，让整件事变成了一出戏剧，而不仅仅是一连串的不幸：另一个人承担了过失，并更加真诚地道歉。在此，我们有一个经典的卡普曼三角，用于脚本和舞台剧分类（见第10章，图12）。

K . 脚本转换

卡普曼认为，所有戏剧行为都可以概括为三个主要角色之间的转换：受害者、迫害者和拯救者。这些转换以不同速度，向任一方向进行。在"匆忙绊倒和迅速恢复"这出戏剧中，我们看到一系列非常迅速的切换。塞耶斯夫人一开始把父亲（在她的脑海中）描绘成迫害者（"逼迫"她），把母亲（在她的脑海中）描绘成拯救者（"拯救她免于坠落"），把她自己描绘成受害者。这就是她脑中的三角形，是她头脑中的脚本。在动作脚本中，她与卡特斯夫人擦身而过，使自己成了迫害者，卡特斯夫人因此成了受害者。她为此道歉，但卡特斯夫人（根据她的脚本需要）发生了迅速的转换，她没有表现得像个受害者，而是像做错了事的迫害者一样道歉。

在这一系列短暂的互动中，我们可以了解到她们二者的生活故事。塞耶斯夫人和平时一样像可怜的受害者一般走来走去，很明显，如果这是"偶然的"，她可以转换成迫害者的角色，并为此道歉。这种脚本的目的是通过让受害者道歉来免除责任。她在脚本中找到了一位互补的角色，卡特斯夫人的脚本显然叫作"打我，我会道歉"，或者"对不起，我的脸挡住了你的拳头"——这是典型的酒鬼妻子的脚本。

丹尼,那个没完成论文的年轻人,在讲述自己的遭遇时,也贯穿了他的人生故事。正如前面提到的,他最喜欢的游戏的名字,也是他脚本的名字,是"让我们欺骗乔伊"。丹尼的邻居中有一位友善的拯救者,他收费帮助丹尼欺骗受害者——教授。最终丹尼成了受害者,而他友善的拯救者却成了比丹尼更厉害的诈骗者或迫害者。不知道自己是受害者的教授,现在不得不扮演丹尼的拯救者,帮助他毕业。这就是丹尼的人生故事。他试图通过欺骗来显示自己的聪明,最终却成为受害者,但大家都知道他是自取灭亡,所以他得到的不是同情,而是嘲笑。他不仅没能完成任务,甚至没能成为受害者。这是阻止他自杀的原因之一。他知道,如果他尝试自杀,他会以某种引人发笑的方式搞砸,即使他成功了,也会发生一些让整个牺牲看起来很搞笑的事情。就连他患精神病这件事也无法令人信服,只能引其他成员发笑。他母亲给他的是一位仁慈的脚本陷阱。"看,"她告诉他,"你做任何事都会失败。用头撞墙也没有用。所以,大可去尝试一段时间,等你相信了,再乖乖回来,我会替你搞定一切。"

如果团体治疗师在治疗中每时每刻都能观察到每位患者的每个动作,这是对他的一种奖励。他可以观察到某位患者在几秒钟内把他浓缩的脚本呈现出来。这几秒钟讲述了患者的人生故事,否则他可能要花数月或数年的时间来挖掘和厘清患者的人生故事。遗憾的是,目前还没有方法让分析师知道这关键的几秒何时发生。在每次团体治疗上,它可能以某种形式发生在每位患者身上,但或多或少带有伪装。能否发现它取决于治疗师对正在发生的事情的准备程度,也取决于他的直觉。当他的直觉不仅能理解患者在做什么，而且能将这种理解传达给他的"成人"时，他就能识别患者的脚本，包括他和其他团体成员所扮演的角色。为了成功进行治疗，了解这些角色至关重要，所以这将是下一章的主题。

第 18 章　治疗中的脚本

A. 治疗师的角色

前面已经讨论过如果患者可以选择治疗师,他将如何选择的问题。但若别无选择,他将操纵治疗师,使其扮演他的脚本中需要的角色。一旦度过治疗初期,他会试图让医生成为他童年期待的"魔法师"角色,以便从他那里获得自己需要的魔法:"科学""鸡汤"或"宗教"。当患者的"儿童"为了达到这一目标设置游戏和脚本场景时,他的"成人"努力尝试从治疗中得到领悟。治疗师越早认识到自己被期待扮演的角色,并能预见患者在恰当的时间进入高潮的脚本剧,他就能越早采取行动,从而更有效地帮助患者脱离脚本,回到现实世界,从而被治愈,而不仅仅是有所好转。

B. 游戏剂量

许多临床医生说,"神经症"患者接受治疗不是为了康复,而是为了学习如何成为一个更好的神经症患者。① 游戏治疗师也说过类似的话：患者来不是为了学习如何变得直率，而是为了学习如何更好地玩游戏。因此，如果治疗师拒绝游戏，或者太容易被骗，患者就会放弃治疗。沟通性游戏就像下象棋：一个狂热玩家对丝毫不想玩的人不感兴趣，对根本不是对手的人也不感兴趣。在一个治疗小组中，如果没有人拯救或加害被认定的"酗酒者"玩家，也没有人扮演受骗者或联系者的角色，他就会很生气，然后马上离开。如果拯救者过于情绪化，或迫害者的行为过于激烈，他也会离开，因为如果轻易就能引诱他们，他就会觉得毫无乐趣。与其他游戏玩家相同，他更喜欢搭档或对手有谋有略、沉默寡言。如果他们像救世军一样强势，他可能待不了多久。

他也可能会退出"匿名戒酒协会"，如果他觉得"酗酒不是你的问题，而是一种疾病"这一说法和"肝硬化"这一威胁对"酗酒者"来说没有真正的挑战的话。只有过了这个阶段，他才会开始欣赏它真正的价值。锡南浓戒瘾自救组织以"酗酒不是一种疾病，而是麻醉剂惯用者的责任"。这一说法来加强戒酒的效果。因此，"酗酒者"可能会退出匿名戒酒协会，去找家庭医生，因为他无法确定酗酒是否是一种疾病。如果他想接受真正的挑战，他会去找心理治疗师，即使他认为这根本不是一种疾病。如果他想要康复，他可能会找脚本治疗师，或偶然遇到一个脚本治疗师，如果进展顺利，他也许会发现自己正在逐渐停止游戏。②

"如果不是他们"这个游戏的玩家，尤其是阿西西提（Arsisiety）类

---

① Lorand, S. *Technique of Psychoanalytic Therapy.* International Universities Press, New York, 1947.

② Steiner, C. M. *Games Alcoholics Play. Loc. cit.*

型，也有类似的行为。治疗师若完全不玩游戏，要求个人承担责任，而不是幻想，将很快失去患者。如果治疗师过于相信阿西西提，治疗就会沦为他与患者之间"这不是很糟糕吗"的闲聊。大多数这样的患者会在一段时间后感到厌烦，然后去找其他治疗师，他们至少会就开展心理动力学还是自我评估治疗展开象征性争辩。如果治疗师对阿西西提感到愧疚，他会与患者结盟，而不是帮他治疗，这种做法虽有好处，但却不能称为治疗。

"当局""当权派""老大"确实存在，但被指责的阿西西提先生只是一个神话。每个人都有自己的圈子，有朋友也有敌人。精神病学不能与"当局""当权派"或"老大"抗衡，它只能与患者的头脑作斗争。患者和治疗师迟早都要面对这个问题。精神病治疗，像所有医学治疗一样，只有在合适的条件下才有效。当"如果不是他们"是一具空壳，将有很多人愿意参与，但如果它是一个游戏，它迟早会结束，治疗师的技能在于做到这一点而不是让患者离开。杜茜（Dusay）很好地总结了游戏治疗的方法。[①]

因此，患者游戏剂量的选择和时间安排是否恰当，将决定他是否继续接受治疗。

C. 治疗动机

患者来接受治疗的原因通常有两个，它们都不会危及脚本。他的"成人"来是为了更舒适地生活在脚本中。最直接的例子就是同性恋者，他们通常对此直言不讳。例如，男同性恋者不希望离开他的脚本世界，这个世界充满了危险、可憎的阴谋者，或者无知却偶尔友善的怪女人。他只想在

---

① Schiff, J., et al. "Reparenting in Schizophrenia." *Transactional Analysis Bulletin*, 8:45-75, July, 1969.

那个世界生活得更舒适，不愿了解真实的女人。其他类似性质的治疗目标还有："如何在用头撞墙时生活得更舒适""如何在用手撑着隧道时生活得更舒适""当你深陷泥潭时，如何避免他人找麻烦"以及"当周围都是骗子时，如何比骗子更狡猾"。任何改变脚本世界本身的积极尝试，都必须等到患者下定决心投入治疗，并了解它如何适应他的脚本之后。

除了理智的"成人"希望生活得更舒适之外，患者接受治疗还有一个更迫切的"儿童"的原因，即通过与治疗师的沟通来推进脚本发展。

D. 治疗师脚本

性感的女性患者是最常见的例子。只要她能吸引他，无论多么微妙或仅在精神层面，他都只是在扮演她脚本中的一部分，将无法治愈她。这种情况下，她会通过有所"好转"来取悦他，也会使自己满足或有所收获，但他无法让她"跳出"脚本，"进入"现实世界。这就是弗洛伊德所说的"分析性沉默"或"分析性挫折"的例证。治疗师只有不受患者的操控，坚持分析她的抗拒和本能的变化，必要时分析移情，他才能避免身体、精神或道德被引诱。反移情意味着不仅治疗师在患者的脚本中扮演角色，患者也在治疗师的脚本中扮演角色。这样，它们都能从对方那里得到脚本回应，结果会造成"混乱的局面"，这就是治疗师所说的分析无法继续，无法达成合适的目标。

要避免这些问题的一个简单方法就是在开始建立契约时就问患者："你真的想被治愈吗？"

E. 疗效预测

治疗师的首要任务是找到他在患者的脚本中应扮演的角色，以及患者期待与他发生什么。下面的例子可以很好地说明这一点：某位患者的脚本指令是"只要没有治愈，你就可以去看精神病医生"。患者通过玩"现在他告诉我"的游戏，从这可怕的命运中获得乐趣。从患者的病史中可以预测到他会玩这个游戏，特别是如果他接受过其他治疗师的治疗。治疗师应该仔细研究先前治疗失败的原因。当治疗师确定自己的假设时，可以使用先前提到的脚本对立，直接给出预测结果："你需要接受六个月或一年的治疗，接着在某次治疗结束后说'顺便说一下，我不会再来了'，如果我们现在结束治疗，我们可以节省彼此六个月的时间。但如果你愿意继续，我也不介意，因为你来总能让我学到东西。"

这种做法比等到患者主动提出退出，然后（略带拘谨地）说"在做出如此重要的决定前，我们最好再商量一下"之类的话要好得多。到那时为时已晚，治疗师已经表现出他的愚蠢，患者何必找一个轻易上当的人治疗呢？治疗师的工作是预测事情的发生，而不是事后收拾残局。

要避免前四节提到的问题，最简单的方法是，在一开始建立契约时便问患者："你是否真心想让我帮你治疗？"

简言之，治疗结果可能有以下三种。

第一种是治疗师扮演患者脚本需要的角色或设置场景，然后患者离开，治疗结果通常如统计表所示："没有改善""有所改善"或"大有改善"。但这无法真正治愈患者。

第二种是患者可能有一个"直到"脚本："直到满足特定条件才能成功。"前面谈过，最常见的脚本消除或内部切断方法为"直到你活过你父亲（母亲、兄弟、姐妹）的年纪"。这是一种"时钟时间"的脚本解除。一旦患者满足了这个条件，他就"被允许"痊愈，所以无论他之前找过多少无效的治疗师，此时此刻见到了这位治疗师很幸运，能成功将他治愈（除非他犯了彻底的错误）。患者此时已经"想要接受治疗"和"想要康复"，所以只要是有能力和谨慎的治疗师都可以治愈他。同样，当睡美人根据脚本"准备"醒来时，几乎所有的王子都能将她唤醒。根据"目标时间"解除"直到"脚本更具挑战性，例如，"直到遇到比你（或者比我——你父亲）更聪明的治疗师，你才能痊愈。"此时，治疗师可能需要猜一个谜（"你可以猜一猜"），或完成其他一些神奇的任务。患者可能会见很多治疗师，直到遇到知道答案的那位。治疗师将处于王子的位置，他必须猜出谜底，或完成赢得公主的任务，否则就会丢掉脑袋。如果他发现秘密所在，就能帮助患者走出父亲（或巫婆母亲）的魔咒。这意味着她将会痊愈，因为这个脚本消除指令也是脚本的一部分，就像童话故事的一样。

第三种是脚本规定患者永远不得康复，但治疗师要设法解除这一诅咒。这需要治疗师强大的能力和技巧。治疗师必须赢得患者"儿童"的完全信任，因为成功完全取决于"儿童"对他比对编写脚本的原生父母更信任。此外，他必须充分了解脚本对立或脚本切断，以及如何、何时应用它们。

脚本消除（内部解除或释放）与脚本对立（外部解除或切断）的区别可以说明：睡美人被诅咒沉睡一百年，之后只要有王子亲吻她，（显然）她就可以醒来。王子亲吻她是内部解除，或者说是释放诅咒的方式。如果二十年后有一位王子出现，说："你不必躺在那里。"这就是脚本对立或切断（如果有效）：未写入脚本的、外部的，可以打破脚本的东西。

F. 脚本对立

到目前为止，所有这些都是为解决以下问题做准备，即"对此我们能做些什么？"精神治疗可以归结为三个要素：陪伴，实用建议，跳出（脚本）。

"陪伴"意味着患者知道他有地方可去，有人能与他聊天，有人能陪他玩游戏来掩饰他的焦虑、缓解他的抑郁，有人会鼓励他、原谅他、要求他忏悔或喂他饼干——这些是一位牧师所具有的功能，对孤独的"儿童"非常有价值。年幼时父母没有尽到责任的患者，父母在他们10岁、5岁或2岁前去世的患者，或被遗弃、忽视或抛弃的患者，必须有人来填补父母角色的空缺，后续治疗才能有效。

"实用建议"是治疗师给患者的建议，告诉患者如何在脚本世界保持快乐或减少痛苦。"握紧一些。""别把你祖母的地址告诉狼。""午夜前拿到她的电话号码。""不要吃陌生人给的糖果。"这些提示主要对困惑的精神分裂的"儿童"、小红帽和灰姑娘的王子有用。

"跳出（脚本）"意味着使患者跳出脚本，进入现实世界。最佳方式是要求治疗师仅用一种干预便能最大限度地打破脚本：找出最有效的脚本对立。以下案例可以说明达到这一目标所需要的探索、直觉和专业自信。

安布尔

安布尔·麦克阿戈（Amber McArgo）从朋友那里听说了Q医生，不远万里来找他治疗。在故乡伯连内拉（Bryneira），她找过三个不同的"精神分析师"，但他们都无法治愈她。Q医生知道，这些人并不是真正的精神分析师，而是伯连内拉比较差的治疗师，他们接二连三地用"认同""依赖""受虐"等复杂的词汇来迷惑她。她告诉Q医生，她必须当晚就飞回家照顾她的孩子，这样他就有了一个有趣的挑战，尝试一次性治愈她。

她曾抱怨忧虑、心悸、失眠、抑郁，且无法完成工作。过去三年，她毫无性欲，也没有性生活。她的症状是从她父亲确诊糖尿病时开始的。了解了她的精神病及其他病史后，Q医生鼓励她多谈谈她的父亲。40分钟后，他发觉她生病的目的是让她父亲活下去。只要她病了，他就有机会活着。如果她好起来，他就会死。事实上，这只是她"儿童"的脚本幻觉，因为糖尿病是一种轻微且容易控制的疾病，并没有死亡的危险，但她却认为只有她才能让他活下去。

"父母"的训诫是："做个好女孩，我们只为你而活。"她父亲的禁令应该是"不要保持健康，否则你会要了我的命"，但Q医生认为，这其中还有更深层的原因。"紧张"的母亲给了她如何得病的"榜样"，这正是她一直遵循的模式。

Q医生现在必须弄清楚，如果她放弃脚本，是否有可以替代她脚本的东西。一切都取决于此。如果他攻击脚本，而她又没有可替代的东西，情况可能会变得更糟。基于"做一个好女孩"的训诫，她建立了一个相当牢固的反脚本，在她生命的这个阶段，这意味着"做个好妻子和好母亲"。

"如果你父亲真的死了会怎样？"他问道。

"我会变得更糟。"安布尔回答。

这表明她的脚本不是"直到"脚本，而是一个悲剧式脚本，这使得Q医生的工作做起来更容易。如果她获得的指令是"在你父亲去世之前一直生病"，她应该选择继续这样做，不冒险痊愈，因为在她的"儿童"看来，这会导致他的死亡。但显然脚本上写的是："是你导致父亲患病，所以你也得生病,才能让他活下去。"如果他死了,你必须承担后果。这使安布尔做出了一个更明确的决定:"要么好起来,要么继续病着,病得更重直到死去!"

有了这些准备,Q医生说:"听起来你生病是为了救你父亲。"

这句话的措辞和时机都经过了仔细斟酌,以便让她的"父母""成人"和"儿童"能同时听到。她父亲和母亲的"父母"都为她是一个愿意为父亲受苦的"好姑娘"而感到高兴。她父亲的"儿童"更为满足,因为她是遵从了他的指示生的病(显然他喜欢神经质的女人,因为他娶过一个)。她母亲的"成人"也会很高兴,因为她很好地学会了如何成为一个好的患者。她母亲的"儿童"会有何反应,Q医生无从得知,但会留意观察。以上就是安布尔"父母"的各种反应。Q医生认为安布尔自己的"成人"也会同意这句话,因为他的诊断很可能是正确的。安布尔的"儿童"也会很愉快,因为他实际是在告诉她,她是一个"好女孩",遵从了父母的所有指示。她的回答可以作为检验。如果她说"是的,但是……"就有问题,但如果她接受了他的诊断,不说"如果"或"但是",她的病情可能会有所好转。

"嗯!"安布尔说,"你说的是对的。"

有了这个答案,Q医生现在可以自由地进行脚本对立行为,也就是让安布尔"脱离"她的父亲。脚本对立的要点可以概括为三个"P":力量(potency)、许可(permission)和保护(protection)。

1. 力量。他是否有至少能暂时胜过她父亲的力量?有两点对他有利。第一,她的确厌倦了生病。也许她曾经找其他治疗师是为了玩游戏,或者是为了学习如何更舒适地带着症状生活,但事实上,她不远万里来看Q医生,这表明或许她真的想被治愈。第二,她真的来了(没有因为畏惧而不敢去做），也许这意味着她的"儿童"认为其具有魔法般的治疗能力。

2. 许可。他必须小心谨慎地传达许可，否则她会根据自己的需要歪曲他的话。正如前面提到的，如果她能找到例外，就会这样做，这种情况下，"儿童"的行为就像个聪明的律师在合同中寻找漏洞。

3. 保护。这是当前最紧要的问题。因为面谈后安布尔会马上离开，如果她违背生病的禁令，她就得不到Q医生的保护。她的"儿童"将暴露在"父母"的暴怒之下，在恐慌中无人安慰她。电话或许有帮助，但由于她只见过他一次，所以作用不大。

Q医生的做法如下。

首先，他引出安布尔的"成人"，并问她："你真的认为自己生病就能救他吗？"

安布尔的"成人"只能回答："应该没用。"

"他有死亡的危险吗？"

"医生告诉我，暂时不会。"

"但你受到了某种诅咒，为了救他的命，你必须生病，这正是你所做的。"

"你说得没错。"

"现在你需要的是得到康复的许可。"他看着安布尔，她点点头。

"你得到了康复许可。"

"我试试看。"

"光尝试不行。你必须做出决定，要么脱离你父亲，各自生活，要么不脱离他，让一切保持原样。你选择哪个？"

沉默了许久后，她说："我选择脱离他。我想康复。你确定我得到了你的许可吗?"

"是的,你得到了。"

之后,他又有了一个想法。他邀请她留下,午饭后参加一次小组治疗,她同意了。

面谈结束时,他看着她的眼睛说:"就算你好了,你父亲也不会离开你。"她默不作声。

两小时后,Q医生向小组成员解释,安布尔不远万里前来找他,而且当晚必须离开,并询问他们是否同意让她参加小组治疗。他们同意了。她很快就适应了,因为她读过一本关于人际沟通分析的书,能够理解他们所谈论的"父母""成人""儿童"以及游戏、脚本。她讲完自己的故事后,小组成员像Q医生一样,抓住了要点。

"你生病是为了不让你父亲离开。"一位成员说。

"你丈夫是个什么样的人。"另一位问道。

"他像直布罗陀巨岩。"安布尔说。

"所以你这么远过来是为了向大金字塔咨询。"第三位成员说,他指的是Q医生。

"他不是大金字塔。"安布尔反驳道。

"对你的'儿童'来说他是。"有人说,但她没有回答。

Q医生什么也没说,只是听着。讨论继续进行,有人问道:

"你给她康复的许可了吗?"

Q医生点了点头。

"如果她要离开,你为什么不把许可写下来给她呢?"

"也许会吧。"他说。

343

终于，他听到了他想要的信息。治疗接近尾声，Q 医生写下了许可，内容如下：

"安布尔得到了痊愈和保持健康的许可。"

"他是什么意思？"有人问道。

"我不确定。他是说我应该有外遇吗？"

"不，他的意思是你可以和你的丈夫发生性关系。"

"哦。另一个医生说吓我一跳。"

"Q 医生不是这个意思。"

她把这张纸放进钱包，但是有人对此产生了怀疑。

"你打算用那张纸做什么？"

"我敢打赌，她会拿给她的朋友看。"

安布尔笑了："没错。"

"毕竟是大金字塔写的信息，嗯？这能让你在家里出名。"

"如果把这个拿给朋友看，你就无法痊愈。这是一个游戏！"另一位成员说。

"我觉得他们说得对，"Q 医生说，"也许我不应该把它写下来。"

"你的意思是想让我还给你？"

Q 医生点点头，她把纸还给他。"要我大声读给你听吗？"他问道。

"我能记得。"

Q 医生给了她一些其他信息，是伯连内拉的两个真正的精神分析师的名字。他很遗憾那里没有沟通治疗师。"回家后，你去见他们中的其中一位。"他建议她。

几周后，他收到了她的来信。

"我想感谢每个人给予我时间。当我离开时,我感觉已被治愈了99%。我的情况有所好转,我已克服一些关键问题,其他问题我可以自己解决。我父亲不再像以前那样能威胁到我,我不再害怕他去世。我的性生活三年来第一次恢复正常。我看起来很好,感觉也不错。我有过几次低落,但恢复得很快。我决定听你的建议去看X医生。"

这个故事展现了脚本分析师的思考方式。一次面谈加一次小组会议的效果是相当令人满意的,因为患者利用了她获得的许可,并最大限度地从中获益。

G. 治愈

显然,安布尔并未被永久治愈。然而,她所获得的脚本对立的确有显著的治疗效果,而且可能会使她永久受益。尽管结果令人满意,但这些都只是副产品。脚本对立的真正目的是争取时间,使患者能够深入挖掘他的脚本装置,改变他原本的脚本决定。因此,要是患者被外界影响,并催促他走极端,治疗师会告诉他:"不要这样做!"治疗师给出这个简短的脚本对立是希望患者能在关键时刻听到他的声音,将他从无助的境地拉回。延缓时间能在治疗中发挥良好的作用。帕特之所以想走极端是因为他童年时的脚本决定,现在他获得了足够的时间,可以通过做另一个决定来取消这个决定。

随着他从"父母"的程序中逐渐解脱,他的"儿童"越来越自由。某一时刻,在治疗师和自己"成人"的帮助下,他能够完全跳出脚本,以新的角色,上演全新的剧情和结局,过上他自己的人生。这样的脚本治疗改变了他的性格和命运,从临床的角度,他的大多症状会在他的决定后有所缓解。"跳出脚本"甚至会在治疗师和其他组员面前突然发生。跳出脚本后他就不再是病人或患者，而是带有一些障碍和弱点的正常人，他可以客观地看待这些不足。

这与腹部手术成功后的变化类似。手术后几天里，患者逐渐恢复，每天都能走得更远一些，坐得更久一点。过了五六天，他的状态大大改善。他已基本恢复，只是一个有一些障碍的健康人：比如，虚弱和腹痛。但他不再满足于有所好转，而是希望摆脱这种状态，他的疾病不再使他跛脚，而只是一个小问题，他希望尽快摆脱这个问题，这样他就可以回到美好的世界继续生活。这种转变可能发生在一夜之间，在单一的辩证转换中。这就是脚本分析中的"跳出（脚本）"：今天是患者，明天就变为一个真实的人。

南（Nan）与父母住在一起。她父亲是一名职业患者，由于抑郁每月从政府机构领取补贴。她从小被教导要跟随父亲的脚步，但当她18岁时，她厌倦了毫无乐趣的生活。她参加了六个月的团体治疗，有所好转，直到有一天她决定要痊愈。

"我怎样才能痊愈？"她问。

"关注你自己。"治疗师回答。

一个星期后，她参加团体治疗时的穿着大有不同，心态也有明显改变。要处理好自己的情感问题，对她来说很困难，但她正学着慢慢变好，她不再跟着父亲一起生病。她也切断了母亲的程序，即"生活很艰辛，乖乖地和爸爸待在家里。"她做了全新的自主决定，脱下了"精神分裂症患者的女儿"的外衣，开始像个女人一样打扮。她回到了大学，多次约会，还被选为学生会女神。所有这些都在告诉她："人生并不是痛苦的挣扎，除非你自愿如此，开始好好地生活吧。"她也的确成功地做到了。

第19章　果断的干预

A. 最终的共同路径

除了一些外显的声音或动作，治疗师无法得知患者的所思所想。原则上，每种自我状态都在寻找外显表达的最终路径。举个经典的例子：有人问布里迪（Bridy）："你的婚姻如何？"他得意扬扬地答道："我的婚——姻很完——美。"说着，她用右手的拇指和食指握住婚戒，同时交叉双腿，开始晃动右脚。接着有人问："你这么说，但你的脚在表达什么？"布里迪惊讶地看着自己的脚。另一个人接着问："你的右手正对你的婚戒说什么？"于是布里迪开始哭泣，最后告诉他们她丈夫酗酒而且殴打她。

进一步人际沟通分析后，布里迪能够讲出三个回答的来源。"我的婚姻很完美"由一个傲慢的、不屈的母亲的"父母"说出，她控制了布里迪的发声器官，作为最后的共同路径。她的右手被她的"成人"控制，以保证她能够且永远会嫁给一个无赖。她的双腿被她的"儿童"交叉在一起，为了将丈夫排除在外，顺便准备踢他几脚。这段话中被动语态的使用，象征着她身体的各个部位只是服务于她不同自我状态的工具，为最终的共同路径。

最终的共同路径主要有三种选择方式：分解、排斥或整合。如果自我状态彼此分离，互不"交流"，那么每种自我状态都会独立地寻找自己的表达路径，对其他自我状态的行为"无意识"。因此，布里迪讲话的父母状态并没有意识到她"成人"的手指动作和"儿童"的踢腿，另外两个状态也没有意识到对方的存在。这反映了现实生活。小时候，布里迪不能和父母自如地交谈，只敢背着他们做事。如果被发现，她便声称自己（她的"成人"）不知道自己（她的"儿童"）在做什么，以此逃避对自己的行为负责。临床上，这是一种歇斯底里式的表现，"儿童"会做各种令人费解的事情，"成人"却矢口否认，而"父母"则置身事外。

排斥意味着，某种自我状态比其他状态更"全神贯注"，并且不顾其他自我而掌控一切。在小组中，宗教或政治狂热者表现得最明显，被排斥的"父母"掌控了所有的表达路径（除了偶尔的"无意识"失误），并强势地欺凌"儿童"和"成人"以及其他小组成员。这种情况在补偿性精神分裂症患者身上有较轻程度的体现，为了不进医院或电击治疗室，"父母"把"坏的"、不可靠的"儿童"，以及无用的、不专注的"成人"全部排斥在外。这同样反映了儿童时期的真实情况：只要父母在场，孩子就不敢主动采取行动，他无法独立处理问题和自我成长。

一种"正常"类型的排斥发生在良好的人格中，其中一个自我状态在其他自我状态的认可下接管。例如，"儿童"和"父母"会让"成人"在工作时间接管"儿童"。作为回报，"儿童"可以在聚会上接管"父母"的工作,"父母"也可以在其他合适的时间接管"儿童"的工作,比如,家长会。

整合意味着三种自我状态同时表达自己,比如,艺术创作和专业心理治疗。

声音和姿势都是常见的最终共同路径。声音在检测妥协方面最具有价值。许多女性会用小女孩的声音相当自信地表达智慧的观点。此处的妥协介于说"不要长大"的"父母",给予忠告的"成人"和被保护的"儿童"之间。这被称为成人状态下的"儿童"或"早熟的儿童"。许多男性会以成人的声音缺乏自信地表达有智慧的观点。这时,"父母"问的是"你以为你是谁?""儿童"说的是"我想炫耀一下",而"成人"说的是"我有一些想法你可以试试"。这被称为儿童状态下的"成人"。父母状态下的"儿童"("妈妈说")和成人状态下的"父母"("就这样做")也很常见。

姿势不仅显示出占主导的自我状态,同时也表现出这些自我状态的不同方面。因此,严格的"父母"会坐得笔直,手指向正前方,而养育型的"父母"则张开双臂,使身体形成一个乐于接受的环状。"成人"的姿势是灵活、警觉、易变的。顺从型儿童通过蜷曲来退缩(前弓反张),最终形成胎儿的姿势,尽可能蜷曲肌肉。表达型儿童的状态是开放的(角弓反张),即尽量舒展肌肉。前弓反张通常发生在哭泣时,角弓反张则通常是在开心时。即使只弯曲一根手指,比如,食指,也会给人不安全感和退缩感,而将食指伸展则会给人自信和开放的感觉。将食指一直指向前方,会产生"父母"的感觉,仿佛是在自己与他人或其他想法之间设置了一道不可逾越的屏障。

换句话说,"儿童"一般掌控不随意肌的运动,"成人"通常掌控随意肌的运动,尤其是较大的随意肌,而"父母"则控制态度,或屈肌和伸肌之间的平衡。

很明显，最终的共同路径通过头脑中的对话选择或分配。常见的自我状态间存在四种对话：三种两者对话（父母—成人、父母—儿童、成人—儿童）和一种三者对话（父母—成人—儿童）。通常"父母"可以分为"父亲"和"母亲"，如果其他父母状态角色插入，情况会变得更复杂。每种声音都有自己的一套"姿势"，通过特定的肌肉或身体的特殊部位来表达。无论对话的本质是什么，结果都将通过最终的共同路径来表达，更确切地说，经过主导、同意或妥协，会产生表达结果的共同路径，而其他受挫的自我状态则会另辟蹊径来表达。

B. 头脑中的声音

前面提到的声音有多真实？布洛伊尔（Breuer）在近一百年前就发现了自我状态（意识的独立状态），但并没有深入探究。在同一时期，他的同事弗洛伊德坚信心愿是通过视觉形式来表达的，并花费大半生来证明该想法。但他忽视了心灵的听觉方面。即使是最先提出"自我的两个部分间的心理对话"观点的费登（Federn），也忽视了真实声音的问题，并认为对话以视觉形式呈现（例如在梦中）。在这方面，弗洛伊德的主要贡献在于：他认为梦中听到的声音和话语代表了现实生活中实际听到的声音和话语。

前文已经提过从人际沟通分析实践中总结出的临床经验。"儿童"通过视觉形式表达自己的愿望，但是他会如何处理这些愿望，最终的共同路径如何呈现他的结局，由听觉表象（或头脑中的声音）决定，这是心理对话的结果。"父母""成人"和"儿童"之间的对话不是"无意识的"，而是前意识的，这意味着它很容易进入人的意识层面。我们发现心理对话源于现实生活，即那些真正被说出来的语言。治疗规则衍生于此。由于患者行为的最终共同路径是由他头脑中的声音决定的，因此可以通过向患者脑中输入另一个声音，即治疗师的声音，来改变他的行为。如果在催眠状态下进行，效果可能并不大，因为那并非真实情景。如果在清醒状态下进行，效果可能会更好，因为最初的声音也是在患者清醒状态下植入大脑中的。但需要排除巫婆或食人魔"父母"对"儿童"大喊大叫，使"儿童"陷入恐慌的情况，因为这本质上是一种创伤性神游症。

随着治疗师从不同患者那里得到越来越多关于他们头脑中声音的信息，并且越来越熟练地将这些声音与通过最终的共同路径表达的行为相关联，他在这方面锻炼出了十分敏锐的判断能力。在患者听清自己头脑中的声音之前，他已经非常迅速准确地听到了这些声音。如果他问了一个意味深长的或敏感的问题，患者需要花一些时间来考虑，他可以观察患者的动作、肌肉收缩以及表情变化，这样他就可以像听录音一样跟上"颅内对话"的节奏。第 14 章 B 小节提到的马布在听母亲讲话时做出的一系列反应就是一个示例。

治疗师了解这一切后，他的下一个任务就是给患者倾听的许可，并教她如何听那些从童年开始便一直存在的声音。此处他需要克服多重阻碍。"父母"可能会对患者发出禁止倾听的指令，例如，"如果你听到，你就疯了。"或者她的"儿童"害怕她将听到的内容。抑或她的"成人"宁愿不理会掌控她行为的人，以维持自主的幻觉。

许多"行动派"治疗师能巧妙地运用特殊技术将这些声音引出，让患者能将自己脑海中的对话出声表达，这样他和听众都可以明白地看到一直存在于他脑海中的对话。格式塔治疗师常用"空椅"技术，即患者从一张椅子移到另一张椅子，扮演自己的两个部分。心理剧作家提供训练有素的助手，助手扮演一个角色，患者自己扮演另一个角色。观看或阅读这类治疗，很快就能明白每个角色的台词其实来自不同的自我状态或同一自我状态的不同方面，并且由患者年幼时便在脑中运行的对话组成。然而，几乎每个人或多或少都会自言自语，因此即便不使用这些特殊技术，患者也具有发掘自己脑内对话的能力。一般来说，第二人称的短语（"你应该"等）来自"父母"，而第一人称的短语（"我必须""我为何这样做？"等）来自"成人"或"儿童"。

在治疗师的鼓励下，患者很快就能察觉他脑海中所说的最重要的脚本指令，并向治疗师报告。治疗师必须让帕特在它们之间做出选择，摒弃不适应的、无用的、有害的或误导的，保留适应的或有用的。更好的情况是，他可能会让帕特友好地"脱离"他的"父母"，并重新开始（即使是友好的"脱离"也会有一个愤怒的阶段，就像大多数"脱离"一样，即便最终以友好的方式结束，一开始也会愤怒）。这意味着他必须给帕特不遵从"父母"指令的许可，不是反叛，而是自主，这样他才能自由地按照自己的想法行事，而不必遵循脚本。

更简单的处理方法是给患者服用药物，如甲丙氨酯、吩噻嗪或阿米替林，这些都能减弱"父母"的声音，从而缓解"儿童"的焦虑或抑郁，因此"患者感觉好点了"。但这种方法有三个缺点：第一，这些药物会使患者的所有状态变得迟钝，包括"成人"。例如，一些医生建议患者服药后不要开车。第二，服药会使心理治疗变得更加困难，因为听不清"父母"的声音，因此脚本指令可能被掩盖或被弱化。第三，由于"父母"的禁令被暂时屏蔽，患者可以自由地使用从治疗中获得的许可，一旦停止服用药物，"父母"通常会全力反击，甚至因"儿童"趁"父母"不在时任意妄为而加以报复。

C. 许可的力度

作为一种治疗方法，人际沟通分析基于这样一种假设：除握手外，在不与患者发生任何身体接触的情况下，仅靠言语和手势便能有疗效。如果人际沟通分析师认为，某位患者需要有些身体接触，他会让他（她）参加舞蹈课程、感觉唤醒小组或"许可课程"。这些许可课程不同于其他两门课程，它们由受过人际沟通分析训练的人开办，他们遵循治疗师的处方，而不是将自己的理论或需求强加给患者。因此，人际沟通分析师可能会决定："这位患者需要拥抱，但我不能一边拥抱他（她），一边进行精心策划的治疗，所以我会推荐他（她）去参加一个许可课程，处方是获得拥抱。"或者："这位患者需要通过跳舞和与人非正式的接触来放松，但我没有开设舞蹈课，所以我会建议他（她）去上许可课程，处方是舞蹈。"

许可课程以小组方式进行，这样患者就不只是得到单人拥抱或单人舞蹈练习。所有患者在同一时间都做同样的事，教师留意每个人的特殊需要，并加以关注。（患者并非必须在同一时间做同样的事。教师只是提出建议，但每个人都可以自由地做自己想做的事——这便是他们在课堂中获得的许可。然而，通常情况下，他们喜欢参与其他人的活动，因为这是他们童年时所缺失的。）

为了解参加许可课程的感受与学习，Q医生参加了一次许可课程。当教师建议"大家请坐在地板上"时，他脑中的声音说："我的'儿童'和'成人'接受你的建议。"于是他照做了。他的"父母"在哪儿？他的"成人"和"父母"事先已经同意，在"成人"的掌控下，"儿童"可以自由地做他想做的事，除非"做得太过火"，即太过性感。他的"儿童"确实有些许兴奋，但"父母"没有必要出来，因为他的"成人"完全能够处理这一切。这为许可如何生效提供了一些线索。

许可是脚本分析的决定性干预，所以有必要尽可能清楚地了解它是如何发挥作用的，并且应该利用每个机会在不同情境下观察和了解它。

当耶德已经从"父母"那得到做某件事的许可时，就没有必要进行内部对话了。这与"许可"的字面意思相对应，就如同获得了许可证。一旦一个人获得了做某事的许可，就不必每次在他想做某事时都去报告。一般情况下，只要他不滥用许可证或太过分，就不会收到"当局"的警告。当然，有些父母天生就是"监督员"，即使他们发放了许可证，还是会监督一切。拥有这样"父母"的人会非常拘谨和急躁。

当得到做某事的禁令时，一旦他开始做，对话就会发生。在强硬式脚本中，"父母"被激活，说"不行！"；在威胁式脚本中，"父母"会说"小心！"；在温和式脚本中，"父母"会说"你为什么要这样做？"——这些是真实的父母在现实生活中会说的话。"儿童"打算做某件事所调动的能量被"父母"接管，并被他用来约束"儿童"。"儿童"调动的能量越多，"父母"也会变得更有能量。在这种情况下，如何给予"儿童"做某事的许可呢？如果局外人说："让他做吧！""父母"会变得警觉，他的禁令会变得更强烈，这样"儿童"就无法违抗。然而，局外人可以通过鼓励或施压提供"能量"来引诱"儿童"去做违抗禁令之事。但此后，依然活跃的"父母"会进入，并导致"宿醉"现象，即"儿童"拥有过多自由，如酗酒后产生的内疚感和躁郁型抑郁症。

这是一个能量不足的或不活跃的"成人"。事实上，"成人"是唯一能够有效调节"父母"和"儿童"的力量，所有治疗性干预必须考虑到"成人"。"成人"似乎可以从外界获得许可来调动自己的能量，或是可以通过外界来补充能量。这时，它就处于"父母"和"儿童"中间调节的位置。它可以暂时承担"父母"的责任，使"儿童"能自由做事。如果之后"父母"反对，"成人"仍有足够的能量反对他。

"父母"和"儿童"之间的关系也可以反过来。"父母"不仅可以从"儿童"那里汲取能量来反对它，还可以把能量转移给"儿童"来挑唆它。因此，"坏父母"不仅通过指令，而且可以通过给"儿童"以能量去做"坏"事来造就"坏儿童"。[1]这一点对于通过人际沟通分析中的再抚育治疗[2]而痊愈的精神分裂症患者来说很清楚。再抚育过程中，"成人"也需要发挥功能：如果被削弱的"父母"被重新激活，"成人"必须有足够的能量与之抗衡。

我们注意到许可分为积极许可与消极许可：积极许可（或称许可证），如治疗师或"成人"说"让他去做！"；而消极许可（或称准许），一般说的是"别逼他这么做！"

因此，治疗的关键在于先引出患者的"成人"。如果治疗师和"成人"

---

[1] 精神分析学认为能量可以从本我转移到超我，而超我实际上是本我的一部分。精神分析学家对能量可以从超我转移回本我的观点并不感兴趣，但这是在积极型精神分裂症中发生的，所以这个现象必须得到重视。精神分析学，至少在实践中，通过滥用术语"理智"来阻止"成人"。这就是为什么"移情疗法"是"精神分析疗法"的祸根。其他原因的可能性很小。只有在正式精神分析的最后阶段，"成人"才被允许表达自己，这种情况出现时，病人就被视为"痊愈了"。换句话说，当精神分析的病人最终得到自己思考的许可时，他就痊愈了。在人际沟通分析中，"成人"被尽快列为盟友，并证明了它的价值。保护并不意味着一种移情疗法，它仅仅是一种从不稳定阶段走向自信的方法。一个学习骑马、潜水或飞行的人在一开始也需要类似的保护，但这并不意味着他"依赖"他的教练。等他准备好了，他就可以自己起飞了（在那些运动中，可能要花十周的时间）。任何人要学会面对强大自然力量都需要十周的保护，在某些情况下可能需要更多。

[2] Schiff, J., et al. "Reparenting in Schizophrenia." *Transactional Analysis Bulletin*, 8:45-75, July, 1969.

能够达成一致并结成联盟,这个联盟就可以用来对抗"父母",给予"儿童"许可:你可以做被禁止之事,也可以违抗"父母"的要求。危机结束后,帕特的"儿童"仍要面对一个能量充沛的"父母"。如果接受的是积极许可("如果你愿意的话,你可以和丈夫有性高潮"),"儿童"可能会能量耗尽,因过于虚弱而无法抵抗惩罚型"父母"。如果接受的是否定许可("你不必喝醉以证明你是个男人"),"儿童"会紧张、急躁,也可能会怨恨给予他反抗许可的人。在这种沮丧、脆弱的状态下,他对"父母"的嘲笑毫无抵抗之力。这两种情况下,治疗师都必须保护"儿童"免受"父母"的报复或嘲笑。

现在,我们可以有把握谈谈治疗中的"三个P",它们决定了疗效。它们分别是力量(potency)、许可(permission)和保护(protection)。[1] 治疗师必须给予"儿童"违抗"父母"禁令和挑逗的许可。为了有效地发出许可,他必须有力量:有力量并非指无所不能,而是有足够的力量应对患者的"父母"。发出许可后,治疗师必须感到自己依然有足够的力量,患者的"儿童"也必须相信治疗师拥有足够的力量来帮助他抵御"父母"的愤怒。(此处使用的"力量"一词既适用于女性治疗师,也适用于男性治疗师。)

黛拉(第3章)的案例可以作为简单的示例。黛拉一喝酒就会昏厥,在这种情况下,她有猝死的风险。

(1)"如果我不停止喝酒,"她说,"我将毁了自己和孩子。"

(2)"没错,"Q医生("成人")回答道,于是引出了她已经很活跃的

---

[1] Crossman, P. "Permission and Protection." *Transactional Analysis Bulletin*, 5:152, July, 1966.

"成人"。"所以你需要获得戒酒的许可。"

（3）"我确实需要。"（"成人"）

（4）"好的！那么停止喝酒吧。"（"父母"对"儿童"。）

（5）"但我紧张时该怎么办？"她问道。（"儿童"）

（6）"给我打电话。"（"成人"的程序）

她照做了，取得了很好的结果。这里的沟通是：（1）引出"成人"，或者等到它被激活。（2）与"成人"结盟。（3）说出你的计划，看看"成人"是否同意。（4）如果一切都很清楚，给予"儿童"违抗"父母"的许可。许可必须使用清晰、简单的祈使句，不能包括"它""和"或"但是"。（5）为"儿童"提供免于承担后果的保护。（6）通过告知"成人"可以做某事来加以强化。需要注意的是，这是Q医生第二次尝试给黛拉许可。第一次是她的"儿童"代替"成人"回答："但我紧张想喝酒时怎么办？一听到"儿童"的"但是""如果"和"并且"，Q医生就知道患者没有接受许可，所以他放弃了这一计划，转向其他。这次她说："我紧张的时候怎么办？"这句话里没有"如果""并且"和"但是"，他认为她已经准备好了。这个许可很有效，因为Q医生也没有使用"如果""并且"或"但是"。我们可以注意到，他并没有按次序来执行这些步骤，而是根据实际情况做出调整。

综上：（1）许可意味着获得放弃"成人"想要放弃的行为的许可证，或从消极行为中释放出来。（2）力量就是对抗的力量。加上"如果"和"但是"就无法向"儿童"展现出力量。任何包含"如果"的许可都是无效的，因为它包含了条件或威胁；包含"但是"的许可也无效，因为许可被约束、限制以及削弱了。（3）保护意味着在这一阶段，患者可以在需要时，再次请求治疗师对其进行治疗。他的保护力量既体现在他说话的声音中，也体现在他所说的内容中。

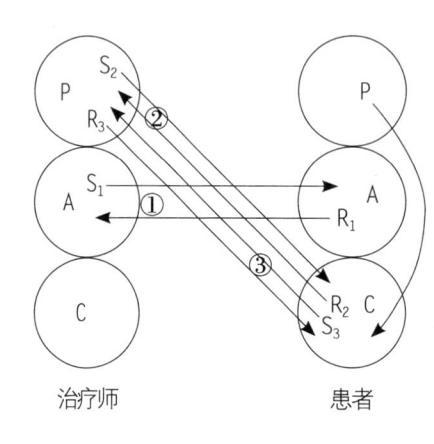

① 有效许可
S1 治疗师（A）：我可以给你许可。
R1 患者（A）：好的，我需要。
② 许可
S2 治疗师（P）：我给你许可。
R2 我接受（C）：好的，我接受。
③ 保护
S3 患者（C）：我害怕。
R3 我接受（P）：你不会有事的。
④ 强化（未展示）
S4 患者（A）：我真的不会有事？
R4 治疗师（A）：是的。

图 18

图 18 展示了发出有效许可的三个步骤。第一组箭头 AA 表示引出"成人"。第二组箭头 PC，是许可本身。第三组箭头 PC，代表治疗师保护患者的"儿童"，抵抗被激怒的"父母"。

胆小的治疗师要驯服愤怒的"父母"，就像胆小的牛仔要骑上狂躁的野马一样不合适。如果治疗师摔下来，就会砸在患者的"儿童"身上。

D. 治愈与好转

赫伯特·奥·雅德礼（Herbert O. Yardley）[①]描述了他在第二次世界大战期间所进行的一项漫长而痛苦的任务——在不懂日语的情况下破译日本

---

① Yardley, H. O. *The American Black Chamber.* Bobbs-Merrill Company, New York, 1931.

密码。他的一个助手做了如下的梦：

> 我背着一麻袋沉甸甸的鹅卵石走在沙滩上。每当我在海滩上发现与我所背的相同的鹅卵石，我就可以扔掉我所背的那块，这样我才能轻松一些。

这个美丽的梦显示出一个词一个词地破解代码是多么艰难。同时，我们也可将这个梦作为患者如何"好转"的比喻。脚本分析试图解除束缚，使患者立刻放下所有负担，尽快得到自由。毫无疑问，较为缓慢的"一块一块卵石"的治疗给了治疗师信心，因为他清楚自己在做什么，但脚本分析师变得更有信心，屡屡发现关键点，使患者能立刻卸下负担。这样做并没有任何损失，因为在患者病情好转后，我们也可以从丢弃的麻袋一块一块地看那些卵石，做与精神分析治疗师同样的工作。"进步式疗法"的口号是"只有彻底被分析，你才能痊愈"，"治愈式疗法"的口号是"先痊愈，之后你愿意的话可以再分析"。这与戈尔迪之结的问题类似。许多人试图解开这个结，因为预言说解开这个结的人将成为亚洲之王。亚历山大到来，直接用剑将它砍断。其他人大声抱怨说，他不应该用如此简单粗暴的方法解决问题。但他确实完成了任务，也获得了奖励。

换句话说，治疗师既可以是植物学家，也可以是工程师。植物学家走进灌木丛，观察每一片叶子、每朵花和每一片草的叶片，想知道那里发生了什么。与此同时，饥饿的农民说："但我们需要这片土地来种庄稼。""再等等，"植物学家说，"这样的项目不可操之过急。"工程师说："这些灌木丛怎么会长在那儿？我们需要换个排水系统，这样就能把这片土地清理干净了。只要找到小溪，筑起合适的堤坝，所有的问题就会迎刃而解。不费吹灰之力。"但如果"饥饿的农民"是一个渴望被爱的患者，他会说："噢，但我爱那片灌木丛，在检查完每一片叶子、花和草之前，我宁愿饿着。"植物学家使事情好转，而工程师修复它（如果患者愿意的话）。因为植物学是一门科学，而工程学是改变事物的方法。

第 20 章　三个病例记录

A. 克鲁尼

克鲁尼（Clooney）是一名 31 岁的家庭主妇，Q 医生自她 18 岁起便与她相识，那时他对脚本分析知之甚少。第一次来见 Q 医生时，她感到害怕、孤独、尴尬和害羞。她给他的印象就像一个天使的灵魂，从天堂降临到人间，寻找一个寄居的身体。选择安顿在克鲁尼的身体里后，她觉得自己犯了一个小错误。她长得过于肥胖，只有几个熟人，没有朋友。她对男同学傲慢无礼，经常讽刺挖苦。因此，男生对她避而远之。

她的第一次治疗主要基于带有一些游戏和脚本基本概念的结构分析，但这种治疗已足够有效，使她结了婚并有了两个孩子。大约五年后，她再次回来接受治疗，因为她有社交障碍，她认为这对她的丈夫不公平。有件事让她很苦恼，她在聚会上喝很多酒来放松自己，然后做一些疯狂的事，比如，在大冒险时把衣服脱光。那时她已大有好转，可以参加聚会并控制酒量。尽管在这种场合她仍会不开心，但她能与人交谈，并对此感到满意。

大约又过了五年，她再次回来，这一次她决心要痊愈，而不只是有所好转。五次团体治疗和两次单独治疗后，她要求再进行一次单独治疗。那次，她悄悄走进办公室，心不在焉地做了关门的动作，然后坐了下来。Q医生关上门，也坐了下来。随后进行了以下对话。

C（克鲁尼）：我一直在想你上周跟我说的话——你说我应该成熟一点。你之前也跟我说过，但我听不进去。我丈夫也要求我成熟一点。

Q：我没说要你成熟。我从未对任何人说过这句话。我说你应该做个独立女性，这是两码事。成熟是有所好转，但作为一个独立女性，意味着你的"成人"发挥作用并且你已经痊愈。

C：嗯，我丈夫说我们刚结婚时他需要我依赖他，但现在他不需要了，所以他允许我成为独立的女人。

Q：你丈夫怎么变得如此明智？

C：至少在精神层面，他也算是来这里接受过治疗。我们会讨论在这里发生的事，他从中学到很多，所以他能理解。

Q：你母亲像你丈夫一样需要你吧。

C：没错。她需要我依赖她。

这让Q医生很困惑，因为是母亲的"父母"对克鲁尼发出指令，告诉她要依赖她，克鲁尼将这个指令带入她的婚姻。但如果脚本理论正确，母亲的"儿童"也应该存在一个重要的脚本控制。Q医生正认真思考该问题，克鲁尼却转移了话题。

C：你总提到我的臀部，而且我们知道大概是浴室里发生了什么事，但我一直记不起来。

Q：嗯，我想到一个很常见的场景。小女孩走进客厅，母亲和朋友们坐在那里，她的尿布掉了下来，大家都说"好可爱啊！"

C：是的，我遇到过。

Q：然后小孩很尴尬、脸红，也许她的屁股也红了，更糟的是，大家对此更有兴趣了，说："快看！真的太可爱了，吼吼吼。"

C：我当时就是这种感受。

Q：这和你在派对上脱衣服有关。这是一种你所知道的与人接触的方式。

这时 Q 医生在黑板上画了如图 19A 所示的图表。（人际沟通分析师通常会在墙上挂一块黑板，以便在需要时画这样的图。）

Q：这张图显示了你的"儿童"和丈夫的"父母"之间的关系。你长大后还是这样。你母亲的"父母"需要你依赖她，而你的"儿童"服从了。所以，你知道，在婚姻的这一方面，丈夫填补了你母亲的位置。

C：没错。我嫁给他是因为他像我母亲。

Q：对，但你母亲的"儿童"也会参与进来。

C：噢，是的。每当发生尴尬的事情，或者我们当中的某个女孩做了母亲认为淘气的事时，她总是微笑，然后说："这不是很糟糕吗？"

Q：很重要的是，要知道她先笑再说"这不是很糟糕吗？"还是先说再笑。

C：噢，你的意思是她先表现出"儿童"，然后向她的"父母"道歉，或者相反。

Q：是的。

C：我明白了。她是先笑的。

Q：噢，她想让你做她不能做的事，先让自己的"儿童"开心，然后被迫向她的"父母"道歉。这正是你所做的：你总是向自己的"父母"道歉。你做了调皮的事，然后不断地说："我感到很愧疚，怎么办？"你母亲的"儿童"鼓励你做某件事时，她的"父母"又会制止你。

C：对，我知道。但我该怎么处理愧疚的感觉呢？

Q：脱离你母亲，做好自己的事。让她自己做调皮的事，如果她不高兴，那是她自己的问题。

C：我阿姨也这样。

Q：现在我们在图上画一个箭头，你母亲的"儿童"鼓励你的"儿童"调皮（图19B）。她的"儿童"满意地微笑，但是她的"父母"说："这不是很糟糕吗？"但还是缺了点什么，因为你的父亲应该加入。

C：我知道他是怎么加入的。他总说我是个懦夫，什么也做不好。他说他也是个懦夫。当他生病疼痛时，他会呻吟，然后说："我是个懦夫，我受不了。"

Q：噢。我们可以用他来补充你的脚本图（图19C）。在上方，他的"父母"告诉你要勇敢，但在下方，他的"儿童"告诉你的"儿童"你们都是懦夫。你在上方时，你母亲跟你说了什么？

C：做个好女孩，别人才会喜欢你。

克鲁尼最大的问题是怕见人。由于她不知道如何与陌生人交谈，她宁愿和孩子们待在家中，也不愿去参加聚会。她的父母也同样有社交恐惧。

脚本矩阵（图19C）包含了所有这些因素。

1 PP：母亲的"父母"说："做一个好女孩。"（训诫）

2 CC：母亲的"儿童"说："做调皮捣蛋的事。"（挑逗）

3 AA：母亲的"成人"教她如何成为社交中的懦夫。（模式）

4 PC：母亲的"父母"责备她太调皮。（禁令）

5 PP：父亲的"父母"说："勇敢点。"（训诫）

6 CC：父亲的"儿童"说："我们都是懦夫。"（诱导）

7 AA：父亲的"成人"教她如何做一个懦夫。（模式）

8 PC：父亲的"父母"责备她是个懦夫。（禁令）

在这个脚本矩阵中，父母的脚本指令几乎均衡。他们俩都向她展示了如何成为懦夫，而且都令她对此感到愧疚。因此，当她害怕时，无人能支持她；当她懊悔时，也无人可求助。这就是她感到孤独的原因。但是她母亲的"儿童"很冲动，所以克鲁尼被允许做一些冲动的事情，比如，脱光衣服，因为她知道母亲真的认为（或曾经认为）那样很可爱。接着，当两个"父母"同时出现时，她又会很痛苦。

C：尽管我们之前也讨论过，但在这张图里，我第一次真正看到父亲所做的事。现在我真的理解了。

Q：只讨论一次肯定不够。

C：是的，我只理解了其中一部分，其余的我还需再考虑。

Q：嗯，在下周之前你可能还无法完全理解，不用着急，我们还会再讨论。

我还想说一件事。我们可以看到你的"儿童"如何调皮，以及你的"父母"如何让你感到愧疚。你可以看到，其实是你的母亲和丈夫让你保持在"儿童"的状态，因为他们需要你这样。你只是他们脚本中的傀儡。但我猜你为维持这种关系做出了一半的贡献。问题是，你的"成人"去哪儿了？

今天你进来后，把门半掩着。你既没让我把门关上，也没有自己关。

C：因为这是你的门啊。

Q：但这是你的面谈。为什么这里需要有扇门？

C：这样候诊室的人就不会听到我们的谈话。

Q：那你希望他们偷听我们的谈话吗？

C：呵呵呵，也许我希望。

Q：现在轮到你治疗，从这个意义上说，这是你的门。

C：是的，但我不敢这么想。

Q医生没有对此做出回应。他在思考。如果她足够自信和直率，她会在进来时让他关门，或自己关上。她只有一半的"成人"，所以她只关了一半门。从社交层面而言，她觉得叫医生关门不够淑女。但她又不敢自己完全关上，或觉得尴尬，所以她做了妥协。作为一个"好女孩"，她做了关门的动作；作为一个淑女，她把门留着让医生关。从心理层面，情况又有所不同。她羞于在人群中说话，但她的"儿童"想说，甚至希望通过半开着门被"偷听"，尤其是当隔壁没有人偷听她时。这一切都在"暴露自己"，但这些游戏可以之后再处理。今天的内容对她来说已经足够。最后他说："不管怎样，这是你的'成人'出现的地方，即决定你要做什么，比如：关门还是开门。就到这里，我们下周同一时间见。"

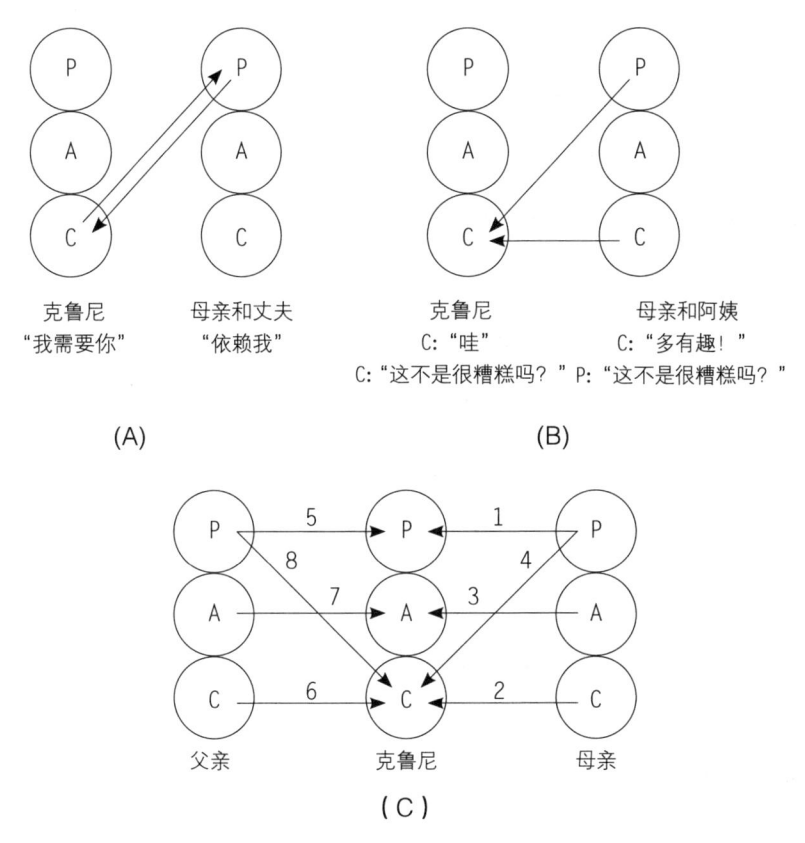

```
     P            P →             P            P
     ↓ ↖          ↑                            ↑
     A            A               A     ↖      A
        ↖         ↑                      ↖
     C ←          C               C  ←——— C

     克鲁尼       母亲和丈夫       克鲁尼        母亲和阿姨
     "我需要你"   "依赖我"         C:"哇"        C:"多有趣！"
                                  C:"这不是很糟糕吗？" P:"这不是很糟糕吗？"

         (A)                              (B)
```

```
       P  ——5——→ P ←——1—— P
         ╲   8    ↑  ╲ 4
         7╲      3│   ╲
       A  ——→   A  ←——— A
            ╲   ↓  ╲
          6  ╲  ↓ 2 ╲
       C  ——→ C ←——— C

       父亲     克鲁尼      母亲
```

（C）

图 19　克鲁尼的脚本矩阵图

这次面谈是多年来疗效最好的一次。克鲁尼第一次来时，医生对脚本知之甚少。现在他对此有了更多的了解，也有浓厚的兴趣。克鲁尼也更加了解自己了，在丈夫的帮助下，她做好了痊愈的准备，她丈夫通过学习二手知识，现在也算得上是个业余但敏锐的脚本分析师。以前对克鲁尼的治疗总体来说很困难，而且进程缓慢。她经常无精打采、愁容满面，向医生寻求安慰，问他一些难以回答的问题，若他没有给出正确答案，她就会生气；当他尝试给出正确答案，她又会玩"对，但是"的游戏。这一次，她变得很活泼，善于接受和思考。她倾斜着坐在椅子上，而不

367

是垂头丧气，治疗师也是如此。他们的交谈轻松愉快。她的"儿童"已经不再怨天尤人，她已大有好转，逐渐康复，因此她的"成人"可以自由地倾听和思考。她愿意正视自己的父亲，而不是将Q医生当作父亲看待。这使她可以倾听医生的"成人"，而不是将他看作控制型"父母"。她从一个"木头脑袋"的患者变成了一个真实的人，虽然还有些问题（比如，"表达自己"）。她的一生都受脚本控制，而这周她终于跳出了脚本。

她现在能客观地审视脚本的身体部分，其中臀部扮演了重要的角色。通过她脸红的"儿童"，他们控制了她如何坐着，如何行走，她害怕什么，她想做什么，以及他人的"儿童"如何回应她。这个层面体现了她"儿童"的儿童自我状态，精神分析将其称为"无意识"。因此，她与父母之间还有许多被遗忘的记忆有待挖掘，这些记忆与她关于臀部的恐惧、欲望和关注有关。挖掘这种记忆需要在"成人"以及治疗得以掌控时进行，这样她才能应对与"羞愧的臀部"有关的困惑和危险的情绪。

B. 维克多

维克多（Victor）来接受治疗时，他正陷入与上司的游戏中，他的上司是个玩"现在我可逮到你了"游戏的老手。维克多以"看我多努力""我又犯了"和"踢我吧"作为回应。维克多准备换工作时，他妻子对一位朋友说："他想尝试一下，看看结果如何。"

维克多说："我不仅仅是尝试，我想尽全力做好。"

"你终于放弃尝试了！"那位朋友说。

当维克多讲述这桩逸事时，Q医生说："好，现在你得到了成功的许可。"

"我得到的不是成功的许可,"维克多回答,"而是停止'尝试'的许可。"

"此话怎讲?"Q医生问道。

"我母亲过去常说:'继续尝试,即使没有成功,也没关系'。"现在我理解了火星语,我明白我的'儿童'把这句话理解成'不必成功,回家找妈妈吧'。所以我需要从尝试中解脱出来,这样我就可以放手去做。我现在是个大男孩了。对了,你能给我推荐一些纽约的治疗师吗?"

出于一些考虑,Q医生犹豫了。但按照惯例,当患者去另一个城市时,他会给他们一些医生的名字,于是他查了自己的精神病医生通信录,并给了维克多两名东部医生的姓名和地址。

"你会把我的病历或你的记录寄给他们吗?"

这次Q医生不假思索道:"除非他们要求,否则不会。"

"为什么?"

"现在你已经痊愈了,你应该把那些抛之脑后。如果再出问题,你可以自己告诉他们。"现在他知道是怎么回事了。维克多脱离了上司和Q医生,但他的"儿童"已经得到了东部那两位精神病医生的保护,在某种程度上,他放弃了一部分最近获得的、来之不易的自主。"我建议你烧掉那张写着这两个名字的纸。"

"但无论如何我都会记住它们的,所以我还不如把它放在钱包里。"

"烧了它。"

"这只是一个仪式。"维克多说。

"看吧。这是你的'成人'告诉'儿童',你可以脱离他们,依靠自己。"

维克多看着他,Q医生知道他在想什么。("我会试试。")

"烧了它。"他重复道。

维克多笑了。治疗结束了。他们站起来握了握手,维克多的治疗到此结束。

C. 简和比尔

简(Jan)和比尔(Bill)来找 Q 医生,要求参加团体治疗。他们在人际沟通分析小组(他们称之为"TA 小组")治疗了大约一年,几位治疗师一起参与,还参加了四五次"马拉松"式治疗。简和比尔很感激这些经历,这让他们更亲密,获益良多。可以看出,结婚三年后他们依然十分相爱,也非常喜爱他们的两个孩子。

"距离你们上次参加团体治疗多久了?"Q 医生问道。

比尔看着简。她微笑着回答:

"大约一年前。"

"那你们为什么又来治疗了呢?"

"有很多方面还可以改善。"比尔说,"大多数时候我感觉良好,但我想让这种感觉一直持续。"

"这是一个艰巨的任务。"Q 医生说。

"嗯,我可以说得更具体些。"比尔继续说道,"我的工作是销售珍品书籍,实际是与人打交道。参加 TA 小组之前,我从未想过自己会成为一名销售员,但现在我不仅是一名销售员,而且还做得很好。但如果我的'成人'在压力下也能处于掌控状态,我能做得更好。比如,我觉得我应该加薪。我现在每个月大概挣 800 美元,这是我一生中工资最高的时候,这也是我们第一次想买什么就能买什么,而不像以前一样总是捉襟见肘。

"但在只有两三个员工的小机构,要求加薪并不容易,我认为老板也不愿给我加薪。但我熟悉业务，工作效率高，理应加薪。两年前我绝不敢说这样的话，但现在我坚信可以。问题在于如何让我的'成人'在关键时刻保持警惕，而不是让'儿童'占上风。我还得知道老板期望什么，因为他有自己的游戏。因此我要么破罐子破摔，提出加薪要求，失败后发怒，但这很危险，也没必要；要么打断他的游戏，让他与我坐下来聊聊。所以现在我需要一些帮助。

"我想我真正需要的是在脚本上多花功夫。我父亲是个酒鬼，母亲也是，所以我总有一个隐藏的失败脚本。这正是我偶尔仍会犯错的原因，但是我不想继续如此。因此我需要对脚本有更深入的了解，并获得良好的许可。这能作为我们的契约吗？"

"我还不确定，"Q医生说，"还有更具体的吗？"

"我喝酒的次数仍比我预计的多。"比尔说。

"先签一份反'酗酒'契约如何？"Q医生建议道，"这既能帮助我们理解你的脚本，也能强化你的'成人'。"

"听起来是一个不错的开始。"比尔说。

"你想从治疗中获得什么，简？"

"我希望我的'儿童'更自由、更有创造力。我是一名实验室技术员，非全职，但自从参加X医生的治疗小组后，我开始写作，而且写得不错。我想做得更好。很多来自巫婆母亲的指令依然使我的'儿童'感到恐惧，这影响了我的工作。此外，我经常需要安抚来保持快乐，我需要更多安抚。"

"给我讲个你做的梦吧。"Q医生要求道。

"我曾经做过极其可怕的噩梦。你知道的，童年时我在伦敦度过了几年被轰炸、躲在防空洞的日子，我只见过我父亲一面，那时他正在休假。但现在我有了自由自在、色彩斑斓的梦。"

"X医生对你们俩的治疗似乎都非常有效。"Q医生说,"你为什么想参加我的治疗小组?"

"他确实帮了我们很多。"比尔说,"但是快结束时,我们似乎进入了'瓶颈'期,我想您可能会给我们一些新的建议。我们远远不够完美。一开始我们都是青蛙,现在简已成为公主,所以我想学习如何变成王子。"

听他这么说,简笑了,笑得很像一个公主。但她仍然受战争神经症的影响。听到巨响时,她不再惊慌失措,但仍会被扰乱思绪。针对她的情况,他们签订了一份治愈残留恐惧的契约。她的目标主要是进一步释放她富有创造力的"儿童",这也会让她跟孩子在一起时更自在,相应地,她的孩子们也会更自在。Q医生确信X医生会同意这些契约,于是他着手获取了他们两人的精神病史和医疗档案,作为入组准备。

这个病例体现了人际沟通分析的便利。简和比尔以及他们的治疗师们都讲相同的语言,所以从一个治疗师转到另一个治疗师,并不会明显减慢他们的治疗进度。尽管Q医生对他们两人来说还很陌生,但他们轻松地向他解释他们目前需要解决的问题,以及他们希望做得更好的地方。他们知道自己困难所在,不过能用他们三者都能理解的简单语言来阐述。

进入小组后,他们能向其他患者准确讲述他们的进度,其他患者也能理解他们所讲述的内容。通过倾听他人,简和比尔也能很快了解每个人的进度及发展方向。第一次团体治疗主要进行了这些内容。之后,他们准备与其他患者进行个别交流,这些患者很快就找到了比尔酗酒的"父亲"、简的"巫婆母亲",以及其他一些重要内容。这一切之所以能成为可能,是因为每个人都使用同样的简单语言，用同一个词表达相同的意思。最有效的词汇是幼儿园的孩子根据自己的经验都能理解的词汇，如父母、成人、儿童、游戏、许可和脚本（无法理解"脚本"的儿童可以理解"你打算怎样过你的一生"）。

第五篇

脚本理论的科学方法

人　生　脚　本

第 21 章　脚本理论的异议

许多人从自己的视角反对脚本理论。对于这些异议的回应越令人满意，就越能证明脚本理论的有效性。

A. 精神层面的异议

有些人直觉地认为脚本理论不成立，因为它违背了人是自由意志生物的理念。他们对这整套理论表示反感，因为它似乎把人贬为毫无生命力、无法决定自己命运的机器，最极端的形式是条件反射理论。同样出于人道主义因素，这些人也反对精神分析理论，他们认为这种理论将人限制在一个封闭的、受控制的能量系统中，只有几个能量输入和输出的渠道，忽视了人的神圣性。他们道德上的祖先曾同样不认同达尔文的自然选择理论，在他们看来，自然选择理论将生命过程简化为机械过程，忽视了自然母亲的创造力。同样，这类人也认为伽利略放肆无礼、让人无法容忍。然而，由于这些异议是出于对人类尊严的博爱，因此可以予以适当考虑。回答

（如果你愿意，也可以称之为辩解）如下：

1. 结构分析并不认为主张能够分析人类所有行为。它陈述了一些可观察到的社会行为及内心体验的观点，这些观点有理有据。至少在形式上，它没有处理有关人类自我的本质问题。结构分析理论有意提出了一个超出它范围的概念——自由精神贯注，即自我存在。它将人类自我的本质问题（在某种程度上是最关键的一个问题）留给了哲学家、形而上学者、神学家和诗人广阔的研究空间。它无意介入这一界限清晰的领域，期望从那些研究人类自我的本质问题的人那里得到同样的尊重。它也无意闯入象牙塔、大教堂、吟游诗人的住地或法庭，也不希望被强行介入其中任何一个领域。

2. 脚本理论并不认为人类的所有行为都由脚本控制。它为自主性留下了很大的空间，实际上，获得自主性才是它的理想状态。脚本理论仅仅表示：只有少数人能做到完全自主，而且在特殊场合才能做到。它的总体目标是增强"自主性"这一宝贵的特质，并提供一套提高自主性的方法。为实现这一目标，首先要区分真假，这便是脚本分析要完成的任务。脚本理论的确直言不讳地指出了如何控制人类的脚本，但它不应被那些乐意受脚本控制或不愿受脚本控制的人诋毁。

B. 哲学层面的异议

这种异议包括先验和存在两方面。脚本分析将命令视作来自父母的指令，大多数人存在的目的就是执行这些指令。如果哲学家说："我思故我在。"脚本分析师则会问："是的，但你怎么知道该思考什么？"哲学家回答："是的，但这不是我说的重点。"由于他们都在说"是的，但是"，他们的争论将无疾而终。但这之中的误解很容易澄清。

1. 脚本分析师只处理现象，不会深入先验论者的研究领域。脚本分析师说的是："如果你不再按照'父母'命令的方式而用自己的方式思考，你将更好地思考。"如果哲学家反对，说他已经在用自己的方式思考，脚本分析师可能不得不告诉他，这在某种程度上是一种幻觉。而且，这是一种他无法承受的幻觉。哲学家可能不喜欢这种说法，但脚本分析师会坚持己见。因此，与精神层面的冲突类似，这种冲突源自哲学家与脚本分析师之间的矛盾，哲学家所反对的，正是脚本分析师所明晰的。如果哲学家不愿意更认真地审视自己，冲突就无法解决。

2. 当脚本分析师说："大多数人存在的目的是执行'父母'的指令"时，存在主义者会反对："但我使用'目的'这个词时，并不是这个意思。"脚本分析师会回答："如果你知道更好的目的，请告诉我。"他的意思是，如果一个人满足于听从"父母"的指令，就无法找到更好的人生目的。脚本分析师提供的是获得自主的方法。存在主义者接着说："行，但我的问题是，拥有自主权后，你如何处理它？"脚本分析师回答："关于这一点，我知道的不比你多。我所知道的是，有些人不像其他人一样痛苦，皆是因为他们在生活中有更多的选择权。"

C. 理性层面的异议

理性层面的异议是："你自己说过，'成人'的作用是做出理性的决定，每个人都由'成人'来做决定。那你怎么能说早就由'儿童'来做决定了呢？"

这个问题问得很好。但决定分为不同层次，最高层次的决定为是否遵从脚本，在做出这个决定前，其他所有决定都无法改变某个人的最终命运。

决定的层次结构如下：(1) 是否遵从脚本。(2) 如果遵从脚本，是哪一个脚本？如果不遵从脚本，那应该怎么做？(3) "永久"决定：结婚还是不结婚，要孩子还是不要孩子，辞职还是被解雇，成功还是失败。(4) "工具性"决定：与谁结婚，生几个孩子等。(5) "暂时性"决定：何时结婚，何时生小孩等。(6) "权宜性"决定：给妻子多少钱，送孩子去什么学校等。(7) "紧急"决定：去参加晚会还是在家做爱，打儿子还是责骂他，今天去参观还是明天去等。决定的层次结构中的每一个层次都受限于更高的层次，而较低的层次与较高层次相比都微不足道。然而所有层次的决定都直接影响最终结局，无论是脚本引导的还是自主选择的，这些决定都是为更有效地实现最终结局而设计的。因此，做出第一个决定之前，没有一个决定在终极存在意义上是"理性的"，它们只是虚假的、被理性化的、"被控制的"。

"但是，"理性主义反对者说，"脚本根本不存在。"

既然这是一个理性的反对者，他这样说并不仅是出于对脚本理论感到紧张，所以我们需要不厌其烦地回答他。这是我们对脚本理论做出强有力推论的机会。首先，我们问他是否仔细读过这本书，然后我们会向他提供最有力的论据，他可能会被说服，也可能不会。

假设脚本不存在。这种情况下，(1) 人们就不会听到头脑中告诉他该做什么的声音，或者即使听到了，他们也总是不听这些声音而自主行动（既不服从也不反抗）；(2) 许多不同的声音会告诉人们该做什么（例如，在多个寄养家庭长大的人），他们和在一个稳定家庭中长大的人一样对自我表示肯定；(3) 吸毒者、酗酒者或随地大小便之人（某种嬉皮士）通常不会感到他们受某种无法控制的内部力量驱使，走向一个明确的结局，他们把这样的行为看作自己独立、自主的决定。或者，"内部力量"是不可逆转的，不受心理学方法的影响。

如果这些假设都是真的，甚至可能只有一个是真的，那么也许根本就没有脚本。但临床证据证明这些假设都是假的，因此脚本确实存在。

D. 教义层面的异议

这个层面的异议分为两大类：宗教的和精神分析的。从宗教的角度来看，脚本问题是属于宿命论或类似宿命论的问题，与自由意志相对。正如人们常说的，这种观点上的差异超出了科学探究的范畴。

对精神分析的反对是虚伪的。作为一种学说，脚本分析并非与精神分析不相关，而是精神分析的延伸，因此脚本分析被一些人视为反分析，实际上，脚本分析不是不同信仰的异教，而是同一教义内部的异端。正如一性论教派只是罗马天主教内部的一个分支，而非信仰不同的异教，但它引起的不安会比异教更强烈。

为了讨论一些精神分析师提出的反对意见（通常由想要在以精神分析为导向的诊所或医院做脚本分析的医生提出），我们有必要了解"反分析"的含义。

脚本分析师完全同意弗洛伊德学说，只是希望根据更多的经验来进一步补充。其中一个是正统精神分析与脚本分析观点的差异。实际上，脚本分析师比正统分析师"更信奉弗洛伊德学说"。例如，作者除了重复和证实弗洛伊德的观察外，还与他一样相信死亡本能，以及强迫性重复的普遍性。因此，他被称为"反弗洛伊德主义者"。他还认为，与长词汇相比，短词汇更能精确、中肯、清晰地表达我们对人类心灵的理解，他认为弗洛伊德的术语总是被误用，掩盖了事实，恐怕弗洛伊德本人也无法同意。为此，他被称为"反分析主义者",不是因为做了什么,只是因为表达了这个观点。[1]根据弗洛伊德自己的陈述,脚本分析师相信潜意识,但当他们治疗与那些正统精神分析师不适合的患者时,他们也强调意识。此外,脚本分析师并不认为他们在做精神分析,因为他们做的并不是精神分析。[2](大多数做精神分析治疗的治疗师,试图遵循为精神分析制定的规则,这当然不合适,而且会阻碍治疗。)因此,脚本分析可以被称为"类弗洛伊德"式分析(有人出于个人原因提出了这个问题),但不能被称为反分析,当然也不是反弗洛伊德式。

对脚本理论的另一种教义层面的反对意见是,它并没有新意:仍旧保持阿德勒的生活方式,只是换了更时尚的衣服,或只是荣格原型理论的另一版本,等等。实际上,事实永远存在,智者自知,而究竟是脚本理论证实了他人的话语,还是他人的话语证实了脚本理论,这并不重要。弗洛伊德在阐述梦境原理时,用了79页(我看到的版本)来总结前人的观点,前人中有很多都做过"精神分析"的陈述;达尔文只用了9页,但他也引用了许多前人的"进化论"观点。然而,即使陈述的篇幅再长,再准确,都不能构成一个理论。脚本理论的关键在于结构分析,如果没有自我状态理论,尤其是"父母""成人"和"儿童",就算有再多相关的观点和陈述,也不能称为脚本理论。为了名副其实,所有科学分支的所有理论都必须基于结构要素,否则它们就如同纸屋,徒有其表,无法站稳脚跟。

脚本理论相比先前理论的优越性,就如同阿拉伯数字系统与罗马数字

---

[1] Giovacchini, P. L. "Characterological Aspects of Marital Interaction." *Psychoanalytic Forum* 2: 7-29, Spring, 1967, with discussion by E. Berne and reply by Giovacchini.

[2] Freud, S. *New Introductory Lectures on Psycho-Analysis*. W. W. Norton & Company, New York, 1933, p. 212.

系统相比的优越性，而且出于同样的原因，即基本要素更加便于使用。设想一下，罗马建筑商要给你开50个项目的账单，首先列出的是单价为88（LXXXVIII）欧宝的楼群1968（MCMLXVIII）座。现代承包商用更简洁的数字元素，可以在半个小时内便完成所有工作，然后他可以利用省下来的时间来思考建筑问题，无须受罗马数字的干扰。

在实践中，教义层面的反对意见大多源自弗洛伊德所说的"科学家对学习新事物的厌恶"。这种情况不再像在他所在的年代那样普遍，他记录下其他人对梦境理论的反应："'梦境研究者'极少关注它……对于这些反对者，我唯一的回答应该是请多阅读几遍整本书。"改进精神分析并非反分析，就像改进飞机并非对莱特兄弟的诋毁一样。"

E. 经验层面的异议

我们将仅仅探讨对脚本分析在经验层面那些最常见的不同意见，因为这可以最简单地概括为："如果人们的命运是由父母的编程决定，那为什么同一个家庭的孩子会有不同的结局？"

来自同一个家庭的孩子的结局并不总是不同，有的不同，有的相同。在很多案例中，所有兄弟姐妹都成功，都酗酒，都有自杀倾向或都患有精神分裂症。这样的结果通常被归结为遗传，如果兄弟姐妹的结果各不相同，遗传学家就会被置于诡辩的境地：然后他们就可以从孟德尔学说出发，进行辩论，但不过是在自说自话，难以令人信服。自我决定论者则处于相反的境地：当兄弟姐妹变得不同时，他们可以做出充分的解释，但当他们的结局相同时却无法解释。脚本理论却能从容应对这两种情况。

这里讨论的是父母的脚本，因为孩子的脚本是其衍生物。孩子们彼此不同的原因，就如灰姑娘和她同父异母的姐妹不同一样。继母的脚本需要她女儿成为失败者，继女成为胜利者。另一个众所周知的童话主题是两个聪明的哥哥后来被证明其实是愚蠢的，而愚蠢的弟弟最终被证明是最聪明的（他们的母亲一直知道这个秘密，因为这就是她设计的）。罗马的格拉古（Gracchi）兄弟同样有才能，都为人民做贡献，他们最终都被暗杀；而尼俄伯（Niobe）的五个、十个、十五个或二十个孩子（取决于谁来数），都在她的"骄傲与失败"脚本中走向了同样的结局。母亲的脚本可能使她的十个孩子都是警察（荣耀）或都是强盗（掠夺吧，孩子们！），或五个成为警察，五个成为强盗（你们可以互相战斗）。如果有十个孩子，一个精明的女人将毫不费力地实现上述目标。

F. 发展层面的异议

对脚本理论的发展层面的反对意见集中在婴儿性心理危机和青少年身份认同危机两个方面。

就前者而言，脚本并不否定本能的作用，或消除早期创伤。相反，它与它们共存。无论其来源如何，它为实现性幻想提供了一个持续的社会环境。它提出本能的作用（或称性幻想），既可以自由放纵，也可以被压抑、扭曲，或升华，但从长远来看，性幻想服务于更高一级的原则，这些原则规定了时间、力量和模式要遵循脚本要求，或弗洛伊德所说的命运驱使。这个层面的脚本指令是："只要你能收集足够的赠券来证明结局，你就可以做自己想做的事。"因此，脚本理论并非行为主义，它没有假定人们所做的一切，或大部分行为都是"条件反射"的结果。脚本只是要求人们在关键时刻服从指令，至于其他方面，他可以随心所欲地去任何地方，做任何他想做的事。

的确，有些青少年完全摆脱了他们的脚本，变得非常自主。然而，另一些青少年仅仅是叛逆（遵从"父母"的指令叛逆）。他们越早逃避父母的安排，其实则越接近遵循父母的安排。有些青少年则暂时摆脱了脚本的束缚，但随后又会陷入绝望。这一时期的"身份混乱"只不过是一个坏脚本的体现。埃里克森认为，身份混乱的青少年与母亲对抗，最终母亲输了。但脚本分析师却对此持相反意见：这是一场与母亲的斗争，而最终母亲获胜。她的儿子变成了一个游手好闲的人，不是与她无关，而正是因为她，因为他没有得到成功地违抗她的命令许可。治疗的目的并不是让他回到母亲身边，做个乖孩子，而是让他脱离母亲，给予他做正确之事的许可。

G. 临床层面的异议

从临床角度，对脚本理论最常见的异议是，仅通过处理患者的意识，并不能实现精神分析意义的治愈。这是正确的。但是：

1. 潜意识已经广为人知，因此被过分高估了。也就是说，现在大部分被称为潜意识的东西并不是潜意识的，而属于前意识。然而，患者为了帮助正在寻找"潜意识"素材的治疗师，用前意识信息假装成潜意识信息。这种情况很容易被证实，只要问患者："它真的是潜意识的，还是模糊的意识？"真正的潜意识信息（例如，最初的阉割恐惧和最初的恋母情结）是真正的潜意识，并非模糊的意识。因此，处理意识的脚本分析师涉及的心灵领域比许多人想象的要大。无论如何，如果脚本分析师能处理潜意识信息（原始的阉割恐惧和恋母情结式愤怒的衍生物），就没有人会阻止他这样做。他会这么做，当然是因为正是这些经历构成了脚本的基本框架。

2. 人们普遍认为，有某种法规赋予了精神分析师定义"治愈"的至高权利。事实并非如此。即使有这样的法规，精神分析师也将处于困境，因为它们对治愈的定义（几乎与终止治疗同义）并不清晰，治疗师之间也并未达成统一。他们的标准通常可以归结为一个实用的陈述，例如"当患者的症状消失并且能够正常工作和恋爱时，他就被治愈了"。脚本分析至少能和精神分析一样达到这个标准。①

总之，反对脚本理论的人主要有两种。第一种是理论家和临床医生，他们虽然对脚本理论存疑，但他们可以在自己的领域谦恭地辩论，他们会和脚本分析师一样认真思考脚本分析理论，会仔细、客观地阅读彼此的文献。第二种是行政人员，他们有时会阻碍年轻医生的才智和职业发展，尤其是精神科住院医生，实际上他们会公然禁止他们在工作中使用脚本理论。其中一些人没有受过良好教育、脾气暴躁、带有偏见，我们对他们无话可说。但也有一些受过高等教育、仁慈、豁达的管理者和监督员也会这样做。他们大多是训练有素的精神分析师。我们需要指出，弗洛伊德本身也是一个脚本化的人，这是他公开承认过的事实。他心目中的英雄来自军方，他对拿破仑崇拜备至。他经常使用与军事有关的隐喻以及词汇。他的格言正如《梦的解析》这一著作中的题词，我看过的版本是这样写的："Flectere si nequeo Superos, Acheronta movebo"，大致意思为"假如不能上撼天堂，我将下震地狱"，他的确做到了。他"神秘"而"偏执"地认为他将死于51

---

① 参见汉博（Hamburg, D. A. et al.）等人的研究（1967年）该研究中，约半数患者"完成了治疗"，他们的治疗师认为他们整体上有所改善。与此相比，人际沟通分析师在会议上报告的数据（以及个案报告）很能说明问题。（需要指出的是，目前还没有公开的数据用于人际沟通分析，尽管一些数据是针对特殊人群的，比如，在监狱中使用的数据。）

岁,这是典型的脚本预言。弗洛伊德父亲的座右铭是:"事情总会好起来",正如他的信所示,这也是弗洛伊德所信奉的。他引用拿破仑的话来指代自己的"学派"(亚伯拉罕、费伦齐、兰克和萨克斯这些"精神分析大家"俱在其中)。

第22章 方法论问题

A. 地图和领土

如果我们说脚本遵循童话故事，或与之相匹配，就可能会犯普洛克路斯忒斯错误。治疗师过早地挑选出一个童话故事，然后拉长或削短患者的脚本，使其与这个童话相匹配。普洛克路斯忒斯现象在所有行为科学中都很常见。科学家先提出一个理论，然后拉伸、缩减或增加数据来使它符合该理论，有时他们还会忽略隐藏的变量，或忽略不符合的项目，甚至有时会用站不住脚的理由来操纵数据，使之更好地符合该理论。

普洛克路斯忒斯现象在临床医生的会议中很常见，由于没有规定的理论，所以大家可以随意猜测，脑洞大开或发表权威的声明。为了减少这种争论和诡辩，每个会议应该准备两个具有相似背景的病例，最好一个是没有任何明显症状的正常人，一个是患者。令人惊讶的是，身心健康、富有成就的人与精神病患者的"病历"竟如此相似。也就是说，有的人成长于与精神病患者一样的环境中，但却没有成为精神病患者。需要指出的是，大多数工作会议基于一个未曾言明但一直存在的假设："患者病了，我们的工作就是证明他病了，然后找出他患病的原因。"如果会议的主题变为"患者没病，我们的工作是证明他没病，然后找出他没有患病的原因"，可能会有趣得多。

在普洛克路斯忒斯现象中，信息被拉长或缩短以符合假设或诊断。在独角兽现象中，假设和诊断被拉长或缩短，以匹配不符合理论的数据。因此，在超感官知觉（ESP）实验中，如果被试的正确率不理想，他会将此次对卡片的猜测与前一次、前两次、前五次或前十次的卡片，或者与下一次的卡片作对比，直到他的猜测与卡片相符合。接着，实验者会宣称心灵感应具有延迟或提前显现的特性。然后他们将提出一种假说，或对或错，但肯定毫无根据。

如果脚本分析师想用科学、客观、好奇的态度探究他们研究的主题，就必须摒弃普洛克路斯忒斯现象和独角兽现象，但这很难做到。事实上，虽然我已经尽量避免，但本书依然会存在这两种现象。脚本是一个复杂的概念，尚处于初步发展阶段，想要完全避免这两种现象很困难。在伯莎·帕彭海姆（Bertha Pappenheim）治疗安娜·O.（Anna O.）的案例中发现宣泄疗法近一个世纪，精神分析学派中却依然经常出现这两种情况。普洛克路斯忒斯是社会学的守护神，而独角兽则是心理学的守护神。

最佳方法是什么呢？一位对人际沟通分析的临床应用感兴趣的牙医兼飞行员——罗德尼·帕因医生（Dr. Rodney Pain）有所论述。他将验证脚本理论的问题类比为地图—地面的问题。一名飞行员在地图上看到了一个电线杆和一个筒仓。然后他看向地面，也看到了电线杆和筒仓。然后他便说:"我知道我们在哪儿了。"但实际上他迷路了。他的朋友说:"等一下。地面上有一根电线杆、一个筒仓,还有一个井架。在地图上找找这几样东西。""好吧,"飞行员说,"电线杆和筒仓确实有,但井架没有,可能是地图漏画了。"朋友说:"把地图给我。"他浏览了整个地图,包括飞行员自以为是地忽略了的地方。朋友发现在距离地图路线20英里的地方,有一根电线杆、一个筒仓和一个井架。"我们不在这儿,"他说,"不在你铅笔标记的地方,而是在那边。""哦,抱歉!"飞行员说。这个故事告诉我们,先看地面,再看地图,而不应该反过来。

换句话说,治疗师首先要倾听患者,获得脚本情节,然后再查阅安德鲁·兰或斯蒂·汤普森(Stith Thompson)的著作,而不是与之相反。这样,他就可以看到可靠的匹配信息,而不只是突发奇想有了个好点子而已。之后,他可以根据童话故事对患者的发展进行预测,并不断从患者身上获得验证(而不是从书上)。

B. 概念网

人际沟通分析是一张由相互交织的概念组成的网,包含各种彼此相容的概念,因此在任何方面都会得出有趣和有用的结果。但是,它与逻辑性很强的理论大有不同。

以下内容节选自一个曾在旧金山人际沟通分析研讨会上呈现过的病例,当时主要用于讨论脚本理论。

一位因性冷淡前来治疗的女性,提出让治疗师与她发生性关系。她的母亲教她如何着装和如何表现性感,她的父亲也这样鼓励她。

讨论的目的是试图说明当前的脚本矩阵不够精确。图7呈现了"儿童"的二阶结构，其中，"儿童"的"父母"（PC）的功能如同一个植入式电极，"儿童"的"成人"（AC），则是直觉灵敏的"教授"，能对他人做出准确的判断。汇报这个病例的是Z医生，他坚持认为，对这位患者来说，PC的功能就像顺从型"儿童"，而AC的功能就像电极。他提供了她的童年发展数据来支持这一假设。其他人则根据自己的临床经验，从两个角度提出具有逻辑性的论据。他们谈到心理游戏、脚本和患者的自然型"儿童"。现有的脚本矩阵是否能抵抗这种蓄意攻击？Z医生在患者以及她的父母亲之间画的箭头，与图7所示的箭头方向完全不同。表面上看，Z医生提供了一个很好的病例，以推翻现有的脚本矩阵，但仔细研究后发现，他的论述存在严重缺陷。

首先，Z医生在其他医生的帮助下，试图对PC、AC、顺从型"儿童"和电极做出定义。Z医生及其他医生时而从发展的角度讨论，时而从行为的角度，时而运用逻辑学，时而运用经验主义。有些人提到了沟通，另一些人提到了游戏和脚本。实际上，他们使用了四种不同的框架，每种框架都有专属的语言与方法，他们所下的定义也因此缺乏系统性。第一种框架是结构性与沟通性的，包含四个与"自我"相关的关键术语：状态、沟通、游戏和脚本。第二种框架是验证性的，同样包含四个关键术语，分别是行为（提供操作标准）、心理过程（头脑中发出指令的声音）、发展史（行为模式的起源）以及行为引发的社会回应。第三种框架有关自我状态的命名。自我状态可以根据心理生物学原理来命名："儿童"的"父母"（PC）、"儿童"的"成人"（AC）等，或者从功能的角度使用形容词来命名："顺从型儿童"和"自然型儿童"等。这些论点本身包含两个方面，一方面是逻辑学，另一方面则是经验主义。

如果将所有框架制成表格，结果就会形成一个如下图所示的术语网，分为沟通性术语、验证性术语、修饰性术语以及方法论术语。

术语网			
沟通性	验证性	修饰性	方法论
自我状态	操作的	结构的（生物学的）	逻辑的
沟通	现象学的	功能的（描述性的）	经验的
游戏	历史的		
脚本	社交的		

如果我们在这个网格中连线，使每列包含一个术语，那么显然将有64（$4 \times 4 \times 2 \times 2=64$）个可供讨论的路径（括号内的词不计算）。除非每个人都遵循相同的路径，否则将花费巨大的力气才能将各种讨论关联起来：假如20个讨论者选择20条不同的路径来讨论，在有限的时间内（比如，一个晚上），基本是不可能使各种讨论关联起来。假如某人遵循自我状态—历史的—描述性的—经验的，而另一个遵循游戏—社交的—生物学的—逻辑的，它们可能都有道理，但它们走的是完全不同的路线，所以无法真正解决它们之间的任何问题。

举个最简单的例子，如果一个论点对"儿童"采取结构的或生物学的方法，而另一个论点采取功能的或描述性的方法，两者是无法达成一致的。图20A可以说明这一点。图20A对"儿童"的结构进行划分，用水平线将"儿童"划分为"父母""成人"以及"儿童"的二阶元素。图20B从其功能角度用垂直线进行划分：本例中划分为"顺从的""反叛的"和"自然的""儿童"。无论使用哪种方案，选择的线路不同，则说明使用的方法不同。假如一个人使用结构名词，另一个使用功能性形容词作为修饰语，名词和形容词不属于同一框架，也就是说它们属于不同观点。类似的思考方式也适用于网格中其他几列词语。

为了得出一个合理且确定的论据，唯一的方法是在网格中选择一条路径并坚持在这条路径上进行讨论。Z医生需要对此进行选择，他选择了自我状态—社交的—描述性的—经验的：对于眼下的问题来说，这不是有效的路径，但这是他的报告，他有权选择。这样一来，很明显，他的论点并不像最初看起来那样令人信服，因为他可以随意地从一条路径跳到另一条路径。当他的支持者试图依照他的选择讨论时，情况也是如此。换句话说，在允许变化和干扰的情况下，看似合理和有条理的论证，一经仔细推理就站不住脚了。基于此，初始的脚本矩阵仍占优势，至少在更加准备充分的攻击发动之前是如此。

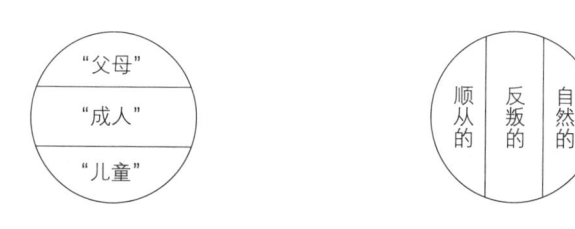

A　心理生物学结构　　　　B　心理生物学结构

图20　儿童自我状态的两种观点

因此，任何关于人际沟通分析（包括脚本分析）的论证在被证明有效之前，都必须事先说明其在上述网格中的选择。如果偏离自己选择的路径，论证就会因松散、曲解或模糊而无效。因此，任何打算陈述自己观点的人，都要从每一列中选择一个术语作为他的框架，并严格遵循这个框架。否则，这一论点将存在方法论的漏洞，无论他的措辞多么有力，都是站不住脚的。

C. 软数据和硬数据

脚本分析的数据大多是软数据。因为脚本是有关人存在的行为决定，所以无法通过人为实验进行研究。脚本结局对当事人具有极为重要的意义。例如，用扑克游戏做实验并不可靠。因为当赌注很小时，玩家会选择一种玩法；当赌注很大时，玩家会选择另一种玩法。擅长高赌注的玩家可能在小赌注玩法中输掉，而擅长小赌注的玩家在高赌注玩法中会惊慌失措。脚本只能在高赌注情况下进行验证，在普通的、日常的条件下无效。例如，对于"你会为了保全战友的生命而牺牲自己吗？"这个问题，只有在战场上才能真正得到验证，所有模拟的结果都不能说明问题。

脚本分析的数据大致可以划分为以下几种类型：历史的、文化的、临床的、逻辑的、直觉的、发展的、统计的、内省的、实验的和双盲配对的。对于习惯于研究人类行为琐事的科学家来说，例如心理学和社会科学中常见的测试，这个排列似乎很奇怪。但对于心理治疗师，尤其是精神分析师来说，这并不奇怪，因为他们需要处理复杂的人生游戏和结局，比如，离婚、自杀和谋杀。在有秩序的社会中，不可能通过实验来研究自杀或谋杀。

1. 历史数据。自诞生以来，人类就怀疑命运并非自主决定，而是由某种外力控制。这种信仰的普遍性，需要人们批判地对其进行验证，而不是将其认定为形而上学论予以一概否定。

2. 文化数据。上述信念是很多人类文化的根基，需要严肃对待，就像人们严肃对待经济学动机一样。

3. 临床数据。临床数据并不准确，因为同样的数据可以有不同的解释。不过，希望减少甚至否定脚本对临床现象影响的研究者必须接受充分的脚本分析训练，并进行多次临床试验后，才能对脚本分析做出判断。精神分析亦是如此。同样，一个人用显微镜或望远镜进行观察后，说"我什么也看不见"，除非他接受过充分的训练，知道如何操作这些仪器，否则他对细菌学或天文学的评判几乎不可能精准。

4. 逻辑数据。前面我们提过，人们可以被告知要做什么，不做什么。我们可以通过语言有效地鼓励他们喝酒，也可以通过语言有效地阻止他们做这件事，只要这些语言是正确的。因此，当孩子长大成人以后完全有可能用下面这个问题对此进行检验："你会怎样把孩子培养为自己想要的样子？"拥有"好"脚本的人更愿意回答这个问题，他们的回答通常可信。拥有"坏"脚本的人不太愿意回答这个问题，但如果他们回答了，答案同样可靠。

5. 直觉数据。有经验的脚本分析师能通过直觉做出判断，然后加以验证。例如，"你经常想一心两用，但一件事也做不好，所以我推测你的父母对你有不同的期望，对于如何实现其中的两个期望，他们也没有一致意见。也就是说，你的父母没有解释清楚他们的差异。""正是这样。"如果回答是否定的，就我的经验来看，要么是诊断者能力不足，要么是个人因素妨碍了他的直觉。

6. 发展数据。孩子自己讲述的脚本是最可靠的证据，特别是在对他们进行长期追踪后，我们可以观察他们是否真的执行了脚本。这与职业选择无关（例如，"我想成为一名消防员。"），但与其所说的结局有关（例如，"我希望我死了。"）。

7. 统计数据。最为相关的统计研究是童话故事对儿童后来的职业与死亡方式的影响，此为鲁丁的相关研究。

8. 内省数据。这是最令人信服的数据。自幼年时期，人们便开始压抑头脑中的声音，一旦人们开始习惯倾听这些声音，并确定这些声音是幼年时父母对他们说的话，这样，他们就能意识到他最重要的行为在多大程度上是父母编程的结果。

9. 实验数据。尽管脚本中某些元素可以通过实验加以验证，但出于上述原因，脚本理论依然无法在人类身上进行实验。但是，我们可以用脚本理论的框架推测动物实验的结果，就像第 3 章讨论的老鼠实验那样。

10. 双盲匹配数据。在一些病例中，导师推断某位学生处于某种脚本中，但没有跟学生提及。之后，他将该学生送到治疗师那里，治疗师的推断与导师相同，然后他们将脚本之事告诉学生，学生表示赞同。在这些案例中，两位脚本分析师对当事人都足够了解，掌握了他的很多行为信息。我们可以将此看作硬数据。如果要系统地使用该方法，就需要几位脚本分析师听同一段面谈录音，从而推断当事人的脚本。之后，将他们的推断与当事人的人生轨迹对照，进行五年的追踪。试点研究时，先要听三种面谈录音，分别是自传式面谈、自由联想式面谈以及通过脚本核查表实施的面谈，以确定哪种面谈最有可能产生可靠的脚本硬数据。这个过程最有可能获得硬数据。

目前的迹象表明，在预测人类行为方面，脚本理论比学习理论涉及的软数据更多，比社会学和经济理论涉及的硬数据要多，与精神病学诊断所涉及的硬数据数量相似。

第 23 章　脚本检查表

A. 脚本的定义

为了辨别一系列的沟通是否为游戏,我们需要找到某些不同寻常的特征。如果包含陷阱、把柄、骗局、转换和结局,我们就可以确定这是一个游戏。此外,如果我们可以在每次沟通中进行结构分析,并揭示哪些自我状态发挥作用;如果我们也可以在临床分析中了解游戏何时开始并从中获益,那么我们不仅确定了游戏,而且还可以理解游戏。理解游戏所需的条目可以记录为"检查表",对游戏的形式分析就是基于这样的表单。游戏检查表对游戏进行了剖析,但只涵盖了生活中的一小部分问题。

脚本分析涉及的不仅是人生的一小部分,而且是一个人从出生甚至更早直至死亡甚至之后的整个过程,所以自然更复杂。如果将游戏比作抖动手腕,腕部包含八根骨头,也涉及其他七根骨头,脚本则可以比作登山探险,需动用人体完整的 206 块骨头。因此,脚本的"检查表"比分析游戏的检查表要包含更多的条目,但是这种清单是理解脚本如何构成之最为简单的方法。

首要问题是如何定义脚本,这样才能在脚本出现时识别出它。该领域知识的发展,都会使定义发生改变。当前,游戏理论就像一辆精良的自行车,可以在短距离内放心地骑行。但是脚本理论就像是20世纪初的单缸汽车,在最需要它的时候,它不一定能正常行驶。因此怀疑者会大喊:"牵马过来!"(或者至少搬个沙发),也可能要求传统治疗师举着红牌走到脚本分析师前,警告胆小的人离开。

下面将基于当前的知识给出脚本和"非脚本"的定义。脚本是一个影响深远的程序,形成于幼儿时期父母的影响,并影响个体在人生最重要时刻的行为。

下列公认为优秀的词典对术语做如下定义,并附加了一些说明。

持续进行的=不断前进(韦伯斯特词典)。这意味着一条不可逆的单行道。每一步都在靠近终点。

程序=要遵循的计划或时间表(兰登书屋英语词典)。意思是一个包括行动方案、项目、设计的计划;或是按某种进程去执行的路径(牛津词典),以及时间表。计划的原型或梗概可以在特定的神话故事中找到。

父母的影响=与父母或其同辈人的沟通。该影响是在特定的时间,以特定的、能察觉到的方式施加的。

指令=人们必须遵守指令,但是在该指令不适用时也可以不遵守。在某些情况下,会有一种特殊的指令"把卡片翻过来",这意味着"现在,请执行与我说的相反的操作"。如此,一旦发生"叛逆",实际上是脚本的一部分,但与"把卡片扔掉"不同,后者是自主的。

重要事件＝至少包括结婚、养育孩子、离婚和死亡方式（如果自己可以选择的话）。

我们可以通过界定"非脚本"来检测此定义。"非脚本"将是可逆的行为，没有特定的时间计划，并且不受父母的影响。这是对自主的一个完美的解释，实际上，它是脚本的反面。例如，自主的人可以改变自己的内疚、恐惧、愤怒、受伤和无能，选择重新开始，避免把事情搞得一团糟，不必按父母的指令来收集赠券，只需要在合适的时候使用赠券来证明自己行为的合理性，如在结婚、养育孩子、离婚和死亡方面的行为。

因此，该定义是排他性的，也就是说，它在定义了脚本的同时，也定义了"非脚本"，这很有价值。如果某个个体人生中最重要事件的行为在儿童早期被父母影响持续进行的程序控制，那么我们可以说我们已经确定了一个脚本。这个定义可以简化为一个公式，与游戏公式类似，脚本公式（S）如下：

早期父母影响→程序→遵从→重要行为→结局

$EPI \rightarrow Pr \rightarrow C \rightarrow IB \rightarrow Payoff$

其中，EPI＝早期父母影响，Pr＝程序，C＝遵从，IB＝重要行为，Payoff＝结局。符合公式的行为都是脚本的一部分；反之，不符合的行为都不属于脚本。每个脚本都适合该公式，脚本外的行为不满足此公式。

例如，简单的条件反射是由神经系统控制的，不受早期父母的影响（无EPI）。个体会在膝盖被敲击时发生膝跳反射，但这不是重要行为（不是IB）。如果一个人在长大后学会饮酒，这属于社会依从，但如果他没有成为酒鬼（不是Pr），那么酗酒将不会成为重要行为（不是IB），并且不会对他的结局（婚姻、育儿或死因）产生重要影响。如果父母对一个男孩的成长过度编程，希望他长大后靠贷款生活，但他却不遵从（无C），那么他的重要行为就不是"脚本"。如果一个孩子从一个寄养家庭搬到另一个寄养家庭，他的早期父母影响是不均衡的，因此他的编程不是太好（无Pr）；他可能会尽力遵从程序，但却不结婚、不生儿育女、把生命押注在别的任何事情上，也不做出其他重要决定（无IB）。这些示例说明了公式中的每个元素在实际中如何应用。膝跳反射不是由于早期父母影响，社交饮酒不是程序的一部分，靠贷款生活有早期父母影响和程序，但却没有遵从；孤儿没有重要行为。

S公式用于辨别脚本，与第2章提到的识别游戏的G公式类似。需要说明的是，该公式仅适用于"脚本型"人群；自主型人群的行为不能概括成公式，因为这样的人时时刻刻都会按照自己的理由做出自己的决定。以同样的方式，近亲繁殖的实验室老鼠可以通过条件反射被编程，其行为可以由实验者控制。因此，它们的行为如同机器一样，由专门的操作员控制，这与在父母控制下"脚本型"人群的行为一样。但野生老鼠的反应却不同。它们像"自主型"人群一样，做出自己的决定。拿它们做实验时，它们拒绝接受实验者的程序；它们不反抗，它们只是独立自主地行动。[1]

B. 如何验证脚本

如果脚本被彻底诊断出来，就可以找到一些可以量化处理的元素进行研究。例如，在所有女性中，拥有红色外套的比例是多少？有多少长发公主真的长有一头金发？这些大多属于发病率和患病率的研究，而它们的真

---

[1] Cole, L. C. "Biological Clock of the Unicorn." *Science*, 125: 874, May 3, 1957.

正价值是剖析脚本的基本要素,以使其诊断更加精准。对于小红帽的案例,目前理解的诊断标准如下:

1. 她母亲在她小时候肯定曾把她差使到外婆家。

2. 她去外婆家时,肯定与外公发生过性关系。

3. 长大后,她肯定是最容易被指使去跑腿的人。

4. 她肯定看不起同龄男性,对年长的男性比较有兴趣。

5. 她肯定有种天真的勇气,她确信如果陷入麻烦,总会有人来救她。

只有同时具备这五个条件,才能对小红帽的脚本进行诊断。如果是这样,我们可以预测,患者会把目光放在老男人身上,会抱怨老男人("糟老头")勾引她,会找人把她从他们身边救出,然后老男人感到窘迫后大笑。但这里存在很多问题。所有符合这些条件的女性都有时间在森林里采花吗?她们都拥有红色外套吗?这个列表中是否还能添加其他条目?有多少条目是不必要的?也就是说,可以将其删去,但不影响预测准确性。预测脚本结局至少需要几项条目?条目之间有什么联系?有空在树林里摘花的女性也是最有可能被当作跑腿的吗?是否所有符合这五个条件的女性都一辈子未婚,或是在结婚不久后离婚?这样的因素分析将极大地提高脚本分析的有效性和实用性。

小红帽脚本的诊断标准在很大程度上是"主观的",但还有其他一些客观的变量。其中之一是家族星座。从脚本的角度进行研究,最可靠的方法是找到"脚本型"家庭。线索之一是用父母或家族的名字给孩子起名。很明显,这表明父母希望子女与其同名者一样,并且还暗示着"我会按照同名者的样子抚养你(给你编程)"。如果一位符合该情况的患者来找精神科医生,他受脚本控制的假设便能得以验证。这种情况在精神病患者中十分常见，这为我们提供了研究脚本是否与名字相关的机会。这样的患者是这方面合适的研究对象。下面是一个脚本型家庭的案例。

贝克一家有三个女儿：多娜（Dona）、蒙娜（Mona）和罗娜（Rona）。母亲家有两个女孩：多娜和蒙娜。因此，多娜沿用了母亲的名字，蒙娜则沿用了小姨的名字。罗娜出生时，母亲这边的脚本名字用完了，所以她沿用了姑姑的名字。母亲和女儿这两个多娜，都因同一罪行多次被捕，并被关在同一间监狱中。阿姨和外甥女这两个蒙娜，都嫁给了抛弃她们的男人，没有孩子父亲的支持，独自养育孩子。两个罗娜都讨厌男人，勾引男人，然后甩掉他们。因此，两个多娜玩的是"警察与小偷"的游戏，两个蒙娜扮演"谁需要他"的游戏，而两个罗娜玩的是"性游戏"。当蒙娜和罗娜（两个女儿）来寻求治疗时，显然在分别走向自己的阿姨和姑姑的结局，尽管她们不喜欢这个结局，但深感无助，无法依靠自己的力量打破脚本。

另一种"脚本型"发展是多次结婚和离婚，次数不仅客观可证，而且精确可数。一两次离婚可能与母亲的脚本无关，但随着离婚次数的增加，临床医生就不得不思考这样一个事实，即母亲离婚的次数越多，女儿追随母亲脚步的可能性就越大。母亲被捕入狱及酗酒住院的情况与此类似。社会学家认为入狱及酗酒与社会经济因素相关，但如果我们将酗酒与入狱分开考虑，就很难得出这样的结论。也就是说，将入狱和酗酒问题放在一起考虑，它们可能的确受到"社会经济因素"影响，但假设可以选择，一些家庭选择了酗酒，而另一些家庭则沦为囚犯。

这里，我们并不关心患者是否违法或酗酒，因为这种行为不一定是其脚本的核心。我们想知道的是他的偷窃或饮酒行为是否为"脚本型"，是否与他们玩"警察与小偷"或"酗酒者"游戏有关。问题是他是否为了被捕而偷窃或为了住院而喝酒。职业小偷或酗酒者在自己喜欢的游戏中游刃有余，成为赢家；这是一种脚本。另一个可能是失败者，最终被送进监狱。两者完全不同。在脚本分析中，重要的不是行为，而是行为所产生的结局和回报，因为这对他自己和周围的人来说很重要。

另一个"脚本型"问题是死亡。这方面最常见的脚本指示是某人预期或感觉到自己将在与自己同性父母相同的年龄死亡。

上述所有父母与子女之间的关系都可分类计分。以家庭成员命名的人，是否重演了同名者的脚本；患者在结婚、离婚或住院方面是否遵从父母的脚本；他是否可能与已故的父母同年龄去世。脚本问题是人类生活的重要问题。脚本问题对人生起决定性作用，人生的全部意义取决于脚本理论是否有效。如果我们是自由的个体，人生是另一回事。如果我们大多数时候，或在人生的关键时刻，选择了婴儿期和儿童期的指示，并带着自由意志的可悲幻想，人生将是另一回事。为了证实这一基本问题，至少需要一万个案例。任何少于这个数量的研究所给出的答案，都是伪科学，没有说服力。作为一名分类学家，金赛（Kinsey）研究了多达10万个黄蜂标本：他的著作至少基于1.2万个案例，但仍然存在许多争议。[①] 由于许多临床医生每年都至少面见100位新患者，1万个案例并不是无法企及，所以这非常值得努力。过去十年，我个人至少已经见过1万多个患者玩过的心理游戏（500周，每周约见50名患者），这个数字让我对沟通的游戏理论深信不疑。脚本理论也需要同样多的案例。

就上述问题而言，如果结果与脚本理论相关，则会强化脚本理论；如

---

① Kinsey, A. C. et al. *Sexual Behavior in the Human Male*. W. B. Saunders Company, Philadelphia, 1948.

果不相关，则将削弱它。我们需要在不同国家、不同地区进行相关性检验，并且还需要进行历史研究，这样才能确定脚本理论是"关于人性的事实"，还是仅仅针对特定地区、特定人群（精神病患者）形成的印象；或者更糟糕的是，这只是一个没有现实依据的好点子而已。

我们需要的是普莱特（Platt）提出的"强推理"。在有限的时间内，通过与世界上每个人面谈来检验脚本理论的普遍性显然不可能，但如果它是错误的，通过较少的样本（例如1万个案例）就可以被推翻。脚本分析师认为父母的脚本编程是所有人类通用的指令，因此是"关于人性的事实"，为了做出最令人信服的推论，上述所有相关性在每个群体中都应该呈高度正相关。

为了帮助各地的临床医生，我们将提供一个"脚本检查表"，旨在通过各个问题引出尽可能多的信息，以便清晰地理解脚本。

C. 脚本检查表简介

为了清晰地理解脚本，我们应该理解其每一个方面，每个方面的历史，以及每个方面之间的关联。最简便的方法是，按照时间顺序，逐一回答每一条目。每个条目都包含一个能引出尽可能多的信息的问题。检查表中还附加了一些其他问题，可以在阐明某些具体条目时使用。另外还包括了备选问题，在主要问题不适用或难以回答时备用。

当前的脚本分析主要发展于1966 — 1970年的旧金山人际沟通分析研讨会，许多想法的首创者已无法确定，因为在那期间，有100多位临床医生参加了每周一次的研讨会。帕特·克罗斯曼（Pat Crossman）、玛丽·爱德华（Mary Edwards）、史蒂芬·卡普曼、大卫·库普弗（David Kupfer），

I.L. 梅兹利士（I.L.Maizlish），蕾·波因德克斯特（Ray Poindexter）和克劳德·斯坦纳的主要成果发表在《人际沟通分析会刊》。最初的灵感来自笔者《心理治疗中的人际沟通分析》一书中的一章内容，后来在其他著作和研讨会中进行了详述。

做一份检查表的提议最初由克劳德·斯坦纳（伯克利）、马丁·哥罗德（Martin Groder）和史蒂芬·卡普曼（Stephen Karpman）（两位都来自旧金山）提出。检查表为治疗提供了捷径，用最快的方法发现患者脚本中的活跃因素，从而帮助他们快速、有效地脱离脚本。他们列出的清单中包括17个最关键的项目。下面给出的综合清单包括了这17个项目，还包括了本书第二、三、四篇提到的内容。这个列表包含220个项目，旨在用于教学、研究和其他专业用途。之后出了更适合日常使用的精简版本。

D. 脚本检查表

方便起见，这些问题按时间顺序呈现，临床观察放在最后，与本书顺序大部分一致。我们对发展的每个阶段都进行了编号，并就如何处理该阶段的问题索引了关键编号。每个阶段括号中的内容指的是本书对应章节。编号中的字母是指对应章节中的第几部分。例如，第一阶段，胎儿期在第4章讨论过，因此其标题为"1. 胎儿期影响（第4章）"。问题编号为1F.4，指的是第一阶段胎儿期的问题，在第4章F节讨论过，这是那一节的第四个问题。2A.3表示第二阶段（第5章）A节第三个问题。序号后面的"P"表示该问题应该问患者的父母。所以，2A.3P的位置与2A.3相同，但是这个问题要问患者的父母，而非患者。该检查表系统地梳理了本文内容，不过以数字序号的形式呈现，可以与本书分开使用。

1. 胎儿期影响（第4章）

1B.1 你祖父母的生活过得如何？

1C.1 你在家中是什么位置？

a. 你的生日是哪天？

b. 与你出生时间最近的哥哥/姐姐的生日是哪天？

c. 与你出生时间最近的弟弟/妹妹的生日是哪天？

d. 你对日期是否有偏爱？

1C.1P 你有几个兄弟姐妹？

a. 你（你的"父母""成人"和"儿童"）希望/预期自己有几个孩子？

b. 你的父母希望自己有几个孩子？

c. 你对日期是否有偏爱？

1D.1 你父母想要你这个孩子吗？

1D.1P 当时你想要他吗？

a. 这个孩子在你们的计划中吗？

b. 他何时、在哪里被怀上？

c. 是否试图堕胎？

d. 你对性有什么看法？

1E.1 你母亲怎样看待你的出生？

1E.2 你出生时谁在身边？

a. 是剖宫产还是顺产？

1F.1 你是否看过自己的出生证明？

1F.2 谁给你起的名字？

1F.3 你以谁的名字命名？

1F.4 你的姓氏从何而来？

1F.5 小时候别人怎么叫你？

a. 你的小名是什么？

b. 小时候，你有昵称吗？

1F.6 高中时，其他孩子叫你什么？

1F.7 现在你的朋友叫你什么？

a. 现在你的父亲、母亲叫你什么？

2. **童年早期（第5章）**

2A.1 你的父亲和母亲怎样教你餐桌礼仪？

a. 你母亲哺乳时会说什么？

2A.IP 他在哺乳期时，发生过什么事吗？

a. 那时你常常对他说什么？

2A.2 谁训练你上厕所的？

2A.3 他们怎么训练你？他们都会说什么？

a. 关于如厕训练，你父母说过什么？

2A.3P 你们何时及怎样训练他上厕所？

a. 那时你常常对他说什么？

2A.4 小时候，你是否被大量使用灌肠剂和排便剂？

2B.1 小时候，父母使你对自己感觉如何？

a. 小时候，你怎么看待自己？

2B.2 小时候，你对人生做出了怎样的决定？

2C.1 小时候，你对世界的看法如何？

a. 你对其他人感觉如何？

2C.2 小时候，你是否记得曾决定再也不做某件事或有某种情绪？

a. 你是否决定无论如何都要做某件事？

2C.3 你是一个赢家还是输家？

2C.4 你何时决定的？

2D.1 小时候，你怎样理解父母间发生的事？

a. 你想怎样应对他们之间发生的事？

2E.1 你父母看不起哪种人？

a. 哪种人你最不喜欢？

2E.2 你父母看得起哪种人？

a. 你最喜欢哪种人？

2F.1 跟自己类似的人身上会发生什么事？

3. 童年中期（第6和第7章）

3A.1 你小时候，父母告诉你要做什么？

a. 你很小的时候，他们对你说了什么？

3A.2 你父母最喜欢的格言是什么？

3A.3 你父母教你做了哪些事？

3A.4 你父母禁止你做哪些事？

3A.5 如果把你的家庭搬上舞台，将会是怎样一出戏？

4. 童年后期（第7章）

4A.1 小时候你最喜欢的童话是什么？

a. 小时候你最喜欢的儿歌是什么？

b. 小时候你最喜欢的故事是什么？

4A.2 谁读给你或讲给你听的？

a. 何时、何地？

4A.3 讲故事的人对这个故事说了什么？

a. 她对这个故事有什么反应？

b. 她的表情告诉你什么？

c. 她对这个故事感兴趣吗，还是仅仅给你读读而已？

4A.4 小时候，你最喜欢的人物是谁？

a. 谁是你的英雄？

b. 谁是你最喜欢的坏蛋？

4B.1 情况变得艰难时，你母亲作何反应？

4B.2 情况变得艰难时，你父亲作何反应？

4C.1 什么情绪最令你困扰？

4C.2 你最喜欢什么情绪？

4C.3 事情变得困难时，你最常有的反应是什么？

4C.4 店员给你积分券时，你会怎么利用它？

4D.1 你在生命中等待什么？

4D.2 你最喜欢的"要是"是什么？

4D.3 对你来说，圣诞老人是什么样子的？

a. 谁／什么是你的圣诞老人？

4D.4 你相信永生吗？

a. 你父母最喜欢的游戏是什么？

4E.1 你的父母会陷入怎样的争执？

4E.IP 患者小时候，你们教他玩什么游戏？

a. 你小时候，会与你的父母玩什么游戏？

4E.2 在学校，你和老师相处得怎么样？

4E.3 在学校，你和其他孩子相处得怎么样？

4F.1 晚餐时，你的父母会谈论什么？

4F.2 你的父母有什么担忧吗？

5. 青春期（第8章）

5A.1 你经常和你的朋友谈论什么？

5B.1 现在，谁是你心目中的英雄？

5B.2 在这个世界上，谁是最坏的人？

5C.1 你怎么看待手淫的人？

5C.2 如果你手淫，你感受如何？

5D.1 你紧张时，身体会有什么反应？

5E.1 如果有朋友在身边，你父母会怎样表现？

5E.2 父母单独在一起时会谈论什么？与朋友在一起时又会谈论什么？

5F.1 你是否做过噩梦？

a. 梦中你看到怎样的世界？

5F.2 给我讲一个你曾经做过的梦。

5F.3 你是否曾有过错觉？

5F4 你怎么看待别人？

5G.1 你生命中可能发生的最好的事是什么？

5G.2 你生命中可能发生的最坏的事是什么？

5G.3 你想怎样利用自己的人生？

5G.4 五年后你预期自己在做什么？

a. 从现在开始到十年后，你预期自己在哪里？

5H.1 你最喜欢的动物是什么？

a. 你希望自己成为什么动物？

5I.1 你最喜欢的人生格言是什么？

a. 你会在 T 恤上写什么，让别人一看就知道是你？

b. 你会在 T 恤背后写什么？

6．成熟期（第9章）

6A.1 你想要几个孩子？

a. 你的"父母""成人"和"儿童"想要几个孩子？（这与 1C.1 和 1C.1P 相关）

6A.2 你结过几次婚？

6A.3 你的父亲和母亲各结过几次婚？

a. 他们有过情人吗？

6A.4 你是否曾经被逮捕过？

a. 你的父亲或父母亲是否被逮捕过？

6A.5 你犯罪过吗？

a. 你的父亲或母亲是否犯罪过？

6A.6 你是否进过精神病院？

a. 你的父亲或母亲是否曾进过精神病院？

6A.7 你是否曾因酗酒住院？

a. 你的父亲或母亲是否曾因酗酒住院？

6A.8 你是否曾绝望？

a. 你的父亲或母亲是否曾绝望？

6B.1 年老时你想做什么？

7. 死亡（第 10 章）

7B.1 你打算活多久？

7B.2 你怎么决定这个年纪的？

a. 谁曾经在这个年纪死去？

7B.3 你的父亲、母亲（如果他们已经去世）去世时多大年纪？

a.（问男性）你外公去世时多大年纪？

b.（问女性）你奶奶／外婆去世时多大年纪？

7B.4 临终时谁会在你身边？

7B.5 你的希望是什么？

a. 他们的遗言会是什么？

7C.1 死后，你会留下什么？

7D.1 别人会在你的墓碑上写什么？

a. 墓碑正面会写些什么？

7D.2 你想在你的墓碑上写什么？

a. 你墓碑的背面会写什么？

7E.1 你死后，别人会惊讶地发现什么？

7F.1 你是赢家还是输家？

7G.1 你更喜欢时间建构，还是事件建构？（解释专业术语）

8. 生物因素（第 13 章）

8A.1 当你对一些事情做出反应时，你知道自己的表情如何吗？

8A.2 你知道别人对你的面部表情作何反应吗？

8B.1 你能说出你的"父母""成人"和"儿童"之间的区别吗？

a. 别人能识别出你的这些差别吗？

b. 你能辨别出别人的这些差别吗？

8B.2 你的真实自我感受如何？

8B.3 你的真实自我可以一直控制你的反应吗？

8C.1 你有性方面的困扰吗？

8C.2 有些事情总在你的脑海里挥之不去吗？

8D.1 你对气味敏感吗？

8E.1 事情发生之前多久你便开始担心？

8E.2 事情结束后，你还会担心多久？

a. 你是否曾在晚上睡不着，计划要报复别人？

b. 你的情绪会影响你的工作吗？

8F.1 你喜欢向别人展示你有能力忍受痛苦吗？

a. 你宁愿保持开心而不愿证明自己吗？

8G.1 你头脑中的声音告诉你什么？

8G.2 你独处时，曾与自己说话吗？

a. 你不独处时呢？

8G.3 你总是依照头脑里的声音做事吗？

a. 你的"成人"或"儿童"曾与你的"父母"争论吗？

8H.1 当你成为真实的人时，你是什么样子？

9. 治疗师的选择（第15章）

9B.1 你为什么选择我这个职业领域的治疗师？

a. 被分配给我这个领域的某位治疗师，你有什么看法？

b. 你更倾向于选择哪个专业领域?

9B.2 你如何选择我的?

9B.3 你为什么选择我?

a. 被分配给我,你有什么想法?

9B.4 谁是你童年时期的魔法师?

9B.5 你想要什么样的魔法?

9C.1 你是否接受过精神病治疗?

9C.2 你是如何选择之前的治疗师的?

a. 你为什么选择他?

9C.3 你从他那里学到了什么?

9C.4 你为什么离开?

9C.5 你在什么情况下离开的?

9C.6 你怎样选择工作?

9C.7 你怎样辞去工作?

9C.8 你是否住过精神病院或者病房?

a. 你需要做什么才能住进去?

b. 你需要做什么才能出来?

9C.9 你能给我讲一个你曾做过的梦吗?

10. 脚本信号(第16章)

(治疗师问自己的问题)

10A.1 脚本信号是什么?

10A.2 他有幻觉吗?

10B.1 生理上的问题有哪些?

10C.1 最常有的呼吸音是什么？

10C.2 什么会引起声音的改变？

10C.3 使用多少种词汇？

10C.4 最喜欢使用的词性是什么？

10C.5 何时使用虚拟语气？

10C.6 被许可的词汇从何而来？

10C.7 脚本短语是什么？

10C.8 隐喻场景是什么？

10C.9 句子是怎样建构的？

10C.10 安全短语是什么？

10D.1 绞刑架上的笑何时发生？

10D.2 绞架沟通是什么？

10E.1 他征求祖母的意见了吗？

10F.1 他的人生故事是什么？

10F.2 他最喜欢的戏剧转换是什么？

11. 治疗中的脚本（第18章）

11A.1 你认为你的治疗会怎样结束？

11B.1 你认为我比你聪明吗？

11B.2 谁造成了你的困扰？

11B.3 你希望自己康复到什么水平？

11B.4 你希望在这里发生什么？

11B.5 你现在做好痊愈的准备了吗？

a. 痊愈之前需要发生什么？

11B.6 什么阻止你痊愈？

11C.1 你认为我可以应对你的父母吗？

a. 你的父母很强大吗？

11D.1 你更想痊愈还是被彻底分析？

a. 你更想痊愈还是出院？

b. 你更想痊愈还是待在医院？

E. 精简版检查表

下述清单只包括与脚本分析直接相关的条目，它是获取精神病史的辅助工具，而非其替代工具。选出的这 51 个问题更"自然"，不那么咄咄逼人，多数情况下能够与患者建立信任关系，而非带来阻碍。

1B.1 你的祖父母过着怎样的生活？

1C.1 你在家里的位置如何？

1E.2 你出生时谁在身边？

1F.3 你以谁的名字命名？

1F.4 你的姓氏从何而来？

1F.5 小时候别人怎么叫你？

1F.6 你有外号吗？

2A.4 小时候你便秘吗？

2F.1 跟自己类似的人身上会发生什么事？

3A.1 你小时候，父母对你说过什么？

4A.1 小时候你最喜欢的童话故事是什么？

4A.3 讲故事的人对这个故事说了什么？

4B.1 情况变得艰难时,你父母作何反应?

4C.1 什么情绪最令你困扰?

4F.1 晚餐时,你的父母会谈论什么?

4F.2 你的父母有什么担忧吗?

5F.2 给我讲一个你曾经做过的梦。

5F.3 你是否曾有过错觉?

5G.4 五年后你预期自己在做什么?

5I.1 你会在 T 恤上写什么,让别人一看就知道是你?

6A.8 你是否曾绝望?

6B.1 年老时你想做什么?

7B.1 你打算活多久?

7B.2 你怎么决定的这个年纪?

7D.1 别人会在你的墓碑上写什么?

7D.2 你会在自己的墓碑上写什么?

7F.1 你是赢家还是输家?

8A.1 当你对一些事情做出反应时,你知道自己的表情如何吗?

8B.3 你的真实自我可以一直控制你的反应吗?

8C.1 你有性方面的困扰吗?

8D.1 你对气味敏感吗?

8E.1 事情发生之前多久你便开始担心?

8E.2 事情结束后,你还会担心多久?

8F.1 你喜欢向别人展示你有能力忍受痛苦吗?

8G.1 你头脑中的声音告诉你什么?

9B.2 你如何选择我的？

9C.3 你从前一位治疗师那里学到了什么？

9C.4 你为什么离开他？

9C.9 你能给我讲一个你曾做过的梦吗？

（治疗师问自己的问题）

10A.1 脚本信号是什么？

10A.2 他有幻觉吗？

10C.1 最常有的呼吸音是什么？

10C.6 被许可的词汇从何而来？

10C.8 隐喻场景是什么？

10C.10 安全短语是什么？

10D.2 绞架沟通是什么？

10E.1 他征求祖母的意见了吗？

10F.1 他的人生故事是什么？

11A.1 你认为你的咨询会怎样结束？

11B.5 痊愈之前需要发生什么？

11D.1 a. 你更想痊愈还是被彻底分析？

b. 你更想痊愈还是离开医院？

F. 临床检查表

以下40个题目用于检查患者是否已经脱离脚本。如果这些问题他全部回答"是"，则表明他已经彻底被治愈。这个列表使我们能够量化和评估在某一时刻治疗的有效性。到目前为止，还没有可靠的方法衡量每个条目的权重。设计这个列表是为了检验脚本痊愈是否等同于临床痊愈这一理论。它主要在患者结束治疗时使用。在小组治疗中使用效果最佳，因为只有治疗师和其他组员都同意患者的表述时，患者所说的才被认为有效，否则，代表患者所说的可能存疑。这种验证可以避免每一方可能存有的隐藏动机。

这些提问的编号方式与脚本检查表的编号方式相同。

1F.7 现在你的朋友用你喜欢的名字称呼你吗？

2B.1 你认为自己是一个"好"人吗？

2C.1 你眼中的世界现在不同了吗？

2C.2 你现在没有幻觉了吗？

2C.3 你改变了童年时的决定了吗？

3A.1 你停止做父母命令你做的、具有破坏性的事情了吗？

3A.4 现在你可以做你父母禁止你做的、具有建设性的事情了吗？

4A.4 现在你心目中有新的英雄榜样了吗？或者以不同的方式看以前的英雄榜样吗？

4C.1 你停止收集赠券了吗？

4C.3 你的反应方式与父母不同了吗？

4D.1 你活在当下吗？

4D.2 你已经不再说"要是"或"至少"了吗？

4E.1 你放弃玩父母玩的游戏了吗？

4I.1 你脱下你的T恤了吗？

5F.1 你梦中的世界变化了吗？

6A.6 你放弃了你的脚本结局了吗？

7B.1 你打算比之前认为的活得更久了吗？

7B.5 你改变了你的临终遗言了吗？

7D.1 你改变了你的墓志铭了吗？

8A.1 你能够觉察你的面部表情会如何影响其他人吗？

8B.1 在特定时刻，你知道自己处于哪种自我状态吗？

8B.3 你的"成人"能够直接与"父母"和"儿童"对话吗？

8C.1 无须人为刺激，你就可以性兴奋吗？

8D.1 你能够意识到气味带给你的影响吗？

8E.1 你已经缩减了前置与后燃，以使它们不会重叠吗？

8F.1 你是否想实现幸福，而不仅仅是勇敢？

9B.5　a. 你改变了前来治疗的原因了吗？

b. 你停止做让你住院的事情了吗？

10A.1 你的脚本信号消失了吗？

10A.2 你没有幻觉了吗？

10B.1 你的身体症状消失了吗？

10C.1 你放弃了没有明显原因的咳嗽、叹气和打哈欠了吗？

10C.4 与别人谈话时，你使用动词而不使用形容词和抽象名词了吗？

10C.8 你使用的隐喻范围更广泛了吗？

10C.9 你使用的句子更干净利落了吗？

10C.10 当你表述时，不再模棱两可了吗？

10D.1 当你讲述自己的错误时，不再微笑或大笑了吗？

11A.1 你看待治疗师的方式不同了吗？

11B.1 你停止与他玩游戏了吗？

11C.1 你能够在他们玩游戏之前就停止玩游戏吗？

11D.1 你认为自己已经被治愈而不仅仅是有所好转了吗？